WEIL GOTT UNS LIEBT

Anton Dinzinger
Heidi Ehlen

KINDER- UND FAMILIEN-GOTTESDIENSTE IM KIRCHENJAHR
LESEJAHR B

BERGMOSER + HÖLLER
VERLAG GMBH

1. Auflage 1999

Umschlaggestaltung, Layout und Satz:
graphodata GmbH, Aachen
Fotos: Werner Ehlen
Zeichnungen: Kathrin Vahle-Jochner
Lektorat: Andreas Bolha
Druck und Bindung:
Koninklijke Wöhrmann B.V., NL-CP Zutphen

ISBN 3-88997-113-X

Inhalt

Vorwort .... S. 7
Praktische Anregungen zum Umgang mit dem Buch .... S. 9

Die Sonntage im Weihnachtsfestkreis

1. Adventssonntag: *Seid wachsam!* .... S. 13
2. Adventssonntag: *Ebnet die Wege!* .... S. 19
3. Adventssonntag: *Das Ziel sehen* .... S. 23
4. Adventssonntag: *Maria geht ihren Weg in guter Hoffnung* .... S. 27
Kinderchristmette: *Lukas erzählt das Weihnachtsevangelium* .... S. 33
Fest der Heiligen Familie: *Simeon und Hanna* .... S. 40
2. Sonntag nach Weihnachten: *Das Wort ist Fleisch geworden – Ein Buch in der Krippe?* .... S. 43

Die Sonntage im Osterfestkreis

1. Fastensonntag: *Weniger ist oft mehr* .... S. 48
2. Fastensonntag: *Verklärung Jesu (Gemeinschaft)* .... S. 52
3. Fastensonntag: *Tempelreinigung* .... S. 56
4. Fastensonntag: *Jesus, das Licht* .... S. 61
5. Fastensonntag: *Das Weizenkorn muss sterben* .... S. 67
Palmsonntag: *Wir grüßen Jesus als unseren König (Vom Jubeln zum Kreuzigen)* .... S. 72
Ostersonntag: *Was uns die Schmetterlinge über die Auferstehung sagen können* .... S. 80
2. Sonntag der Osterzeit: *Der ungläubige Thomas* .... S. 86
3. Sonntag der Osterzeit: *Jesus – unsere Mitte (Wagenrad)* .... S. 93
4. Sonntag der Osterzeit: *Der Hirtenstab ist Hilfe und Stütze* .... S. 97
5. Sonntag der Osterzeit: *Ich bin der Weinstock (Freunde Gottes bleiben)* .... S. 101
6. Sonntag der Osterzeit: *Nicht Knechte, sondern Freunde* .... S. 105
7. Sonntag der Osterzeit: *Jesus lehrt uns beten* .... S. 109
Pfingsten: *Gieße deinen Geist aus (Schwamm)* .... S. 113
Sonntag nach Pfingsten – Dreifaltigkeitssonntag: *Ein Gott in drei Personen (Wasser, Eis, Dampf)* .... S. 118

Die Sonntage im Jahreskreis

1. Sonntag im Jahreskreis: *Taufe des Herrn : Jesus Christus – Jesus, der Gesalbte* .... S. 121
2. Sonntag im Jahreskreis: *Samuel hört* .... S. 126
3. Sonntag im Jahreskreis: *Jesus beruft seine Freunde* .... S. 132
4. Sonntag im Jahreskreis: *Wer ist Jesus?* .... S. 137
5. Sonntag im Jahreskreis: *Marionette (Dämonen)* .... S. 141
6. Sonntag im Jahreskreis: *Heilung eines Aussätzigen* .... S. 146
7. Sonntag im Jahreskreis: *Die Heilung des Gelähmten* .... S. 150
8. Sonntag im Jahreskreis: *Mit Jesus kommt eine neue Zeit* .... S. 154
9. Sonntag im Jahreskreis: *Den Sonntag heiligen* .... S. 158
10. Sonntag im Jahreskreis: *Brüder und Schwestern* .... S. 163
11. Sonntag im Jahreskreis: *Gott lässt sein Reich mit uns wachsen (Senfkorn)* .... S. 170
12. Sonntag im Jahreskreis: *Jesus stillt den Sturm auf dem See* .... S. 175
13. Sonntag im Jahreskreis: *Tochter des Jairus* .... S. 182
14. Sonntag im Jahreskreis: *Jesus wird abgelehnt* .... S. 186
15. Sonntag im Jahreskreis: *Jesus sendet seine Jünger aus – Mitarbeiter gesucht* .... S. 190
16. Sonntag im Jahreskreis: *Stille und Ruhe* .... S. 195
17. Sonntag im Jahreskreis: *Das Wunder der Brotvermehrung* .... S. 199
18. Sonntag im Jahreskreis: *Manna – Brot vom Himmel* .... S. 204
19. Sonntag im Jahreskreis: *Brot – ein Zeichen der Gemeinschaft und Versöhnung* .... S. 209
20. Sonntag im Jahreskreis: *Brot des Lebens* .... S. 218
21. Sonntag im Jahreskreis: *Entscheiden für Jesus* .... S. 222
22. Sonntag im Jahreskreis: *Von Reinheit und Unreinheit* .... S. 226
23. Sonntag im Jahreskreis: *Heilung des Taubstummen (Jesus öffnet Augen, Ohren und Mund)* .... S. 231
24. Sonntag im Jahreskreis: *Jesus zeigt den Weg der Liebe* .... S. 235
25. Sonntag im Jahreskreis: *Wer ist der Größte?* .... S. 239
26. Sonntag im Jahreskreis: *Gott traut jedem zu, Gutes zu tun* .... S. 245
27. Sonntag im Jahreskreis: *Jesus segnet die Kinder* .... S. 249
28. Sonntag im Jahreskreis: *Die Reichen und das Himmelreich* .... S. 254
29. Sonntag im Jahreskreis: *Der beste Platz* .... S. 259
30. Sonntag im Jahreskreis: *Die Heilung des blinden Bartimäus* .... S. 264
31. Sonntag im Jahreskreis: *Das Hauptgebot der Liebe entfalten* .... S. 269
32. Sonntag im Jahreskreis: *Schenke mit ganzem Herzen (Das Opfer der Witwe)* .... S. 274

33. Sonntag im Jahreskreis: *Jesus macht alles gut (Uhren)* .... S. 278
Christkönigssonntag: *Jesus, der König der Liebe* .... S. 283

Stichwortverzeichnis .... S. 287
Schriftstellenverzeichnis .... S. 289
Stichworte und Symbole –
Zusammenstellung Lesejahr A, Lesejahr B, Lesejahr C .... S. 290
Schriftstellenverzeichnis –
Zusammenstellung Lesejahr A, Lesejahr B, Lesejahr C .... S. 296
Literaturverzeichnis .... S. 301

Verzeichnis der Lieder

Alle sind wir auf dem Weg .... S. 12
Ein König ohne Krone .... S. 78
Jesus ist auferstanden .... S. 84
Ich habe einen Namen .... S. 122
Halten wir uns fest am Band .... S. 135
Wir bilden eine Kette .... S. 166
Ein Schiff fährt auf dem Meer .... S. 179
Jesus schenkt Brot .... S. 201
Die Kinder wollen Jesus sehn (Kindersegnung) .... S. 252

Wer Gottes Liebe erfahren hat, den drängt es, diese Liebe weiterzugeben. Die Freude steckt an und gibt immer wieder Anlass zu feiern. So treffen sich am Sonntag Christen jeden Alters, um Gott zu danken. Gottes Wort spricht alle an; durch gute Ideen wird vieles verständlich.
Auch wir haben immer wieder Symbole und Ideen gesucht, um das Wort Gottes kurz und anschaulich für Kinder und Erwachsene heute zu verkünden; dabei haben wir viele bekannte Schriftstellen für uns neu entdeckt. Und wir machen immer mehr die Erfahrung, dass unsere Gottesdienste die ganze Gemeinde ansprechen, da sie an die Lebenswelt von Kindern und Familien anknüpfen und Glaubensaussagen knapp und einprägsam verkünden.
Mit dem Titel des dritten Buches wollen wir darauf aufmerksam machen:
All die Arbeit vieler Christen in den Pfarreien hat nur einen Grund:

WEIL GOTT UNS LIEBT.

So wird der Zyklus des Jahreskreises vollendet und wir rufen allen zu:

Freut euch alle!
Wir feiern ein Fest,
weil Gott uns liebt.

Alle Modelle dieses Buches sind in der Praxis erprobt. Sie wurden so in der Pfarrei St. Pius in Landshut durchgeführt. Wir möchten uns bei allen bedanken, die von Anfang an unsere Ideen unterstützt haben: Ganz besonders bedanken wir uns bei den Mitgliedern des Kindergottesdienstteams von St. Pius, die maßgebend an der Entstehung der Familiengottesdienste beteiligt waren: Pfarrer August Müller, Anneliese Danner, Sebastian Fischer, Sabine Härtl, Patrizia Himpsl, Loni Leckebusch, Gerda Schratzenstaller, Luise Stemmer, Kathrin Vahle-Jochner, Stephanie Weinzierl. Unser besonderer Dank gilt auch dem Gemeindereferenten Werner Ehlen, der uns mit viel Geduld in allen Fragen und bei der Erstellung des Buches am Computer tatkräftig unterstützt hat.

Praktische Anregungen zum Umgang mit dem Buch

- Die Gottesdienste sind so aufgebaut, dass man sie direkt übernehmen kann. Genauso gut können einzelne Elemente für die Gestaltung von Gottesdiensten in Gemeinde und Schule herausgenommen werden.

- Jedes Gottesdienstmodell beinhaltet mindestens folgende Teile: Eröffnung, Schuldbekenntnis oder Kyrie, Tages-, Gaben- und Schlussgebet, sowie Lesungen, Predigtteil und Fürbitten; andere Elemente sind je nach Situation angefügt.

- Die Schrifttexte wurden oftmals gekürzt, um sie für Kinder zugänglich zu machen oder Schwerpunkte zu setzen. Bei verändertem Schrifttext steht der ganze Text im Buch, sonst wird nur auf die Stelle in der Hl. Schrift (bzw. im Lektionar) verwiesen.

- Der Predigtteil bezieht sich immer auf eine vorgeschriebene Schriftstelle des entsprechenden Tages.

- Symbole werden nicht vorausgesetzt, sondern erarbeitet.

- Inhaltliche Wiederholungen sind beabsichtigt, um die wesentlichen Gedanken zu vertiefen.

- Die unmittelbare Zielgruppe sind Kinder im Grundschulalter, wenngleich auch kleinere und größere Kinder angesprochen werden und sich einbringen können.

- Schuldbekenntnis, Kyrierufe sowie Fürbitten sollen immer von Kindern gelesen werden. Am besten kopiert man diese Teile auf verschiedenfarbiges Papier (z. B. Kyrierufe gelb und Fürbitten grün) und verteilt die einzelnen Sätze vor Beginn des Gottesdienstes an die Kinder. Sie können dann an entsprechender Stelle problemlos in den Altarraum gerufen werden.

- Längere Spielszenen und veranschaulichte Geschichten (z. B. am Tageslichtprojektor) müssen schon vorher geprobt werden.

- Wenn die Möglichkeit besteht, sollen die Kinder von der Gabenbereitung an um den Altar stehen. Beim Friedensgruß können sie dann vom Altar aus zu den Bänken gehen und den Friedensgruß weitergeben.

- Es empfiehlt sich grundsätzlich, nach oder während der Kommunionausteilung den Kindern, die die Erstkommunion noch vor sich haben, durch

Handauflegung den Einzelsegen zu spenden. Dies stellt eine wichtige Wertschätzung und Anerkennung dar und kann durch jeden getauften Christen vollzogen werden.

■ Mit Fragen an die Kinder während des Gottesdienstes muss behutsam umgegangen werden, weil diese dadurch leicht überfordert und abgeschreckt werden können. Ein Gottesdienst sollte nie zur Schulstunde werden, sondern immer den Festcharakter wahren.

■ Die Ideen dieser Gottesdienste können auch im Religionsunterricht Verwendung finden.

Die Sonntage im Weihnachtsfestkreis

Adventsprojekt: Wir gehen den Weg zu Jesus

In der Advents- und Weihnachtszeit wird ein zusammenhängendes Projekt durchgeführt. Das Thema dieses Weihnachtsprojektes heißt: Wir gehen den Weg zu Jesus. Wie ein roter Faden zieht sich dieses Thema schon durch die Adventssonntage und gipfelt im Hochfest der Geburt Jesu.
Das Ziel ist veranschaulicht durch die leere Futterkrippe, die jeden Sonntag vor dem Altar steht. Eventuell können kleinere Kinder jedes Mal, wenn sie in die Kirche kommen, einen Strohhalm in diese Krippe legen, um sie für das Jesuskind vorzubereiten. Es ist auch schön, wenn ein paar Symbole jedes Sonntags in der Kirche bleiben.
Um die Entwicklung sichtbar zu machen, empfehlen wir, den Weg hin zu Jesus so darzustellen, dass jede Station symbolisch festgehalten und wieder in Erinnerung gebracht werden kann. Dazu wird über ein dreieckiges Holzgestell ein farbiger Stoff gespannt. Der Weg wird aus hellem Stoff geschnitten und geklebt. Als Ziel wird auch hier eine leere Futterkrippe am Ende des Weges angebracht. An diesen Weg werden jeden Sonntag die Symbole geheftet.

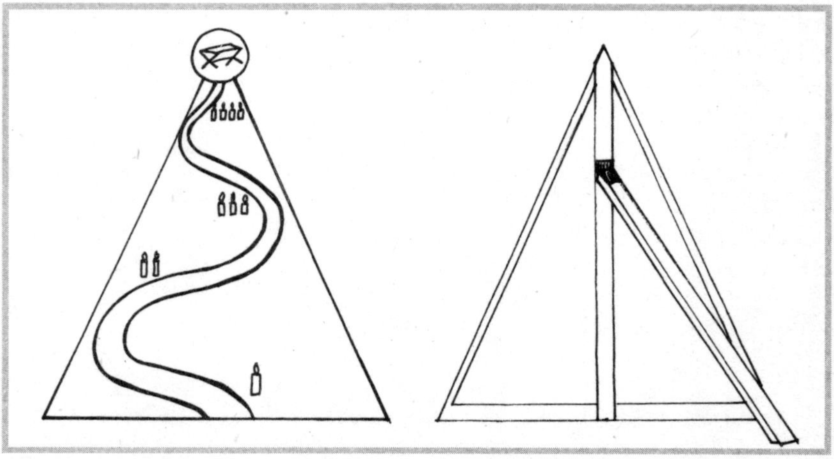

Lied: „Alle sind wir auf dem Weg“

Text und Melodie: Sabine Härtl

2) Aus der Kälte kommen wir zu dir, in deinen warmen Schein,
du füllst mit Freude unser Herz, lässt uns nicht allein.

Vorbereitungen:

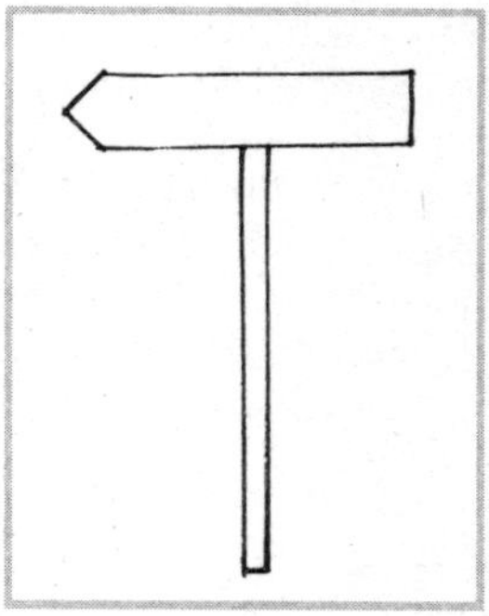

- *leere Futterkrippe vor dem Altar*
- *Spielszene: Mutter, Kind, Schultasche*
- *5 Wegweiser mit Aufschrift: „Hl. Nikolaus: Seid gut zueinander!", „Hl. Barbara: Freut euch auf Jesus Christus!", „Johannes: Macht den Weg frei!", „Hl. Elisabeth: Helft den Menschen auf dem Weg!", „Hl. Martin: Achte auf Menschen, die dir begegnen!"*
- *5 Sprecher*
- *Wegbild erste Station: eine Kerze*
- *kleine Wegweiser für dieses Bild*

Eingangslied: *„Wir sagen euch an" (1. Strophe)*

Während des Liedes wird die erste Kerze am Adventskranz angezündet.

Einführung:

Liebe Kinder, liebe Christen, mit dem heutigen Sonntag beginnt die Adventszeit und das neue Kirchenjahr.
Im Advent bereiten wir uns vor auf das Weihnachtsfest. Die Adventszeit ist wie ein Weg, der uns zu diesem Fest führt. Unser Ziel ist Jesus, der in einem Stall zur Welt gekommen ist. Deshalb ist auch hier die Krippe unser Ziel. Sie ist aber jetzt noch leer. Es ist ein langer Weg bis dorthin. Er dauert vier Wochen. Aber wir haben schon die erste Kerze angezündet und so sind wir bereits unterwegs. Wir machen uns ja selbst immer wieder auf den Weg, z. B. gehen wir jeden Tag zur Schule. Wir wollen uns das jetzt einmal anschauen.

Spielszene:

Kind: Mutti, ich gehe jetzt zur Schule.
Mutter kommt mit Schultasche und spricht:
Ich habe dir noch das Pausenbrot in die Schultasche getan.

Sie hängt dem Kind die Schultasche auf den Rücken.
Kind: Ich freue mich schon auf die Schule, weil wir heute malen dürfen.
Mutter schließt den Reißverschluss des Anoraks und ordnet dem Kind die Haare: Pass auf, wenn du über die Straße gehst!
Und hör' auf das, was deine Lehrerin sagt.
Ich bin stolz auf dich, weil du den Schulweg jetzt schon alleine schaffst. Jetzt geh deinen Weg und sei wachsam, damit dir nichts passiert! Mach deine Augen und deine Ohren auf!

Sprecher: Diese Mutter sorgt sich um ihr Kind und spricht: Sei wachsam!
Denn sie will nicht, dass dem Kind auf dem Weg etwas passiert.
Auch Jesus spricht heute zu uns: Seid wachsam! Er sorgt sich auf unserem Weg wie eine Mutter.
Deshalb beten wir:

Kyrie:

1) Oft hören wir nicht.
   Du aber sprichst: Seid wachsam!
   Herr, erbarme dich.

2) Oft sehen wir nicht.
   Du aber sprichst: Seid wachsam!
   Christus, erbarme dich

3) Oft spüren wir nicht.
   Du aber sprichst: Seid wachsam!
   Herr, erbarme dich.

Vergebungsbitte:

Pr.: Der Herr erbarme sich unser, er mache uns wachsam auf all unseren Wegen und in unserem Leben. Er nehme von uns Sünde und Schuld, damit wir mit reinem Herzen diese Feier begehen. Amen.

Tagesgebet:

Guter Gott, die Wege, die wir gehen, sind oft lang und gefährlich. Wir müssen aufpassen und wachsam sein, dass uns nichts passiert. Deshalb sorgst du dich um uns und ermahnst uns. Wir sollen wachsam sein. So können wir uns vor vielen Gefahren schützen und sicher das Ziel erlangen. Dazu hilfst du uns mit deinem Wort durch Jesus Christus, unseren Herrn. Amen.

Lesung: (Ps 25,4-6.8-10)

Lesung aus dem Buch der Psalmen.

Zeige mir, Herr, deine Wege,
lehre mich deine Pfade!
Führe mich in deiner Treue und lehre mich;
denn du bist der Gott meines Heiles.
Auf dich hoffe ich allezeit.
Denk daran, Herr,
wieviel Gutes du uns schon getan hast.
Gut und gerecht ist der Herr,
darum zeigt er allen den rechten Weg.
Die Demütigen leitet er nach seinem Recht,
die Gebeugten richtet er auf.
Alle Pfade des Herrn sind Huld und Treue denen,
die seinen Bund und seine Gebote bewahren.

Wort des lebendigen Gottes.

Evangelium (Mk 13,33-37)

Predigtteil:

Gott sorgt sich um uns, wie sich eine gute Mutter oder ein guter Vater sorgt. Deshalb sagt uns Jesus heute im Evangelium, dass wir immer wachsam sein müssen.
Wir sind auf dem Weg zum Weihnachtsfest, auf dem Weg hin zu Jesus. Auch auf diesem Weg müssen wir aufpassen, damit uns nichts passiert. Wir könnten ja auch vom Weg abkommen und uns verlaufen. Manchmal brauchen wir Wegweiser, damit wir gut an das Ziel kommen.
Aber Gott zeigt uns den Weg. Er schickt uns Menschen, die uns den Weg weisen. Diese Menschen sind wachsam durch ihr Leben gegangen. Sie haben gut gelebt und können uns so den richtigen Weg weisen.
Diese Menschen zeigen uns, was wichtig ist, damit wir den richtigen Weg finden. Sie sind uns den Weg vorangegangen mit offenen Augen, mit offenen Oh-

ren und mit einem guten Herzen, also ganz wachsam. Sie können uns den Weg zu Jesus zeigen, sie können unsere Wegweiser sein. Einige Kinder wollen uns diese Menschen vorstellen.

Martin: Ich heiße Martin. Mein Namenspatron ist der Heilige Martin. Martin hat den Bettler am Wege gesehen und hat ihm geholfen. Er weist uns den Weg und sagt:
Achte auf die Menschen, die dir begegnen!

Elisabeth: Ich heiße Elisabeth. Meine Namenspatronin ist die Heilige Elisabeth. Elisabeth war eine Königstochter und Markgräfin. Sie hat unaufhörlich den Armen und Kranken geholfen. Sie weist uns den Weg und sagt:
Helft den Menschen auf ihrem Weg!

Barbara: Ich heiße Barbara. Meine Namenspatronin ist die Heilige Barbara. Sie hat auf Jesus vertraut zu jeder Zeit, auch als sie sterben musste. Sie weist uns den Weg und sagt:
Freut euch auf Jesus Christus!

Nikolaus: Ich mag den Heiligen Nikolaus. Er war gut zu allen Menschen, besonders zu den Kindern. Er weist uns den Weg und sagt:
Seid gut zueinander!

Johannes: Ich heiße Johannes. Mein Namenspatron ist der Heilige Johannes der Täufer. Er ist Jesus vorangegangen und hat die Menschen auf ihn hingewiesen. Er weist uns den Weg und sagt:
Macht den Weg frei!

Fürbitten:

(Die Kinder, die die Fürbitten sprechen, stellen sich neben den entsprechenden Wegweiser.)

Pr.: Guter Gott, wir brauchen den Weg nicht allein gehen. Du schickst uns Menschen, die uns den Weg zu Jesus Christus zeigen. Wir wollen wie sie leben und den Weg zu Jesus gehen.

1) Viele Menschen werden gar nicht gesehen, weil sie so arm und unbedeutend sind.

Wir wollen auf die Menschen auf unserem Weg achten wie der Hl. Martin.
Herr, erhöre uns.

2) Viele Menschen sind hilflos und krank.
Wir wollen ihnen helfen wie die Hl. Elisabeth.
Herr, erhöre uns.

3) Viele Menschen haben keine Hoffnung mehr und glauben nicht an das Gute.
Wir wollen mit unserer Hoffnung auf ein Leben bei Gott andere anstecken wie die Heilige Barbara.
Herr, erhöre uns.

4) Viele Kinder haben niemanden, der sie wirklich mag.
Wir wollen gut sein wie der Hl. Nikolaus.
Herr, erhöre uns.

5) Viele Menschen suchen den Weg zu Jesus.
Wir wollen ihm den Weg bereiten wie der Hl. Johannes.
Herr, erhöre uns.

Pr.: Denn du willst, dass wir alle den richtigen Weg finden hin zum Weihnachtsfest. Wir wollen wachsam sein auf dem Weg zu Jesus Christus, unserem Herrn. Amen.

Gabengebet:

Guter Gott, wir gehen miteinander den Weg zur Krippe. Wir freuen uns, dass wir bald miteinander Weihnachten feiern dürfen. Wir wollen wachsam sein auf dem Weg. Nun feiern wir miteinander das Mahl. Dazu bringen wir Brot und Wein und bitten dich: Schenke uns Gemeinschaft untereinander und mit Jesus Christus, unserem Herrn. Amen.

Vor dem Schlussgebet werden die Wegweiser auch an das Wegbild geheftet.

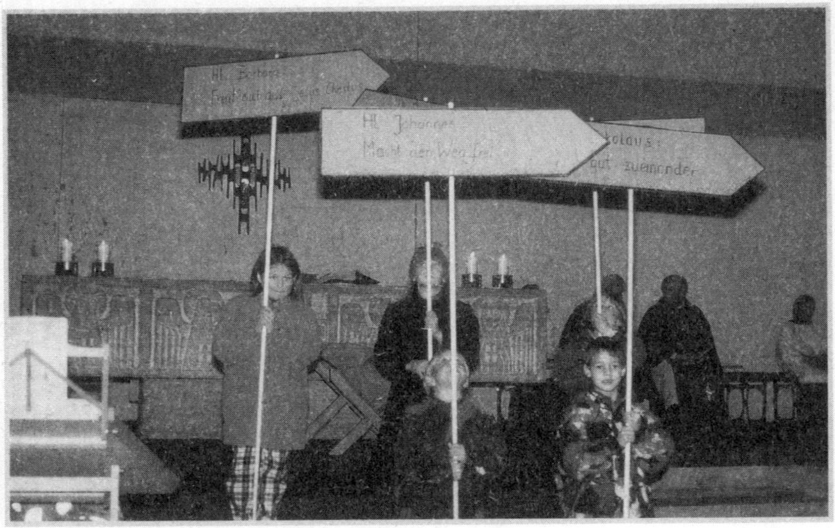

Schlussgebet:

Guter Gott, wenn wir unsere Augen und unsere Ohren und uns selbst ganz wach halten für deine Botschaft, dann finden wir den richtigen Weg zu Jesus Christus, der gut ist und die Menschen liebt. Wir feiern in der nächsten Woche das Fest der heiligen Barbara und des Heiligen Nikolaus. Sie waren wache und gläubige Menschen. Deshalb wollen wir uns von ihnen den Weg zeigen lassen zu Jesus Christus, unserem Herrn. Amen.

Vorbereitungen:

Vor dem Altar steht die leere Futterkrippe. Die Wegweiser vom letzten Sonntag sind noch da. Im Mittelgang stehen mehrere Fernseher, Computer, ein großer Terminkalender, vollgepackte Einkaufstüten. (Das alles soll sich zu einem Hindernis türmen.)
- *Spielszene: sechs Kinder*
- *Wegbild zweite Station: zwei Kerzen*
- *Ausgeschnittene Abbildungen (z. B. aus Katalogen oder Prospekten): Fernseher, Computer und andere Gegenstände*

Eingangslied: *„Wir sagen euch an" (2 Strophen)*

Während des Liedes werden die Adventskerzen angezündet.

Einführung:

Liebe Kinder, liebe Christen, wir haben uns in dieser Adventszeit auf den Weg zu Jesus gemacht. Heute gehen wir diesen Weg ein Stück weiter.

Von hinten kommen zwei Kinder
1. Kind: Was liegt denn da eigentlich auf dem Weg?
2. Kind: Ui, da ist ein Fernseher, vielleicht dürfen wir heute in der Kirche fernsehen.

Sprecher: Ja, da liegt allerhand auf dem Weg, mehr als nur ein Fernseher. Was liegt denn da noch? Computer, Kalender, Einkaufstüten ... *(Antwort kann evtl. auch von den Kindern kommen.)*

1. Kind: Da kommen wir ja gar nicht durch, wenn so viel im Weg steht.
2. Kind: Da kommen wir ja nie zur Krippe, weil so viel daliegt.
Sprecher: Da sind zu viele Hindernisse auf dem Weg. Diese Hindernisse stehen oft auf dem Weg zu Jesus.

3. Kind Ich schaue oft stundenlang Fernsehen, manchmal den ganzen Tag. Dann komme ich zu gar nichts anderem mehr. *(Kind setzt sich neben den Fernseher.)*

4. Kind: Hier ist ein Computer. Ich mag Computer-Spiele. Wenn ich einmal damit angefangen habe, kann ich gar nicht mehr aufhören. *(Kind setzt sich neben den Computer.)*

5. Kind: In der Spielzeugabteilung sehe ich immer so viel. Da gibt es das neue ... *(etwas aktuelles einsetzen)*, dass jetzt alle haben. Das muss ich unbedingt bis Weihnachten noch kriegen. Dann habe ich mehr Spielzeug als mein Freund. Da werden meine Freunde staunen. *(Kind setzt sich neben eine Einkaufstüte.)*

6. Kind: Ich habe jeden Tag ein volles Programm. Am Montag bin ich in der Fördergruppe, am Dienstag in der Musikschule, am Mittwoch meistens beim Reiten, am Freitag im Kino. Am Samstag oder Sonntag spiele ich im Fußballverein. *(Kind setzt sich neben einen Terminkalender.)*

Pr.: Wir beten zu Gott:
Allmächtiger Gott, vieles steht vor der Mitte unseres Lebens und hindert uns auf dem Weg zu Jesus. Deshalb bitten wir: Herr, erbarme dich, hilf uns unseren Weg zu gehen und führe uns zu Jesus, unserem Herrn. Nimm von uns Sünde und Schuld, damit wir mit reinem Herzen diese Feier begehen. Amen.

Kyrie *gesungen*

Tagesgebet:

Guter Gott, wir sind unterwegs zur Krippe. Wir nähern uns dem Weihnachtsfest. Du begleitest uns und sorgst für uns durch dein Wort. So erreichen wir sicher das Ziel durch Jesus Christus, unseren Herrn. Amen.

Lesung (Jes 50,3–5 *gekürzt*)

Evangelium (Mk 1,1–4)

Predigtteil:

Liebe Kinder, liebe Christen, bei uns hier in der Kirche ist es leicht, die Straße, den Weg zu ebnen. Die Hindernisse werden zur Seite geräumt. Dann ist der Weg gerade und nicht mehr krumm. Dann ist der Weg eben.
Dann kommen wir durch bis zur Krippe, bis zu Jesus.
Deshalb räumen wir aus dem Weg, was uns hindert. Wir wollen auf geradem Wege zu Jesus gehen und die Straße ebnen.
Jetzt kommt es darauf an, dass wir das auch zu Hause tun:

Kinder sprechen:

- Der Fernseher soll nicht die Mitte im Leben sein, sondern Nebensache. Wir stellen ihn an den Rand. *(Fernseher werden an den Rand geräumt.)*
- Der Computer soll nicht die Mitte im Leben sein, sondern Nebensache. Wir stellen ihn an den Rand. *(Computer werden an den Rand geräumt.)*
- Das Einkaufen soll nicht die Mitte im Leben sein, sondern Nebensache. Wir stellen die Einkaufstüten an den Rand. *(Einkaufstüten werden an den Rand geräumt.)*
- Der Terminkalender soll nicht die Mitte im Leben sein, sondern Nebensache. Wir stellen ihn an den Rand. *(Terminkalender wird an den Rand geräumt.)*

Fürbitten:

(Kind stellt sich jeweils zum entsprechenden Gegenstand und spricht.)

Pr.: Gott, wenn wir den Weg zu Jesus gehen wollen und das Ziel erreichen, dann müssen wir die Hindernisse auf diesem Weg auf die Seite räumen. Wir bitten dich:

1) Wir bitten dich für alle Menschen, die stundenlang fernsehen. Wir wünschen ihnen, dass sie auch noch Augen und Ohren für ihre Familie haben. Wir bitten dich, erhöre uns.

2) Wir bitten dich für alle Menschen, die durch den Computer vom Weg abgelenkt werden. Wir wünschen ihnen, dass sie an der Natur die Wunder dieser Welt erkennen.

3) Wir bitten dich für alle Menschen, die immer mehr haben und kaufen wollen. Wir wünschen ihnen, dass sie auch an kleinen und wenigen Dingen Freude finden.

4) Wir bitten dich für alle Menschen, die vor lauter Terminen nicht mehr zu sich selber kommen. Wir wünschen ihnen, dass sie zur Ruhe kommen und so den Weg zu dir finden.

Pr.: Denn dann können wir den Weg gehen zu Jesus Christus, unserem Herrn. Amen.

Gabengebet:

Guter Gott, wir haben alle Hindernisse aus dem Weg geräumt und den Weg zu Jesus bereitet. Auf diesem Weg bringen wir unsere Gaben zu dir, Brot und Wein. Am Altar, an deinem Tisch, spüren wir deine Nähe. Auf all unseren Wegen begleitest du uns und stärkst uns durch dein Wort und dein Brot. Dafür danken wir durch Jesus Christus, unseren Herrn. Amen.

Vor dem Schlussgebet werden die ausgeschnittenen Bilder an den Rand des Weges beim Wegbild geheftet.

Schlussgebet:

Guter Vater, heute sind wir wieder auf unserem Weg ein Stück weitergekommen. Das macht uns Mut und Freude. Wenn wir die Hindernisse aus dem Weg räumen, werden wir das Ziel erreichen, Jesus Christus, unseren Herrn. Amen.

Vorbereitungen:

- *leere Futterkrippe vor dem Altar*
- *eine große Glasscheibe, die vor die Krippe gestellt wird*
- *große Bilder von: Plätzchen, einem Computer, Puppen, einem Fahrrad, Geldscheinen*
- *Wegbild (Rahmen, durch den man die Krippe sehen kann)*

Eingangslied: *„Wir sagen euch an" (1., 2. und 3. Strophe)*

Während des Liedes werden die Kerzen am Adventskranz angezündet.

Einführung:

Liebe Kinder, liebe Christen, wir sind immer noch unterwegs zur Krippe und freuen uns auf Weihnachten. Es ist schön, dass wir schon so nahe an der Krippe sind. Wegweiser zeigen uns, wo es lang geht. Die Hindernisse auf dem Weg haben wir fortgeräumt. Wir bereiten uns auf das Weihnachtsfest vor. Auch andere Leute haben sich schon vorbereitet.

1) Hausfrau: (Plätzchen)
Zu Weihnachten gehören Plätzchen. Ich habe in diesem Jahr 17 verschiedene Sorten gebacken. Eins ist schöner und leckerer als das andere.
(klebt Bild an die Scheibe)

2) Junge: (Computer)
Jetzt gibt es einen superstarken Computer schon für 2000 Mark. Der ist viel schneller als der alte Kasten vom Papa. Den kriege ich in diesem Jahr.
(klebt Bild an die Scheibe)

3) Kleines Kind: (Puppen, Stofftiere)
Ich habe meinen Wunschzettel schon geschrieben. Ich wünsche mir eine tolle Puppe und ein Superstofftier.
(klebt Bild an die Scheibe)

4) Kind: (Fahrrad)
In diesem Jahr bekomme ich ein irres Fahrrad mit 21 Gängen. Ich kann es gar nicht erwarten.
(klebt Bild an die Scheibe)

Mann: (großer Geldschein)
Wir haben vor Weihnachten keine Zeit, Geschenke zu kaufen. Wir schenken uns immer Geld. Dann kann sich jeder selbst aussuchen, was er will.
(klebt Bild an die Scheibe)

Pr.:
Allmächtiger Gott, kurz vor dem Weihnachtsfest sind wir voll und ganz beschäftigt mit tausenderlei Weihnachtsvorbereitungen. Oft sind wir so beschäftigt, dass wir gar nicht mehr sehen, wo wir hin wollen. So können wir jetzt nicht mehr unsere Krippe sehen, das Ziel unseres langen Weges.
Der allmächtige Gott erbarme sich unser, er lasse uns die Sünden nach und führe uns zum ewigen Leben. Amen.

Kyrie *gesungen*

Tagesgebet:

Guter Gott, unser Weg braucht ein Ziel. Wir wollen zu Jesus Christus. Dieses Ziel müssen wir sehen. Dein Wort kann uns dabei helfen, Jesus zu finden. Darum bitten wir durch Jesus Christus, unseren Herrn. Amen.

Lesung (Jes 61,1-2a.10)

Evangelium (Joh 1,6-8. 23-28, gekürzt)

Predigtteil:

Liebe Kinder, liebe Christen, wieder hören wir im heutigen Evangelium den Spruch: Ebnet den Weg für den Herrn! Johannes sagt es uns wieder mit den Worten des Propheten Jesaja.
Der Weg ist schon geebnet, aber die Krippe sehen wir nicht. Wir sehen: Arbeit, Plätzchen, einen Computer, Puppen und Spielzeug, ein Fahrrad, Skifahrer, Essen, ein Schiff und Geld.
Aber wir sehen gar nicht mehr, wohin wir gehen. Oft vergessen wir Menschen vor lauter Weihnachtsrummel Jesus in der Krippe.
Wir aber wollen unser Ziel immer vor Augen haben, damit wir Weihnachten mit ganzer Freude feiern können. Deshalb machen wir die Sicht wieder frei.

Wegnehmen der Bilder, Bilder werden vor den Altar gelegt

Jetzt können wir die Krippe wieder sehen. So gehen wir unseren Weg und verlieren Jesus nicht aus den Augen. Denn nur mit Jesus feiern wir mit ganzer Freude das Weihnachtsfest.

Fürbitten:

Pr.: Guter Gott, wir beten für alle, die dich aus den Augen verloren haben.

1) Wir beten für alle Menschen, die vor lauter Geschenken das Wichtigste an Weihnachten vergessen, Jesus Christus.
Sie sollen Jesus sehen.
Alle: Sie sollen Jesus sehen.

2) Wir beten für alle Menschen, die vor lauter Arbeit und Stress keine Ruhe mehr haben.
Sie sollen Jesus sehen.

3) Wir beten für alle Menschen, die mit Streit und Ärger keinen Frieden finden.
Sie sollen Jesus sehen.

4) Wir beten für alle Menschen, die durch Krankheit und Schmerzen keine Hoffnung mehr haben.
Sie sollen Jesus sehen.

5) Wir beten für alle Menschen, die traurig sind und keine Freude haben.
Sie sollen Jesus sehen.

Pr.: Denn dann können wir den Weg zu dir finden und Weihnachten mit ganzer Freude feiern durch Jesus Christus, unseren Herrn. Amen.

Gabengebet:

Gott, vieles, was uns Freude macht, haben wir vor den Altar gelegt. Am meisten Freude schenkt uns Jesus. Er ist der Grund, warum wir Weihnachten feiern. Jesus wollen wir nie aus den Augen verlieren. Er ist Mensch geworden und ist immer für uns da bis in alle Ewigkeit. Amen.

Schlussgebet:

Lieber Gott, heute sind wir wieder ein Stück des Weges gegangen, der uns zu Jesus in der Krippe führt. Nichts im Leben kann uns von diesem Weg abhalten, wenn wir Jesus im Blick bewahren. Wir freuen uns auf das Weihnachtsfest durch Jesus Christus, unseren Herrn. Amen.

Vor dem Schlussgebet wird das Bild vom Rahmen an den Rand des Weges beim Wegbild geheftet.

4. Adventssonntag:
Maria geht ihren Weg in guter Hoffnung

Vorbereitungen:

- *leere Krippe vor dem Altar*
- *Maria*
- *Licht in der Hand (am besten eine Kerze im Glas)*
- *Engel im weißen Kleid*
- *Elisabeth*
- *Josef*
- *Wegbild*
- *Maria mit Licht für dieses Bild*

Eingangslied: *„Wir sagen euch an"*
(1., 2., 3. und 4. Strophe)

Während des Liedes werden die Kerzen des Adventskranzes angezündet.

Einführung:

Liebe Kinder, liebe Christen, heute brennt endlich die vierte Kerze an unserem Adventskranz. Wir stehen auf unserem Weg unmittelbar vor dem Weihnachtsfest. An Weihnachten feiern wir die Geburt Jesu von Maria, seiner Mutter. Sie ist ihren Weg zu diesem Ereignis gegangen. Wir wollen heute den Weg Marias betrachten.

Kyrie:

1) Herr Jesus Christus, auf dich wartete das Volk Israel.
   Kyrie eleison.

2) Herr Jesus Christus, du bist Mensch geworden und uns nahe.
   Christe eleison.

3) Herr Jesus Christus, wie Maria gehen wir den Weg zu dir.
   Kyrie eleison.

Tagesgebet:

Guter Vater, voll Sehnsucht warteten die Menschen auf das Kommen deines Sohnes Jesus. Auch wir warten und freuen uns auf das Weihnachtsfest. Wir schauen auf Maria, die sich auf die Geburt ihres Sohnes freut. So wollen wir feiern, singen und beten heute und in Ewigkeit. Amen.

Einführung zur Lesung:

Maria kommt von hinten zur Türe herein und geht den Weg ein Stück des Mittelganges entlang.

Sprecher: Ein Mädchen spielt für uns heute die Maria. Maria stammte aus dem Volk Israel. Das Volk Israel wartete auf den Messias, den Erlöser. In der Lesung hören wir von der Sehnsucht und Hoffnung Israels.

Ein Ministrant bringt Maria das Lektionar nach hinten. Maria liest von ihrem Platz aus.

Lesung: (Jes 1-6)

Lesung aus dem Buch Jesaja.

Das Volk, das im Dunkel lebt,
sieht ein helles Licht.
Über denen, die im Land der Finsternis wohnen,
strahlt ein Licht auf.
Du erregst lauten Jubel
und schenkst große Freude.
Man freut sich in deiner Nähe,
wie man sich freut bei der Ernte.
Denn uns ist ein Kind geboren,
ein Sohn ist uns geschenkt.
Die Herrschaft liegt auf seiner Schulter.
Man nennt ihn: wunderbarer Ratgeber, starker Gott,
Vater in Ewigkeit, Fürst des Friedens.
Seine Herrschaft ist groß,
und der Friede hat kein Ende.
Auf dem Thron Davids herrscht er über sein Reich.

Er festigt und stützt es durch Recht und Gerechtigkeit,
jetzt und für alle Zeiten.

Wort des lebendigen Gottes.

Nach der Lesung:

Maria: Ja, ich hoffe und glaube, Gott ist nahe.

Maria geht den Weg ein Stück weiter.

Einführung zum Evangelium:

Wir haben gehört, dass Maria mit dem ganzen Volk Israel auf die Geburt des Erlösers wartet. Auf diesem Weg des Glaubens geschah etwas Wunderbares. Ein Engel brachte ihr die Botschaft von Gott, dass sie den Erlöser zur Welt bringen darf. Wir hören diese gute Botschaft.

Evangelium: (Lk 1,26-38)

Das Evangelium wird gespielt: Die fett gedruckten Stellen des Evangeliums werden vorgelesen; die Personen treten selbst auf und können auch selbst sprechen.

Aus dem heiligen Evangelium nach Lukas.

In jener Zeit wurde der Engel Gabriel
von Gott in eine Stadt in Galiläa namens Nazaret
zu einer jungen Frau gesandt.
Sie war mit einem Mann namens Josef verlobt,
der aus dem Haus David stammte.
Der Name der jungen Frau war Maria.
Der Engel trat bei ihr ein und sagte:

Engel kommt und spricht:
Sei gegrüßt, du Begnadete,
Der Herr ist mit dir.

Sie erschrak über die Anrede,
und überlegte, was dieser Gruß zu bedeuten habe.
Da sagte der Engel zu ihr:

Fürchte dich nicht, Maria,
denn du hast bei Gott Gnade gefunden.

Du wirst schwanger werden
und einen Sohn zur Welt bringen.
Den sollst du Jesus nennen.
Er wird groß sein und Sohn des Höchsten genannt werden.
Gott, der Herr, wird ihm das Königtum seines Vorfahren David übertragen.
Er wird für immer über die Nachkommen Jakobs regieren
und seine Herrschaft wird kein Ende haben.

Maria sagte zu dem Engel:
Wie soll das geschehen?
Ich bin doch mit keinem Mann zusammen?

Der Engel antwortete:
Der Heilige Geist wird über dich kommen
und Gottes Kraft wird mit dir sein.
Deshalb wird man das Kind, das du zur Welt bringst,
heilig und Sohn Gottes nennen.
Auch Elisabeth, deine Verwandte,
bekommt trotz ihres Alters einen Sohn,
und man hat doch von ihr gesagt,
sie könne keine Kinder bekommen.
Sie ist jetzt bereits im sechsten Monat,
denn für Gott ist nichts unmöglich.

Da sagte Maria:
Ich will ganz für Gott da sein,
ich bin die Magd des Herrn.
Es soll so geschehen, wie du es gesagt hast.

Danach verließ sie der Engel.

Der Engel übergibt Maria eine brennende Kerze in einem Glas.

Engel: Evangelium unseres Herrn Jesus Christus

Maria: Ja, ich hoffe und glaube, Gott ist nahe.

Maria geht den Weg ein Stück weiter.

Predigtteil:

Liebe Kinder, liebe Christen, Maria weiß nun, dass sie selbst den Erlöser zur Welt bringen darf. In dieser Freude und Hoffnung macht sie sich von neuem auf den Weg. Nun geht sie zu ihrer Cousine Elisabeth, die auch ein Kind erwartet.

Maria geht ein Stück weiter zu Elisabeth.

Sprecher:
Die Frauen wollen Freude und Hoffnung teilen. Sie erzählen sich, was sie Großes erleben dürfen.

Elisabeth spricht zu Maria:
Gegrüßet seist du Maria, voll der Gnade, der Herr ist mit dir. Du bist gebenedeit unter den Frauen und gebenedeit ist die Frucht deines Leibes, Jesus.
Wie du bin ich voller Hoffnung und freue mich auf das Kind.

Maria:
Ja, ich hoffe und glaube, Gott ist nahe.

Lied: *z. B. „Kündet allen in der Not" (Gotteslob Nr. 106, 1. Strophe)*

Sprecher:
Der Weg von Maria war nicht immer leicht. Elisabeth hat ihr ein Stück weit geholfen. Gott lässt Maria nicht allein. Josef geht mit ihr den Weg der Hoffnung. Josef hilft und sorgt sich um Maria.

Josef:
Liebe Maria, ich begleite dich auf deinem Weg. Ich will dich und das Kind beschützen. Gemeinsam gehen wir den Weg des Glaubens und der Hoffnung.

Maria:

Ja, ich hoffe und glaube, Gott ist nahe.

Maria stellt das Licht in die Krippe.

Sprecher:
So ist Maria ihren Weg zu Gott gegangen. Maria ist uns vorausgegangen. Sie ist unser Vorbild und macht uns Mut, uns ganz auf Gott zu verlassen.

Fürbitten:

Pr.: Gott hört auf unsere Bitten:

1) Maria: Wir beten für alle Menschen, die im Dunkeln sitzen. Wir wünschen ihnen ein Licht der Freude.
Alle: Wir bitten dich, erhöre uns.

2) Engel: Wir beten für alle Menschen, die Angst haben. Wir wünschen ihnen Freunde, die Boten Gottes sind und Mut machen.

3) Elisabeth: Wir beten für alle Frauen, die ein Kind bekommen. Wir wünschen ihnen eine glückliche Geburt.

4) Josef: Wir beten für alle Menschen, die einsam und alleine sind. Wir wünschen ihnen Menschen, die den Weg mit ihnen gehen.

Pr.: Denn du bist uns nahe durch Jesus Christus, unseren Herrn. Amen.

Gabengebet:

Gott, Maria ist uns den Weg des Glaubens vorausgegangen. Sie ist uns ein Vorbild, weil sie dir ganz und gar vertraut. Sie hat Jesus geboren. Er ist den Menschen immer nahe. Hier am Altar feiern wir immer wieder, dass Jesus mitten unter uns ist. Er, der mit dir lebt und herrscht in Ewigkeit. Amen.

Vor dem Schlussgebet wird die Figur Marias mit dem Licht an das Wegbild geheftet.

Schlussgebet:

Allmächtiger Gott, wir sind einen weiten Weg gegangen und stehen vor dem Weihnachtsfest. Wie Maria dürfen wir voll Freude hoffen: Gott ist uns allen nahe. Am Weihnachtsfest sollen alle diese Botschaft erfahren durch Jesus Christus, unseren Herrn. Amen.

Vorbereitungen:

- *Erzähler Lukas (der Evangelist)*
- *Josef und Maria – unterwegs*
- *Futterkrippe mit Jesuskind*
- *Wirtsleute mit Laternen (am Rand vom Mittelgang)*
- *Hirten*
- *Engel*
- *Lied: „Alle sind wir auf dem Weg"*

In der Kirche ist es dunkel; der Priester und der liturgische Dienst ziehen durch das Mittelschiff ein.

Einführung:

Liebe Kinder, liebe Christen, wir sind schon vier Wochen auf dem Weg zum Weihnachtsfest. Heute ist es endlich so weit. Wir sind am Ende des Weges angelangt und feiern Weihnachten, den Geburtstag von Jesus.

Erzähler Lukas tritt ans Ambo und spricht:

Ich bin Lukas. Ich habe die ganze Jesus-Geschichte aufgeschrieben. Ihr habt bestimmt schon oft daraus gehört, wenn es heißt: „Aus dem heiligen Evangelium nach Lukas." Heute feiern wir den Beginn dieser wunderbaren Geschichte. Euer Diakon liest heute meine Geschichte. (Ihr dürft dazu sitzen bleiben.)

Evangelium, Teil 1:

Aus dem heiligen Evangelium nach Lukas.

In jenen Tagen erließ Kaiser Augustus den Befehl,
alle Bewohner des Reiches in Steuerlisten einzutragen.
Dies geschah zum ersten Mal.
Damals war Quirinius Statthalter von Syrien. Da ging jeder in seine Stadt,
um sich eintragen zu lassen.
So zog auch Josef

von der Stadt Nazaret in Galiläa
hinauf nach Judäa in die Stadt Davids, die Bethlehem heißt;
denn er war aus dem Haus und dem Geschlecht Davids.
Er wollte sich eintragen lassen
mit Maria, seiner Verlobten,
die ein Kind erwartete.

Spielszene, Teil 1: Herbergssuche

Maria drängt sich mit Josef von hinten durch das Volk.

Maria: Da sind aber heute viele Leute.

Josef: Das liegt an der Volkszählung.

Maria: So viele waren noch nie da. Ob die auch alle hier übernachten wollen? Da finden wir ja nie eine Herberge.

Josef: Sorg dich nicht! Wir fragen so lange, bis wir etwas finden.

Drei Wirte stehen am Rand des Mittelganges auf einem Stuhl oder einer Staffelei. Der Reihe nach werden die Wirte befragt.

Maria und Josef klopfen an. (lautes Klopfen)
Wir suchen eine Herberge.

Der ***1. Wirt*** *hebt die Laterne über seinen Kopf und spricht:*
Was wollt ihr noch hier? Mein Haus ist voll. Seht ihr nicht die vielen Leute in der Stadt? Ich habe keinen Platz für euch.

Maria und Josef klopfen beim ***2. Wirt.***
Wir suchen eine Herberge.

Wirt hebt die Laterne über seinen Kopf und spricht:
Könnt ihr überhaupt zahlen? Da drüben ist ein billigeres Wirtshaus. Dort könnt ihr bestimmt unterkommen.

Maria und Josef klopfen beim ***3. Wirt.***
Wir suchen eine Herberge.

Dieser hebt die Laterne über seinen Kopf und spricht:
Ihr seid ja voll Straßenstaub. Für euch habe ich nur noch einen alten Stall. Dort könnt ihr übernachten. Geht dorthin.

Schuldbekenntnis:

Die Wirte gehen nach vorne und sprechen:

1. Wirt: Mit Fremden wollen wir oft nichts zu tun haben.
Herr, erbarme dich.

2. Wirt: Wir tun oft nur dann Gutes, wenn wir etwas davon haben.
Christus, erbarme dich.

3. Wirt: Wir teilen nicht gerne und wollen alles für uns haben.
Herr, erbarme dich.

Pr.: Auch wir helfen oft nicht und suchen schnell Ausreden. Herr, erbarme dich unser, nimm von uns alle Schuld und mach uns bereit für deine Botschaft, sodass wir nun mit reinem Herzen diese Feier begehen. Amen.

Evangelium, Teil 2:

Als sie dort waren,
kam für Maria die Zeit ihrer Niederkunft,
und sie gebar ihren Sohn, den Erstgeborenen.
Sie wickelte ihn in Windeln und legte ihn in eine Krippe,
weil in der Herberge kein Platz für sie war.
In jener Gegend lagerten Hirten auf freiem Feld
und hielten Nachtwache bei ihrer Herde.

Spielszene, Teil 2:

Hirten kommen, sie bringen ihre Sachen mit und setzen sich.

1. Hirte mit Fell:
Kommt her, hier ist es wenigstens ein bisschen warm.

2. Hirte mit Laterne:
Schaut, ich bringe euch mein Licht, damit wir alle etwas sehen können.

3. Hirte mit Flöte:
Schön ist es, wenn wir beisammen sitzen. Auf dem Feld bin ich immer so allein.

4. Hirte mit Brot:
Ich habe einen Mordshunger. Hier ist noch etwas Brot.

5. Hirte mit Feldflasche:
Weil wir arm sind, müssen wir Hirten immer teilen.

1. Hirte:
Jetzt legt euch hin und schlaft. Ich halte die erste Nachtwache.

Evangelium, Teil 3:

Da trat der Engel des Herrn zu ihnen,
und der Glanz des Herrn umstrahlte sie.
Sie fürchteten sich sehr,
der Engel aber sagte zu ihnen:

Engel kommt; er wird hell angestrahlt. Er spricht:

Fürchtet euch nicht,
denn ich verkünde euch eine große Freude,
die dem ganzen Volk zuteil werden soll.
Heute ist euch in der Stadt Davids der Retter geboren.
Er ist der Messias, der Herr.
Und das soll euch als Zeichen dienen:
Ihr werdet ein Kind finden,
das, in Windeln gewickelt, in einer Krippe liegt.

Diakon:
Und plötzlich war bei dem Engel ein großes himmlisches Heer, das Gott lobte und sprach:

Engel:

Verherrlicht ist Gott in der Höhe,
und auf Erde ist Frieden
bei den Menschen seiner Gnade.

Gloria: *„Engel haben Himmelslieder auf den Feldern angestimmt“*
(oder ein anderes passendes Lied)
Engel (und Vorsängergruppe) singen zuerst das Halleluja (den Refrain), dann stimmen alle ein und singen mit.

Evangelium, Teil 4: (Lk, 2,14-16)

Als die Engel die Hirten verlassen hatten
und in den Himmel zurückgekehrt waren,
sagten die Hirten zueinander: Kommt,
wir gehen nach Bethlehem,
um das Ereignis zu sehen, das uns der Herr verkünden ließ.
So eilten sie hin
und fanden Maria und Josef
und das Kind, das in der Krippe lag.

Die Hirten gehen zur Krippe mit Maria und Josef. Sie stehen um die Krippe und schauen das Kind an. Dieses lebendige Krippenbild wird hell angeleuchtet.

Lied (alle)**:** „Ihr Kinderlein kommet"

Evangelium (Teil 5) (Lk 17-20):

Die Hirten sprechen leise mit Maria.

Als sie es sahen,
erzählten sie, was ihnen über dieses Kind gesagt worden war.
Und alle, die es hörten,
staunten über die Worte der Hirten.
Maria aber bewahrte alles, was geschehen war,
in ihrem Herzen und dachte darüber nach.
Die Hirten kehrten zurück,
rühmten Gott
und priesen ihn für das, was sie gehört und gesehen hatten.

Predigtteil: Hirten

1. Hirte spricht:
Es ist so, wie der Engel gesagt hat. Der Messias, der Retter der Welt, auf den alle Menschen warten, kommt als armes Kind in einem Stall zur Welt.

2. Hirte:
Er kommt nicht als König in einem Schloss zu den Menschen. Wir armen Hirten dürfen ihn als erste besuchen. Er ist wie einer von uns.

3. Hirte: Wir wollen alles mit ihm teilen.

1. Hirte: Ich gebe dir mein Fell. Darauf liegst du recht warm und weich.
Legt sein Fell zur Krippe.

2. Hirte: Dem Kind gefällt das Licht. Ich lasse euch meine Laterne da. Dann habt ihr es immer hell.

3. Hirte: Ich schenke dir meine Flöte. Ein Flötenspieler ist nie allein.

4. Hirte: Wir haben noch Brot. Das lassen wir hier.

5. Hirte: Weil wir arm sind, wollen wir teilen.

1. Hirte (zu den Leuten gewandt):
Stellt euch einmal vor, wie es wäre, wenn wir alle, wie wir hier sind, so teilen würden.
Geschenke für das Hilfswerk Adveniat, das für arme Menschen in Südamerika sammelt, weil Jesus Geburtstag hat – das wäre eine gute Idee!

Fürbitten:

1. Hirte: Wir wollen jetzt an alle denken, die auf Jesus warten.
Zum Beispiel gibt es Menschen, die frieren und keine Wärme und Geborgenheit haben.
Herr, erbarme dich.
Alle: Herr, erbarme dich.

2. Hirte: Es gibt viele Menschen, die kein Licht der Freude mehr sehen.
Herr, erbarme dich.

3. Hirte: Es gibt viele Menschen, die alleine sind und sich Freunde wünschen.
Herr, erbarme dich.

4. Hirte: Es gibt viele Menschen, die nicht genug zu essen haben.
Herr, erbarme dich.

5. Hirte: Es gibt viele Menschen, die arm sind.
Herr, erbarme dich.

Pr.: Guter Gott, wir bitten dich für diese Menschen durch Jesus Christus, unseren Herrn. Amen.

Lied zur Gabenbereitung: „Alle sind wir auf dem Weg“

Alle Kinder bekommen am Schluss ein Foto vom Kind in der Krippe.

Fest der Heiligen Familie:
Simeon und Hanna

Vorbereitung:

- *Folienbild: Simeon und Hanna und das Kind*
- *Kopie des Bildes für alle Kinder zum Ausmalen*

Einführung:

Liebe Kinder, liebe Christen, wir feiern heute das Fest der Hl. Familie. Wie alle Kinder wuchs auch Jesus in einer Familie auf. Wie alle Kinder wurde er 40 Tage nach seiner Geburt in den Tempel getragen.
Im Tempel ist aber etwas Besonderes passiert: Zwei alte Menschen sind Jesus im Tempel begegnet. Wir hören heute von ihnen. Im Kyrie rufen wir zu Jesus.

Kyrie:

1) Herr Jesus Christus, du bist Mensch geworden, um uns nahe zu sein.
   Herr, erbarme dich.

2) Herr Jesus Christus, du bist in einer Familie groß geworden.
   Christus, erbarme dich.

3) Herr Jesus Christus, du kennst unsere Sorgen und Nöte.
Herr, erbarme dich.

Tagesgebet:

Guter Gott, wir danken dir für unsere Eltern und Großeltern, Vater und Mutter, Oma und Opa. Viele Menschen zeigen uns den Weg, der zu dir führt. Durch dein Wort erfahren wir, was im Leben wichtig ist. Dafür danken wir durch Jesus Christus, unsern Herrn. Amen.

Lesung (Sir 3,2-6.12-14)

Evangelium (Lukas 2,22-40)

Predigtteil:

Heute stellt uns das Evangelium zwei Personen vor.

Bild sichtbar machen.

Sie heißen Simeon und Hanna. Ein Zeichner hat sie sich etwa so vorgestellt. Beide sind schon ziemlich alt. Sie haben sicher schon vieles erlebt. Und doch schauen sie auf etwas scheinbar Kleines und Unbedeutendes: Sie schauen auf das Kind Jesus und erkennen dabei, dass ihnen durch Jesus Gott nahe ist. Als ob sie die Großeltern des Kindes wären, sehen sie in Jesus ein Zeichen großer Hoffnung. Diese Begegnung hat sogar ihr Leben verändert:

Simeon (gesprochen von einem Mann):
Mein ganzes Leben habe ich auf den Messias gewartet. Nun ist es endlich so weit. Als kleines Kind trage ich ihn sogar in den Händen. Viele Menschen werden Freude haben. Er wird für sie wie ein Licht sein, ein Licht in der Dunkelheit. Es ist, als ob ein großes Licht in dieser Welt erschienen ist.

Hanna (gesprochen von einer Frau):
Ja, gepriesen bist du, Herr, unser Gott, in diesem Kind schenkst du uns den Erlöser. Keiner braucht mehr Angst haben und verzweifeln, wenn es ihm schlecht geht. Du verkündest eine frohe Botschaft. Wir danken dir. Alle sollen es wissen, die auf die Erlösung warten.

Fürbitten:

Pr.: Allmächtiger Gott, für Simeon und Hanna ist Jesus das Licht der Welt. Auch für uns wird das Leben mit Jesus hell. Wir beten für die, die das Licht Jesu brauchen.

1) Wir beten für alle Menschen, die enttäuscht wurden:
Dass sie durch dein Licht wieder neu Vertrauen fassen.

2) Wir beten für alle Menschen, die nur schwarz sehen und nicht mehr an das Gute glauben:
Dass sie durch dein Licht wieder Zuversicht haben.

3) Wir beten für alle Menschen, die nicht warten können.
Dass sie durch dein Licht Geduld lernen.

4) Wir beten für alle alten Menschen, die sich alleine fühlen.
Dass sie durch dein Licht Freude erfahren.

5) Wir beten für alle Menschen, die traurig sind und keine Hoffnung haben.
Dass sie durch dein Licht Hoffnung bekommen.

Pr.: Darum bitten wir durch Jesus Christus, unseren Herrn. Amen.

Gabengebet:

Herr, unser Gott, am Fest der Heiligen Familien bitten wir dich: Erhalte unsere Familien in deiner Gnade und in deinem Frieden. Darum bitten wir dich durch Jesus Christus, unseren Herrn. Amen.

Schlussgebet:

Gott, unser Vater, du hast uns mit dem Brot des Himmels gestärkt. Bleibe bei uns mit deiner Liebe und stärke uns mit deinem Licht durch Jesus Christus, unseren Herrn. Amen.

2. Sonntag nach Weihnachten:
Das Wort ist Fleisch geworden – Ein Buch in der Krippe?

Vorbereitung:

- *großes Lektionar oder Bibel*
- *leere Krippe*
- *Folienbild: „Das Wort ist Fleisch geworden“ von Sieger Köder (Folie, Postkarten und die Nutzungsrechte an diesem Bild sind erhältlich beim Schwabenverlag, 73760 Ostfildern)*

Beim Einzug wird feierlich das Lektionar (oder eine schöne Bibel) hereingetragen.

Einführung:

Liebe Kinder, liebe Christen, wenn wir das heilige Buch – die Bibel – feierlich in die Kirche tragen, spürt jeder, wie wichtig uns dieses Buch ist. Es erzählt uns von Gott. Es erzählt uns von Jesus. Es beschreibt die Erfahrungen von Menschen mit Gott.

Kyrie:

1) Herr Jesus Christus, du bist Mensch geworden, um uns nahe zu sein.
   Kyrie eleison.

2) Herr Jesus Christus, du hast unter uns Menschen gewohnt.
   Christe eleison.

3) Herr Jesus Christus, du bist das Licht der Welt.
Kyrie eleison.

Tagesgebet:

Allmächtiger, ewiger Gott, du erleuchtest alle, die an dich glauben. Durch dein Wort willst du uns froh machen. Dafür danken wir durch Jesus Christus, unseren Herrn. Amen.

Vor der Lesung:

Kinder zeigen das Lektionar/die Bibel, sprechen und geben es weiter.

Sprecher: Durch die Bibel hören wir in vielen Worten und Geschichten von Gottes Liebe. Hier ein paar Beispiele:

1) Das Wort des lebendigen Gottes spricht von der Erschaffung der Welt. So gut ist Gott.

2) Im Wort des lebendigen Gottes lesen wir, wie Gott die Israeliten aus der Gefangenschaft befreit hat. So gut ist Gott.

3) Durch dieses Wort des lebendigen Gottes machen die Propheten den Menschen Mut. So gut ist Gott.

Sprecher: In den Worten der Psalmen lesen wir über die Größe Gottes und seine unendliche Liebe.

Lektor nimmt das Lektionar, schlägt es auf und trägt die Lesung vor.

Lesung: (Ps 147,12-13.14.-15.19-20; Tagespsalm)

Lesung aus dem Buch der Psalmen.

Jerusalem, preise den Herrn,
lobsinge, Zion, deinem Gott!
Denn er hat die Riegel deiner Tore festgemacht,
die Kinder in deiner Mitte gesegnet.
Er verschafft deinen Gesetzen Frieden
und sättigt dich mit bestem Weizen.
Er sendet sein Wort zur Erde,

rasch eilt sein Befehl dahin.
Er verkündet Jakob sein Wort,
Israel seine Gesetze und Rechte.
An keinem anderen Volk hat er so gehandelt,
keinem sonst seine Rechte verkündet.

Wort des lebendigen Gottes.

Evangelium (Joh 1,1-18)

Predigtteil:

Sprecher (nimmt Lektionar in die Hand): In diesem Buch schenkt uns Gott seine Worte. Gott will uns noch mehr als seine guten Worte schenken. Gott wird Mensch und lässt uns seine Liebe spüren. Das ist ein großes Geheimnis.
Künstler haben sich überlegt, wie sie das darstellen können. Der eine, ein Dichter, hat gesagt „das Wort ist Fleisch geworden". Wir haben es soeben im Evangelium von Johannes gehört. Ein anderer, ein Maler, hat dieses Bild gemalt *(Folienbild einschalten)* und will uns damit sagen: Jesus zeigt mit seinem Leben, was die Worte Gottes für uns bedeuten. Durch Jesus verstehen wir die Worte Gottes in einem neuen Licht. So zeigt er uns, wie sehr Gott uns liebt. In der Krippe ist Jesus geboren. Deshalb können auch wir unser Buch in die Krippe legen. *Lektionar wird in die Krippe gelegt.* Durch Jesus hat Gott zu uns sein Wort neu gesprochen. Was ist das für ein Wort? Es heißt: „Ich liebe dich." Mit seinem Leben zeigt Jesus uns dieses Wort neu:

Kinder sprechen:
1) Jesus ist gut zu den Menschen. Er schenkt allen seine Liebe.

2) Er hat sich auch um Kranke und Ausgestoßene gekümmert und sie geheilt.

3) Durch seine Auferstehung hat er auch den Tod besiegt.

Fürbitten:

Pr.: Gott, unser Vater, durch das Wort und das Leben Jesu willst du uns deine große Liebe zeigen. Wir bitten dich:

1) Wir bitten für alle Prediger, die dein Wort verkünden: Dass sie den Menschen Freude und Hoffnung bringen.

2) Wir bitten für alle, die dein Wort hören: Dass sie dadurch froh werden.

3) Wir bitten für alle; die deine Worte nicht verstehen: Dass sie auf das Leben Jesu blicken und deine Liebe erkennen.

4) Wir bitten für alle Eltern, Lehrer und Erzieher: Dass sie die große Liebe Jesu weitergeben.

5) Wir bitten für alle, die nichts von Jesus gehört haben: Dass sie gute Christen kennenlernen.

Pr.: Darum bitten wir durch Jesus Christus, unseren Herrn. Amen.

Gabengebet:

Herr, unser Gott, du bist uns nahe durch dein Wort. In Jesus Christus zeigst du uns deine Liebe. Er kann uns ganz nahe sein in den Zeichen Brot und Wein hier auf dem Altar, um den wir stehen. Dafür danken wir durch Jesus Christus, unseren Herrn. Amen.

Schlussgebet:

Gott, unser Vater, du hast uns froh gemacht durch dein Wort und deinen Sohn Jesus Christus. Durch seine Menschwerdung können wir deine Liebe besser erfahren. Diese Liebe wollen wir weiterschenken an unsere Mitmenschen. Hilf uns dabei durch Jesus Christus, unseren Herrn. Amen.

Die Sonntage im Osterfestkreis

Fastenprojekt: Fastenleiter

Für das Fastenprojekt stellen wir eine große Leiter mit sieben Sprossen an einem gut sichtbaren Platz im Kirchenraum auf. An den fünf Adventssonntagen, am Palmsonntag sowie am Ostersonntag wird jeweils ein Symbol an der nächsten Sprosse befestigt *(vergleiche Bild)*.

Palmbüschel

Bei uns bekommen die Kinder an jedem Fastensonntag ein buntes Geschenkband oder ein Stoffband in einer bestimmten Farbe. Sie können diese Bänder sammeln und damit ihr Palmbüschel für den Palmsonntag schmücken.

1. Fastensonntag:
Weniger ist oft mehr

Vorbereitung:

- *Bild von einem Baum aus Tonpapier*
- *Dieser Baum hat drei Triebe nach innen, die man abschneiden kann mit der Aufschrift: Habgier, Streitsucht, Trägheit.*
- *Blätter aus Tonpapier*
- *Äpfel aus Tonpapier)*
- *Baumschere*

Einführung:

Liebe Kinder, liebe Christen, der Fasching ist vorbei. Wir stehen in der Fastenzeit. Vierzig Tage dauert diese Fastenzeit (ohne die Sonntage). Vierzig Tage hat auch Jesus gefastet. In der Fastenzeit bereiten wir uns auf das Osterfest vor. Wir überlegen uns, was im Leben wirklich wichtig ist. Hast du schon einmal gesehen, wie der Gärtner im Winter die Bäume zuschneidet. Er schneidet die Äste weg, die stören. So kann der Baum besser wachsen. Wie die Bäume beschnitten werden, so können auch wir all das, was uns schadet und unser Wachstum behindert, beschneiden und versuchen abzulegen.

Schuldbekenntnis:

Plakat mit dem Bild vom Baum wird gezeigt. Kinder kommen und sprechen.

1) Oft bin ich unzufrieden und will immer mehr haben.
Aber diese Habgier schadet. Wir schneiden sie weg.
Der Ast „Habgier" wird mit der Schere abgeschnitten.

2) Immer wieder streite ich mit meiner Schwester.
Streitsucht schadet. Wir schneiden sie weg.
Der Ast „Streitsucht" wird mit der Schere abgeschnitten.

3) Am liebsten liege ich den ganzen Tag im Bett. Ich habe zu nichts Lust.
Trägheit schadet. Wir schneiden sie ab.
Der Ast „Trägheit" wird mit der Schere abgeschnitten.

Pr.: Der allmächtige Gott erbarme sich unser, er nehme von uns alles, was uns schadet und unser Wachstum behindert. Er nehme von uns Sünde und Schuld und führe uns zum ewigen Leben. Amen.

Kyrie *gesungen*

Tagesgebet:

Allmächtiger Gott, du schenkst uns die heiligen vierzig Tage als eine Zeit der Umkehr und Buße. Hilf, dass wir sie recht nützen und uns auf das Osterfest freuen. Darum bitten wir durch Jesus Christus, unseren Herrn. Amen.

Lesung (Ps 25)

Evangelium (Mk 1,12-15)

Predigtteil:

Liebe Kinder, liebe Christen,
vierzig Tage Fastenzeit heißt vierzig Tage Vorbereitungszeit auf das große Osterfest. Manche Menschen meinen, Fasten ist etwas Schlimmes, weil Fasten für sie nur Verzichten auf Essen und Trinken bedeutet. Sie meinen, fasten heißt weniger leben. Diese Leute sehen nur den Gedanken des Verzichts. Aber aus weniger wird oft mehr.

- Weniger essen bedeutet oft: mehr Gesundheit.
- Weniger fernsehen bedeutet oft: mehr Zeit für den anderen haben.
- Weniger Auto fahren bedeutet oft: mehr reine Luft für unsere Umwelt.

Die Kinder haben schon vor dem Gottesdienst Blätter ausgesucht und darauf geschrieben, welcher Verzicht den Menschen gut tut. Denn wie ein Baum ohne Blätter keine Früchte bringt, so müssen wir im Leben auf manches verzichten um zu wachsen und Frucht zu bringen.

Kinder bringen ihre Blätter, die sie ausgesucht und ausgefüllt haben. Sie heften ihre Blätter an den Baum. Gleichzeitig werden auch die Äpfel aus Tonpapier, die „Früchte" hinzugeheftet.

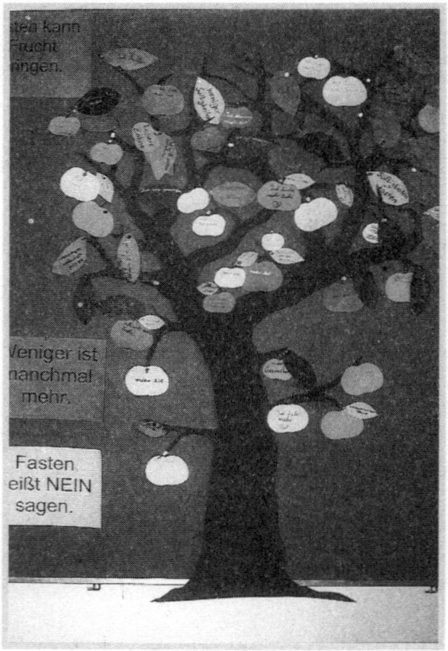

Sprecher:
Nun sehen wir einen Baum voller Leben. Die Blätter zeigen, dass manches im Leben scheinbar weniger ist, und trotzdem mehr Frucht bringen kann. Wir wissen, Fasten tut der Seele und dem Körper gut. Fasten bedeutet sogar oft mehr leben und mehr wachsen. Es ist gut, dass wir in der Fastenzeit bewusst auf manches verzichten und dabei merken, wie wertvoll auch weniges sein kann. Das ist der Sinn des Fastens und der Grund, warum selbst Jesus gefastet hat.

Statt Fürbitten: Vorsätze

Kinder bringen Gegenstände und legen sie vor dem Altar ab.

Pr.: Manchmal ist unser Kopf und unser Herz so voll, dass wir die wichtigen Dinge im Leben vergessen. Deshalb wollen wir fasten und verzichten, damit wir erkennen, was wichtig ist.

1) *Kind mit Süßigkeiten:*
Wir bringen diese Süßigkeiten, weil wir auf Süßigkeiten verzichten wollen.

Alle: Wir bitten dich, erhöre uns.

2) *Kind mit Spielzeugauto:*
Wir bringen dieses Auto, weil wir weniger mit dem Auto fahren wollen.

3) *Kind mit Fernsehzeitung:*
Wir bringen diese Fernsehzeitung, weil wir weniger fernsehen wollen und dafür mehr Zeit mit unserer Familie und unseren Freunden verbringen wollen.

4) *Erwachsener mit Zigaretten und/oder Bier:*
Wir bringen diese Zigaretten und das Bier, weil wir bewusst darauf verzichten wollen.

5) *Jemand mit Geldschein (oder Opferkästchen):*
Wir bringen dieses Geld, weil wir weniger Geld ausgeben wollen, um es mit armen Menschen zu teilen. Deshalb wollen wir Geld für Misereor sammeln

Pr.: Denn durch Fasten und Verzichten können wir mehr Leben gewinnen durch Jesus Christus, unseren Herrn. Amen.

Gabengebet:

Herr, unser Gott, wir bringen Brot und Wein zu Beginn dieser Fastenzeit. Nimm mit diesen Gaben uns selbst an und hilf uns zu erkennen, was im Leben wichtig ist. Darum bitten wir durch Jesus Christus, unseren Herrn. Amen.

Nach der Kommunionausteilung:

Vierzig Tage Fastenzeit bedeuten sieben Sonntage bis Ostern. Damit uns das Warten auf das Osterfest leichter fällt, zeigt uns in diesem Jahr eine Leiter mit sieben Sprossen die Sonntage bis Ostern.
Auf die unterste Sprosse werden kleine Gegenstände (Schokolade, Auto, Misereor-Opferkästchen) geheftet, dazu ein Schild „Weniger ist oft mehr". Wir sind schon neugierig, was auf die nächsten Sprossen kommt.

Schlussgebet:

Gütiger Gott, du hast uns das Brot des Lebens gegeben. Hilf, dass durch Fasten und Verzicht Glaube, Hoffnung und Liebe in uns wachsen. Darum bitten wir durch Jesus Christus, unseren Herrn. Amen.

2. Fastensonntag:
Verklärung Jesu (Gemeinschaft)

Vorbereitungen:

- *Mann in Bergsteigerausrüstung: Seil, Bergschuhe, Rucksack, Helm, Bergkarte*
- *Diaprojektor*
- *Dia von einem Berg*

Einführung:

Liebe Kinder, liebe Christen, wir feiern heute den zweiten Fastensonntag. Wir haben dazu heute jemanden eingeladen. Herr Meier, kommen Sie bitte mal nach vorne, damit wir Sie sehen können. Wir erkennen gleich, was Herr Meier ist.
Er hat viele Sachen dabei, die ein Bergsteiger braucht. (Helm, Rucksack, Bergschuhe, langes, dickes Seil, Karte). Wir haben den Bergsteiger eingeladen, weil er Bescheid weiß, wenn es darum geht, einen hohen Berg zu besteigen. Bleiben Sie bei uns und feiern Sie mit. Wir haben gleich noch ein paar Fragen an Sie. Wir hören heute im Evangelium, wie auch Jesus mit seinen Freunden auf den Berg geht.

Kyrie:

Jesus wollen wir zunächst grüßen als unseren Herrn.

1) Herr Jesus, wir grüßen dich.
Kyrie eleison.

2) Herr Jesus, du bist das Licht.
Christe eleison.

3) Herr Jesus, du führst uns zum Vater
Kyrie eleison.

Vergebungsbitte

Tagesgebet:

Gott, unser Vater, du hast alles so schön erschaffen: Licht und Sonne, Wasser und Land, Berg und Tal. Wir bewundern unsere Welt und danken dir. So schenkst du uns Freude am Leben und bist uns immer nahe durch Jesus Christus, unseren Herrn. Amen.

Lesung: (nach Psalm 139)

Lesung aus dem Buch der Psalmen.

Ich schaue oft Berge an und denke an Gott.
Er hat Himmel und Erde gemacht.
Von ihm kommt Hilfe.
Mit ihm steht mein Fuß auf festem Boden.
Gott ist mein Hüter und schläft nie.
Der Herr gibt mir Schatten und steht mir zur Seite.
Er schützt mich vor allem Bösen.
Er schaut liebevoll auf mich.
Der Herr behütet mich, wenn ich fortgehe
und wenn ich wiederkomme.

Wort des lebendigen Gottes.

Evangelium (Mk 9,2-10)

Predigtteil:

Liebe Kinder, liebe Christen, heute erleben wir ein Interview. Ihr kennt es vom Fernsehen. Ein Reporter fragt Leute. Simone befragt heute unseren Bergsteiger.

1) Grüß Gott, Herr Meier, darf ich Sie fragen: Was machen Sie mit dem Seil?

Herr Meier: Das Seil ist zum Festhalten da. Ein Bergsteiger geht nämlich nie allein auf den Berg. Denn wir Bergsteiger brauchen einander. Wenn einer schwach wird, kann der andere ihm Halt geben. Gemeinsam ist es auch viel schöner am Berg. Wenn man so viel miteinander erlebt, kommt man sich näher. Das Seil verbindet, damit keiner abstürzt.

2) Das kann sicher gefährlich werden. Wovor haben Sie denn am meisten Angst?

Herr Meier: Wenn ich nicht aufpasse, kann ich ausrutschen oder abstürzen. Aber mit dem Seil kann ich mich sicher fühlen. Meine Freunde halten mich; ich brauche keine Angst haben.

3) Was ist denn dann eigentlich so schön am Bergsteigen, dass Sie sich so plagen?

Herr Meier: Das ist so ein großes Erlebnis. Das muss man erlebt haben. Ich sehe so viel Wunderbares auf dem Weg. Und wenn man schließlich das Ziel, den Gipfel, erreicht hat, fühlt man: Gott ist nahe.

Sprecher: So muss es auch den Jüngern gegangen sein. Sie sind miteinander den Berg Tabor hinaufgegangen. Als sie mit Jesus oben waren, haben sie gespürt: Gott ist nahe. Auf dem Berg erkannten sie: Jesus ist Gottes Sohn.

Fürbitten:

Pr.: Guter Gott, wir gehören zusammen. Wir bitten dich, unseren Vater:

1) Es gibt Menschen, die sich fürchten, einen Fehler zu machen.
Herr, schenke ihnen Mut.
Alle: Herr, schenke ihnen Mut.

2) Es gibt Menschen, die einsam sind und keine Freunde haben.
Herr, schenke ihnen Mut.

3) Es gibt Menschen, die traurig sind, weil sie einen lieben Menschen verloren haben.
Herr, schenke ihnen Mut.

4) Es gibt Menschen, die ihre Augen zumachen und die Wunder der Welt nicht sehen.
Herr, schenke ihnen Mut.

5) Es gibt Menschen, die sich nicht trauen, neue Wege zu gehen.
Herr, schenke ihnen Mut.

Pr.: Denn du bist uns nahe und machst uns Mut durch Jesus Christus, unseren Herrn. Amen.

Lied zu Gabenbereitung: *„Halten wir uns fest am Band" (vgl. S. 135)*

Die Kinder halten sich alle am Bergsteigerseil fest.

Gabengebet:

Guter Gott, du hast uns die schöne Welt geschenkt. Wir bringen Brot und Wein. Wir zeigen, dass wir zusammengehören. Uns verbindet das Seil. Und du bist mitten unter uns. Dafür danken wir durch deinen geliebten Sohn Jesus Christus, unseren Herrn. Amen.

Nach der Kommunionausteilung:
Seil wird an der zweiten Sprosse der Fastenleiter befestigt.

Schlussgebet:

Gott, miteinander haben wir dein Fest gefeiert. Ein Seil hat uns untereinander verbunden. So bleiben wir auch mit dir verbunden und gehen mit Mut und Kraft gestärkt in den Alltag. Dafür danken wir durch Jesus Christus, unseren Herrn. Amen.

3. Fastensonntag:
Tempelreinigung

Vorbereitungen:

- *Kind mit Einkaufskorb, Brot, Socken, Tischtennisschläger o.ä.*
- *Tisch eines Geldwechslers: Geldstapel, Geldsäckchen*
- *Tisch eines Taubenhändlers: Käfig mit Abbildungen von Tauben*
- *Tisch eines Lammverkäufers: Stofflamm*
- *Geißel aus Lederbändern*

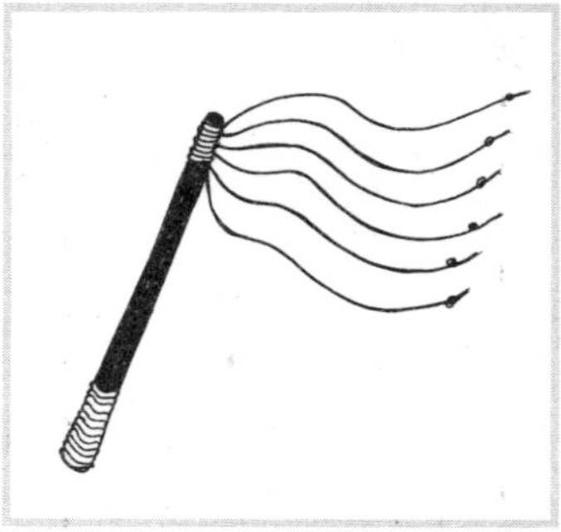

Einführung:

Liebe Kinder, liebe Christen, heute feiern wir bereits den dritten Fastensonntag. Wir wollen die dritte Sprosse auf unserer Fastenleiter besteigen. Wir wollen danken, dass es uns gut geht. Ich stelle euch jemanden vor, der hat viel Geld und kann vieles einkaufen.

Kind kommt mit Einkaufskorb von hinten herein. Es spricht:
Ich gehe jetzt einkaufen. Ich kaufe mir, was ich zum Leben brauche.

1) *Geht ein paar Schritte, dort liegt Brot.*
   Was steht denn da auf meinem Einkaufszettel? (Schaut nach.)
   Ich brauche Brot. Es kostet 3,50 DM.

2) *Geht weiter, dort liegen Socken.*
   Zum Anziehen brauche ich warme Socken. Sie kosten 8,95 DM.

3) *Geht wieder weiter, dort liegen Tischtennisschläger.*
   Ich brauche Spielsachen für meine Freizeit. Tischtennisschläger sind im Sonderangebot.

4) *Geht weiter und schaut auf den Einkaufszettel.*
   Was brauche ich noch zum Leben? Ich brauche Freunde.
   (Dreht sich um und sagt:)
   Freunde kann ich nicht kaufen.

5) Ich brauche auch Liebe.
Aber Liebe kann ich auch nicht kaufen, obwohl ich so viel Geld habe.

Vergebungsbitte

Kyrie:

Pr.: Jesus, du weißt, was uns fehlt. Du weißt, was wir brauchen

1) Herr Jesus Christus, du willst bei uns sein.
Kyrie eleison.

2) Herr Jesus Christus, du schenkst uns, was wir zum Leben brauchen.
Christe eleison.

3) Herr Jesus Christus, du zeigst den Weg zu Gott.
Kyrie eleison.

Tagesgebet:

Guter Gott, wir haben uns versammelt, um dein Wort zu hören und deine Liebe und deine Freundschaft zu feiern. Wir dürfen dich immer mehr kennen lernen durch Jesus Christus, unseren Herrn. Amen.

Lesung: (Ps 103)

Lesung aus dem Buch der Psalmen.

Lobe den Herrn, meine Seele,
und alles in mir seinen heiligen Namen!
Lobe den Herrn, meine Seele,
und vergiss nicht, was er dir Gutes getan hat:
der dir all deine Schuld vergibt
und all deine Gebrechen heilt,
der dein Leben vor dem Untergang rettet
und dich mit Liebe und Güte beschenkt.
Solange du lebst, sorgt er für dich,
sodass du jung und stark bleibst wie ein Adler.

Der Herr vollbringt Taten des Heiles,
den Unterdrückten verschafft er Recht.

Wort des lebendigen Gottes.

Vor dem Evangelium:

Sprecher:
Als Jesus gelebt hat, besuchte er den Tempel in Jerusalem. Dort gab es viele Verkäufer, die für den Tempelkult ihren Handel trieben. Solche haben wir heute auch hier.
Da gab es Taubenhändler.
Taubenhändler kommt mit Käfig, stellt ihn auf seinen Tisch und spricht:
Wir haben einen strengen Gott. Gott musst du gnädig stimmen. Kauf dir ein paar Tauben und opfere sie.

Sprecher:
Da gab es aber auch Schafhändler, die wie auf einem Markt ihre Ware anboten.
Schafhändler kommt mit einem Schaf und spricht:
Wenn du etwas angestellt hast, dann musst du schon ein Lamm kaufen und opfern, damit Gott verzeiht.

Sprecher:
Und schließlich gab es auch noch Geldwechsler, denn im Tempel durften nur bestimmte Geldstücke verwendet werden.
Geldwechsler kommt, legt einen Geldsack auf seinen Tisch dazu und sagt:
Mit Geld kannst du alles kaufen. Wechsle bei mir. Dann kannst du Gottes Liebe erkaufen.

Evangelium (Joh 2,13-17)

Predigtteil:

Spielszene (Taubenhändler, Lammhändler, Geldwechsler)

1) Taubenhändler:
Wir haben einen strengen Gott. Gott musst du gnädig stimmen. Kauf dir ein paar Tauben und opfere sie.

Jesus kommt mit der Geißel und vertreibt den Händler. Er ruft:
Gott braucht keine Opfer. Wir brauchen ihn nicht fürchten. Gott liebt dich auch so.

2) Lammhändler:
Wenn du etwas angestellt hast, dann musst du schon ein Lamm kaufen, damit Gott verzeiht.

Jesus kommt mit der Geißel und vertreibt den Händler. Er ruft:
Gott braucht keine Opfer. Wir brauchen ihn nicht fürchten. Gott liebt dich auch so.

3) Geldwechsler:
Mit Geld kannst du alles kaufen. Wechsle bei mir. Du kannst Gottes Liebe kaufen

Jesus kommt mit der Geißel und vertreibt den Händler. Er ruft:
Gott braucht keine Opfer. Wir brauchen ihn nicht fürchten. Gott liebt dich auch so.

Sprecher:
Es gibt heute noch Leute, die glauben: Schuld wird gut gemacht, wenn ich mehr Geld in das Opferkörbchen werfe.
Gott aber vergibt Schuld und liebt, ohne Geld zu fordern.
Seine Liebe können wir nicht kaufen. Deshalb wirft Jesus alle Menschen, die für Liebe Geld fordern, aus dem Tempel.
Denn Gott liebt dich so, wie du bist. Liebe kannst du nie bezahlen. Sie ist ein Geschenk Gottes. Wenn wir Geld schenken, dann tun wir das, weil wir helfen wollen und das Gute teilen wollen.

(evtl. Lied)

Fürbitten:

Pr.: Gott, unser Vater, deine Liebe können wir nicht kaufen, denn du liebst uns alle. Wir bitten dich:

1) Es gibt Menschen, die Gott fürchten und vor ihm Angst haben.
Herr, lass sie deine Liebe spüren.
Alle: Herr, lass sie deine Liebe spüren.

2) Es gibt Menschen, die etwas angestellt haben.
Herr, lass sie deine Liebe spüren.

3) Es gibt Menschen, die Kummer haben.
Herr, lass sie deine Liebe spüren.

4) Es gibt Menschen, die sich Liebe und Freunde kaufen wollen.
Herr, lass sie deine Liebe spüren.

5) Es gibt Menschen, die schweigen, wenn Unrecht geschieht.
Herr, lass sie deine Liebe spüren.

Pr.: Denn du sorgst für uns und hilfst uns durch Jesus Christus, unseren Herrn. Amen.

Gabengebet:

Allmächtiger Gott, du schenkst uns, was wir zum Leben brauchen. In den Zeichen Brot und Wein schenkst du uns deine Liebe. So feiern wir das Fest der Freundschaft und deiner Liebe. So vertrauen wir auf Jesus Christus, unseren Herrn. Amen.

Nach der Kommunionausteilung *wird die Geißel an die dritte Sprosse der Fastenleiter gehängt.*

Schlussgebet:

Allmächtiger Gott, dein Sohn hat alle Händler aus dem Tempel getrieben. So hat er gezeigt, dass deine Liebe unendlich kostbar ist. Immer wieder dürfen wir dies in deiner Kirche bei dieser Feier spüren. So gehen wir voll Freude an unsere Arbeit. Wir danken dir durch Jesus Christus, unseren Herrn. Amen.

4. Fastensonntag:
Jesus, das Licht

Vorbemerkung:

An diesem Sonntag können besonders kleinere Kinder von der Thematik und Gestaltung angesprochen werden. Deshalb wird z. B. der Kindergarten der Pfarrei eigens eingeladen. Alle Kindergartenkinder haben Lichter (Teelichter in verzierten oder bemalten Gläsern) vorbereitet. Eine Gruppe von Vorschulkindern hat einen Tanz vorbereitet.

Vorbereitungen:

- *große schwarze Tücher liegen im Altarraum*
- *die Kerzenlichter der Kindergartenkinder*
- *Spielszenen (Kinder im Dunkeln; Kinder, die ihnen Licht bringen)*
- *Kerzen für Spielszene und Fürbitten*
- *Tanz der Kindergartenkinder*

Während des Eingangsliedes:

Die Kindergartenkinder ziehen mit dem Liturgischen Dienst ein. Sie halten die brennenden Lichter in den Händen. Diese stellen sie auf die schwarzen Tücher im Altarraum.

Einführung:

Liebe Kinder, liebe Christen, es ist schön, dass wir so feierlich miteinander in die Kirche gezogen sind. Die Kinder haben Lichter gebastelt und mitgebracht, weil das Licht bei uns heute so wichtig ist.
- So ein Licht ist etwas ganz Besonderes. Es ist zwar klein, aber es kann viel Freude machen.
- Wenn es dunkel ist, kann es einen ganzen Raum erhellen. Unser Licht hilft uns sehen.
- Ein Licht macht auch warm. Wir spüren es am Glas.

Kyrie:

1) Herr Jesus Christus, du bist wie das Licht und schenkst uns Freude.
   Kyrie eleison.

2) Herr Jesus Christus, du bist wie das Licht und machst alles hell.
   Christe eleison.

3) Herr Jesus Christus, du bist wie das Licht und schenkst uns Wärme.
   Kyrie eleison.

Pr.: Der allmächtige Gott macht unser Leben hell, er nehme von uns Sünde und Schuld und führe uns zum ewigen Leben. Amen.

Tagesgebet:

Allmächtiger Gott, Schöpfer der Welt, du hast das Licht erschaffen. Du hast uns das Leben geschenkt. Mit deinem Licht willst du unser Leben hell machen. Dein Sohn hilft uns dabei, der in der Einheit des heiligen Geistes mit dir lebt und herrscht in Ewigkeit. Amen.

Lesung: (Eph 5,8-9.13-14)

Lesung aus dem Brief an die Epheser.

Brüder und Schwestern!
Einst wart ihr Finsternis,
jetzt aber seid ihr durch den Herrn Licht geworden.
Lebt als Kinder des Lichts!
Das Licht bringt lauter Güte,
Gerechtigkeit und Wahrheit hervor.
Alles, was aufgedeckt ist,
wird vom Licht erleuchtet.
Alles Erleuchtete aber ist Licht.
Deshalb heißt es:
Wach auf, du Schläfer,
und steh auf von den Toten,
und Christus wird dein Licht sein.

Wort des lebendigen Gottes.

Evangelium (Joh 3,19-21, gekürzt)

Predigtteil:

Liebe Kinder, liebe Christen, Jesus sagt: Das Licht ist in die Welt gekommen. Mit Licht meint Jesus: das Gute, die Liebe, ja sogar sich selbst. Denn Jesus ist das Licht, das uns froh macht. Dieses Licht dürfen wir weitertragen an die, die im Dunkeln sitzen.

Fünf Kinder kommen (schwarz gekleidet oder mit schwarzem Tuch), sprechen und setzten sich dann auf das schwarze Tuch.

1) In meinem Herzen ist es dunkel, weil mich die anderen Kinder verspottet haben.

2) In meinem Herzen ist es dunkel, weil meine Mama mit mir geschimpft hat.

3) In meinem Herzen ist es dunkel, weil ich Fehler gemacht habe.

4) In meinem Herzen ist es dunkel, weil ich mit meinem Freund gestritten habe.

5) In meinem Herzen ist es dunkel, weil meine Oma gestorben ist.

Sprecher:
Manchmal ist es in unserem Leben wirklich dunkel. Wir sind traurig. Vielleicht meinen wir sogar, es geht gar nicht mehr weiter. Da fällt mit ein bekannter Spruch ein. Dieser Spruch kann trösten. Er heißt: „Immer wenn du meinst, es geht nicht mehr, kommt von irgendwo ein Lichtlein her."
Dieses Licht will Jesus schenken. Jesus will uns das Licht der Freude schenken. Wir dürfen dieses Licht weiterschenken.
Das können wir jetzt sehen. Unsere Kinder hier sitzen im Dunkeln und brauchen ein Licht. Wir wollen ihnen Licht schenken.

Fünf andere Kinder kommen mit einem brennenden Licht. Sie sprechen ihren Text und überreichen dann die Kerze.

1. Kind: In meinem Herzen ist es dunkel, weil mich die anderen Kinder verspottet haben.
1. Helfer: Ich verspotte dich nicht. Ich halte zu dir. Ich schenke dir das Licht der Freude.
Überreicht Kerze.

2. Kind: In meinem Herzen ist es dunkel, weil meine Mama mit mir geschimpft hat.

2. Helfer: Du brauchst nicht traurig sein, deine Mama wartet schon auf dich. Ich schenke dir das Licht der Freude.
Überreicht Kerze.

3. Kind: In meinem Herzen ist es dunkel, weil ich Fehler gemacht habe.

3. Helfer: Ich helfe dir. Ich schenke dir das Licht der Freude.
Überreicht Kerze.

4. Kind: In meinem Herzen ist es dunkel, weil ich mit meinem Freund gestritten habe.

4. Helfer: Wir wollen uns wieder vertragen. Ich schenke dir das Licht der Freude.
Überreicht Kerze.

5. Kind: In meinem Herzen ist es dunkel, weil meine Oma gestorben ist.

5. Helfer: Ich bin bei dir und tröste dich. Ich schenke dir das Licht der Freude.
Überreicht Kerze.

Sprecher: Alle Menschen können so ein Licht weitergeben, Freude schenken, helfen. So kommt das Licht in die Welt, wie wir es im Evangelium gehört haben.
Das macht uns froh, so froh, dass die Kinder uns jetzt einen Freudentanz des Lichts zeigen wollen.

Die Kinder gehen weg.

Lichtertanz der Kindergartenkinder:

Kinder machen einen Kreistanz um ein schwarzes Tuch oder mehrere schwarze Tücher und halten dabei Lichter in den Händen (Teelichter in verzierten Gläsern). Am Ende des Tanzes werden die Lichter auf das schwarze Tuch gestellt.

Fürbitten:

Kinder sprechen mit einem Licht in der Hand.

Pr.: Gott, unser Vater, du willst nicht, dass wir im Dunkeln leben. Wir bitten dich.

1) Wir denken an alle, die verspottet werden.
Schenke ihnen das Licht der Freude.
Kerze auf dem schwarzen Tuch abstellen.

2) Wir denken an alle, mit denen geschimpft wird.
Schenke ihnen das Licht der Freude.
Kerze abstellen.

3) Wir denken an alle, die Fehler machen.
Schenke ihnen das Licht der Freude.
Kerze abstellen.

4) Wir denken an alle, die sich gestritten haben.
Schenke ihnen das Licht der Freude.
Kerze abstellen.

5) Wir denken an alle, die einen lieben Menschen verloren haben.
Schenke ihnen das Licht der Freude.
Kerze abstellen.

Pr.: Denn du schenkst uns das Licht durch Jesus Christus, unseren Herrn. Amen.

Gabengebet:

Gütiger Gott, mit Jesus hast du uns das Licht der Freude geschenkt. Mit Jesus hast du uns gezeigt, wie wir das Licht weitergeben können. Mit den Gaben Brot und Wein wollen wir deine Liebe feiern. Wir danken dir für Jesus Christus, deinen Sohn, unseren Herrn. Amen.

Nach der Kommunionausteilung:

Wir haben heute vom Licht, das Jesus bringt, gesprochen. Wir dürfen eine Sprosse weiter hinaufsteigen und sind dem Osterfest wieder ein Stück näher gekommen. Zur Erinnerung an diesen Gottesdienst heute stellen wir die Kerze auf dem gelben Tuch an unsere Leiter.

Tuch und Kerze werden auf einen Nagel an der 4. Sprosse gesteckt.

Schlussgebet:

Großer Gott, mit vielen Kerzen haben wir diesen Gottesdienst gefeiert, weil du uns das Licht der Freude schenkst. Dieses Licht dürfen wir in die Welt tragen und allen Menschen die Botschaft deiner Liebe bringen. Begleite uns in den nächsten Tagen durch Jesus Christus, unseren Herrn. Amen.

5. Fastensonntag:
Das Weizenkorn muss sterben

Vorbereitungen:

- *Am Passionssonntag sind die Kreuze mit einem violetten Tuch verhüllt.*
- *Ein großes Tuch liegt auf den Altarstufen.*
- *Schale mit Weizenkörnern*
- *Schale mit Weizenpflanzen*
- *Weizenähren*
- *Mehl*
- *Brot*
- *Pflanzkästen mit Erde*
- *Gießkanne*

Einführung:

Liebe Kinder, liebe Christen, auch heute am 5. Fastensonntag, sind wir zusammengekommen, um Gott zu loben und zu danken. Wir freuen uns auf Ostern. Wir sind schon ganz nahe am Osterfest und deshalb auch auf unserer Fastenleiter schon ganz schön weit oben.
(Sicher ist euch heute schon aufgefallen, dass alle Kreuze in der Kirche zugehängt sind. So können wir sie am Karfreitag und an Ostern wieder neu entdecken.)
Ich habe heute viele Weizenkörner mitgebracht. *(Nimmt ein Korn zwischen die Finger.)*
Für dieses Weizenkorn gibt es zwei Möglichkeiten: Entweder wird es in die Erde gelegt, mit anderen Weizenkörnern gesät und dann wachsen daraus neue Ähren mit vielen, vielen Körnern. Oder es wird mit anderen Körnern gemahlen. Aus dem Mehl, das dabei entsteht, kann der Bäcker Brot backen oder die Mutti macht damit einen Kuchen.

Kyrie:

1) Herr Jesus, du bist unser Freund.
   Kyrie eleison.

2) Herr Jesus, du bist unser Bruder.
   Christe eleison.

3) Herr Jesus, du bist unser König.
Kyrie eleison.

Tagesgebet:

Guter Gott, Schöpfer der Welt, du schenkst uns, was wir zum Leben brauchen. Du lässt das Weizenkorn wachsen. So kann es reiche Frucht bringen. Dafür danken wir durch Jesus Christus, unseren Herrn. Amen.

Statt einer Lesung: Die Geschichte vom Weizenkorn

(nach einer Idee aus dem Büchlein „aufwind", Bischöfliches Jugendamt Passau)

Es war einmal ein Weizenkorn. Es lag in einem großen Berg Weizenkörner in einer Scheune. Der Bauer hatte sie aus Ähren gedroschen und sie sollten am nächsten Tag gesät werden. Unser Weizenkorn aber hat sich versteckt.

Ich will nicht gesät werden.
Ich will nicht in die dunkle Erde gelegt werden.
Ich will mich nicht opfern.
Ich will nicht sterben.
Ich will mein Leben retten.

Und so geschah es:

Es ist nie gewachsen und hat keine Frucht gebracht.
Es wurde auch nie zu Brot.
Es kam als Brot nie auf den Tisch.
Es wurde nie gesegnet und ausgeteilt.
Es schenkte nie Leben.
Es schenkte nie Freude.

Aber eines Tages kam der Bauer und kehrte die Scheune zusammen. Und mit dem Staub der Scheune fegte er unser Weizenkorn weg und warf es fort.

Predigtteil 1:

Das war eine traurige Geschichte. Denn dieses Weizenkorn ist nutzlos, ist wertlos. Weil es sich versteckt hatte, hatte es keinen Sinn. Die anderen Weizenkörner wurden zwar in die Erde gesenkt oder in der Mühle gemahlen, aber wuchsen und brachten Frucht. Sie haben als Brot Hunger gestillt, Freude gebracht, Leben geschenkt.

Evangelium (Joh 12,20-25, gekürzt)

Predigtteil 2:

1. Kind mit Schale mit Weizenkörnern spricht:
Ich bringe Weizenkörner.
Weizenkörner werden auf die unterste Stufe auf das Tuch gestellt.

2. Kind mit Schale mit Weizenpflanzen spricht:
So ein Weizenkorn kann ich in die Erde legen. Dann beginnt das Korn zu keimen und es wächst daraus eine neue Pflanze.
Schale mit Weizenpflanzen wird gezeigt und auf die zweite Stufe gestellt.)

3. Kind mit Weizenähren spricht:
Bei der Ernte habe ich dann eine Pflanze, die wieder viele Körner trägt.
Weizenähren werden dazugestellt.

4. Kind mit Mehl spricht:
Ich kann das Weizenkorn auch zu Mehl mahlen.
Mehl wird auf die nächste Stufe gestellt.

5. Kind mit Brot spricht:
Aus Mehl bäckt der Bäcker Brot, Semmeln und Brezen. Auch die Mutter braucht es zum Kochen und Backen.
Brot wird auf die nächste Stufe gelegt.

6. Kind mit Misereor-Plakat spricht:
Mit diesem Brot werden wir alle satt. Brot ist ein wichtiges Lebensmittel. Wenn wir es teilen, können viele Menschen leben. Heute werden wir durch die Aktion Misereor daran erinnert: Brich mit dem Hungrigen dein Brot.
Plakat wird „dazugestellt".

Sprecher:
Jesus sagt: Wenn das Weizenkorn nicht in die Erde fällt und stirbt, bleibt es allein. Wenn es aber stirbt, dann bringt es reiche Frucht.
Und das ist jetzt eine sehr frohe Geschichte. Im Tod des Weizenkorns ist neues Leben. Der Tod ist nicht nur das Ende unseres Leben hier, sondern er ist auch der Anfang eines neuen Lebens bei Gott. Mit seinem Tod und seiner Auferstehung hat Jesus uns das schon gezeigt. Er ist auferstanden. Deshalb können auch wir glauben, dass wir nach unserem Tod ein neues schönes Leben bei Gott

haben werden. Deshalb können uns die Weizenkörner hier so etwas Wichtiges sagen: Im Tod ist das Leben.

Wir haben hier Weizenkörner. Die sollen gesät werden. In der Erde werden sie sterben und zu neuem Leben wachsen.

Die Kinder dürfen nun Weizenkörner in den Pflanzschalen ansäen. Am Schluss werden die gesäten Körner begossen.

Wir sind gespannt, was aus unseren Körnern wird. Wir werden sie nun bis Ostern gießen und pflegen. Dann schauen wir, was daraus geworden ist.

Fürbitten

Pr.: Guter Gott, auf dich können wir immer hoffen, auch im Tod. Wir bitten dich:

1) Wir brauchen Sonne und Regen, damit Weizen und andere Nahrungsmittel wachsen können. Wir bitten dich um gutes Wetter, dass genug für alle wachsen kann
Alle: Wir bitten dich, erhöre uns.

2) Viele Menschen haben nicht genug zu essen. Wir bitten dich um Menschen, die mit ihnen das Brot teilen.

3) Viele Menschen bei uns leben in Reichtum und Überfluss. Wir bitten dich um den Mut, dass wir teilen und Brot brechen können.

4) Viele Menschen haben keine Hoffnung. Wir bitten dich, dass sie erfahren können: Im Tod ist das Leben.

5) Viele Menschen sind traurig, weil sie einen lieben Menschen verloren haben. Wir bitten dich um Hoffnung und Trost.

Pr.: Darum bitten wir durch Jesus Christus, unseren Herrn. Amen.

Gabengebet:

Barmherziger Gott, wir haben hier Brot. Es ist in der Erde gewachsen und viele Menschen haben gearbeitet, bis es fertig gebacken war. Du schenkst uns dieses Brot, die Frucht der Erde und der menschlichen Arbeit. Wir bringen dir dieses

Brot, das aus vielen Weizenkörnern gemacht ist, damit es uns Zeichen des ewigen Lebens wird durch Jesus Christus, unseren Herrn. Amen.

Nach der Kommunionausteilung:

„Im Tod ist das Leben." Diesen schwierigen und wichtigen Satz unseres Glaubens können wir am Weizenkorn erkennen. Deshalb wollen wir ein paar dieser Weizenähren an der 5. Sprosse unserer Fastenleiter befestigen.
Weizenähren werden an die Fastenleiter gebunden.

Schlussgebet:

Lieber Gott, Menschen, Tiere und Pflanzen können durch dich leben. Dieses Leben hältst du in deiner Hand. Du lässt uns auch im Tod nicht fallen, sondern gibst uns den festen Glauben: Im Tod ist das Leben. Jesus hat den Tod besiegt und schenkt uns neues Leben. Dafür danken wir durch Jesus Christus, unseren Herrn. Amen.

Palmsonntag:
Wir grüßen Jesus als unseren König
(Vom Jubeln zum Kreuzigen)

Vorbereitungen:

- *Esel*
- *Transparente*
- *ein besonderes doppelseitiges Transparent:*
  Text auf der einen Seite „Jesus – unser König! Hosanna!" (mit winkenden Händen)
  Text auf der anderen Seite „Kreuzige ihn!" (mit Fäusten; siehe Foto). Diese Seite des Transparents wird am besten noch nicht bei der Prozession mitgetragen, sondern erst in der Kirche angeheftet.
- *Palmzweige*
- *Palmbüschel*
- *Kreuz*
- *Dornenkrone*
- *schwarze Tücher*

Palmweihe vor dem Pfarrheim:

Kinder und Erwachsene treffen sich mit ihren Palmbüscheln vor dem Pfarrheim.
Einige Kinder tragen die vorbereiteten Transparente, auf denen steht: „Jesus soll unser König sein!", „Hosianna dem Sohne Davids!", „Willkommen in St. ...!"

Begrüßung:

Liebe Kinder, liebe Erwachsene, wir feiern heute den Palmsonntag und beginnen mit der großen Heiligen Woche vor Ostern. Damals haben die Leute Jesus mit Palmen begrüßt. Sie wollten, dass er ihr König wird. Jesus zog mit einem Esel nach Jerusalem. Auch wir begrüßen heute Jesus als unseren König und wollen gemeinsam zur Kirche ziehen. Zu Recht steht auf unseren Transparenten: „Jesus soll unser König sein!"
Wir hören die Geschichte aus dem Evangelium:

Evangelium (Mt 21,1-11)

Segnung der Palmzweige: (Lektionar 2. Segensgebet)

Prozession vom Pfarrheim zur Kirche; Reihenfolge: Kreuz, Weihrauch, Ministranten, Pfarrer, Kinder und Erwachsene

Erklärung:
Wie einst das Volk von Jerusalem Jesus zujubelte, so begleiten auch wir jetzt den Herrn und singen ihm Lieder. Jesus ist auf einem Esel in die Stadt geritten, denn Jesus mochte Esel gerne. Esel sind nämlich die Tiere der armen Leute, nicht der reichen und mächtigen. Esel helfen den Menschen schwere Lasten zu tragen. Der Esel ist ein Tier des Friedens, nicht ein Reittier für den Krieg wie das Pferd. Und Jesus will ja für die Armen da sein. Er hilft den Menschen und er kommt nicht mit Macht und Gewalt, sondern er bringt den Frieden.

Gebete und Lieder auf dem Weg:

Erste Sprechmotette:

– Jesus soll unser König sein. Hosianna Amen.

Die Frauen in Jerusalem rufen:
– Jesus soll unser König sein. Hosianna Amen.

Die Männer in Jerusalem rufen:
– Jesus soll unser König sein. Hosianna Amen.

Die Kinder, die besonderen Freunde Jesu, rufen:
– Jesus soll unser König sein. Hosianna Amen.

Die Alten in Jerusalem rufen:
– Jesus soll unser König sein. Hosianna Amen.

Die Traurigen, die Jesus tröstet , rufen:
– Jesus soll unser König sein. Hosianna Amen.

Die Kranken, um die sich Jesus kümmert, rufen:
– Jesus soll unser König sein. Hosianna Amen.

Die Blinden, die Jesus sehend macht, rufen:
– Jesus soll unser König sein. Hosianna Amen.

Die Taubstummen, die Jesus hörend macht, rufen:
– Jesus soll unser König sein. Hosianna Amen.

Die Ausgestoßenen, deren Freund Jesus ist, rufen:
– Jesus soll unser König sein. Hosianna Amen.

Die Zerstrittenen, denen Jesus den Frieden bringt, rufen:
– Jesus soll unser König sein. Hosianna Amen.

Die Hartherzigen, denen Jesus die Liebe bringt, rufen:
– Jesus soll unser König sein. Hosianna Amen.

Die Unterdrückten in Israel rufen:
– Jesus soll unser König sein. Hosianna Amen.

Die Suchenden, denen Jesus von Gott erzählt, rufen:

– Jesus soll unser König sein. Hosianna Amen.

Wir alle, hier in Landshut, hier in St. ... rufen:
– Jesus soll unser König sein. Hosianna Amen.

Zweite Sprechmotette:

– Er ist Freund der Kleinen. Er ist unser Herr.

Jesus ist der König des Friedens
– Er ist Freund der Kleinen. Er ist unser Herr.

Jesus ist der König der Liebe
– Er ist Freund der Kleinen. Er ist unser Herr.

Jesus ist der König der Barmherzigkeit
– Er ist Freund der Kleinen. Er ist unser Herr.

Jesus ist der König der Armen
– Er ist Freund der Kleinen. Er ist unser Herr.

Jesus ist der Tröster der Traurigen
– Er ist Freund der Kleinen. Er ist unser Herr.

Jesus ist der Freund der Kinder.
– Er ist Freund der Kleinen. Er ist unser Herr.

Jesus ist der Weg für die Suchenden
– Er ist Freund der Kleinen. Er ist unser Herr.

Jesus ist die Wahrheit für uns alle
– Er ist Freund der Kleinen. Er ist unser Herr.

Jesus ist das Leben, auch wenn wir gestorben sind.
– Er ist Freund der Kleinen. Er ist unser Herr.

Jesus ist das Licht in der Finsternis.
– Er ist Freund der Kleinen. Er ist unser Herr.

Jesus ist der König unseres Herzens
– Er ist Freund der Kleinen. Er ist unser Herr.

Messfeier in der Kirche:

Der Einzug in die Kirche erfolgt feierlich. Der Wortgottesdienst wird gekürzt.

Tagesgebet:

Allmächtiger Gott, als König ist Jesus in Jerusalem eingezogen. Unter Jubelrufen kam er in die heilige Stadt. Als Verbrecher wurde er zum Tode verurteilt. Am dritten Tag ist er auferstanden und hat die Menschen erlöst. Dies feiern wir in diesen Tagen. Wir loben und preisen dich durch Jesus Christus, unseren Herrn. Amen.

Predigtteil:

Jetzt haben wir erlebt, wie es damals wohl zugegangen ist. Die Menschen wollten Jesus als König und haben ihm zugewinkt. Auf diesem Transparent können wir das gut erkennen. Ihr Jubel dauerte aber nicht lange.

- Aus den Palmzweigen wurden Stöcke.
- Aus den winkenden Händen wurden Fäuste.
- Aus den Jubelrufen wurde der Schrei: „Kreuzige ihn!“

Noch in derselben Woche sollte Jesus verurteilt werden. Davon hören wir im Evangelium.

Evangelium: (Mk 15,1-6.9.13-15)

Aus dem heiligen Evangelium nach Markus.

Gleich in der Frühe fassten die Hohenpriester,
die Ältesten und die Schriftgelehrten, also der ganze Hohe Rat,
über Jesus einen Beschluss:
Sie ließen ihn fesseln und abführen
und lieferten ihn Pilatus aus.
Pilatus fragte ihn: Bist du der König der Juden?
Er antwortete ihm: Du sagst es.
Die Hohenpriester brachten viele Anklagen gegen ihn vor.
Da wandte sich Pilatus wieder an ihn und fragte:
Willst du denn nichts dazu sagen?
Sieh doch, wie viele Anklagen sie gegen dich vorbringen.
Jesus aber gab keine Antwort mehr, sodass Pilatus sich wunderte.
Jeweils zum Fest ließ Pilatus einen Gefangenen frei,
den sie sich ausbitten durften.
Pilatus fragte sie:
Wollt ihr, dass ich den König der Juden freilasse?
Da schrien sie: Kreuzige ihn!
Pilatus entgegnete: Was hat er denn für ein Verbrechen begangen?
Sie schrien noch lauter: Kreuzige ihn!
Darauf ließ Pilatus, um die Menge zufrieden zu stellen,
Barrabas frei und gab den Befehl, Jesus zu geißeln und zu kreuzigen.

Lied: „Ein König ohne Krone“

Text und Melodie: Klaus Gräske
Religionspädagogische Praxis, Handreichung für elementare Religionspädagogik, Jhg. 1986, Nr. 1, S. 33 f.,
„Mit Jesus den Kreuzweg gehen“, alle Rechte bei RPA Verlag, Landshut

Fürbitten *entfallen*

Gabengebet:

Barmherziger Gott, du schenkst uns Jesus als König, der Liebe und Güte bringt.
Er will uns nahe sein auch im Leid und im Tod.
Wir bringen dir Brot und Wein.
Sie sind Zeichen seiner Nähe hier am Altar.
Nimm sie an und verwandle sie durch Jesus Christus, unseren Herrn. Amen.

Vor dem Schlussgebet *wird ein kleines Transparent „Kreuzige ihn!" an die sechste Sprosse der Fastenleiter geheftet.*

Schlussgebet:

Lieber Gott, wir haben Jesus als König in unserer Mitte begrüßt
und uns daran erinnert, wie er umjubelt in Jerusalem eingezogen ist.
Wir haben auch von seinem Leid gehört und seinem Tod und seine Auferstehung gefeiert.
So machst du uns stark und gibst uns Mut durch Jesus Christus, unseren Herrn. Amen.

Ostersonntag:
Was uns die Schmetterlinge über die Auferstehung sagen können

Vorbereitungen:

- *An der obersten Sprosse der Fastenleiter ist eine Sonne.*
- *Die Kirche ist mit Schmetterlingen geschmückt*
- *Dias oder Farbfolien von Raupen, Puppen, Schmetterlingen*
- *ein Schmetterling für jedes Kind*
- *Pflanzkästen mit gekeimten Weizenkörnern (vom 5. Fastensonntag)*
- *bunte Ostereier im Weizen*
- *Osterstrauß irgendwo in der Kirche*
- *Lied und Tanz proben: „Jesus ist auferstanden"*
- *evtl. Modell eines Schmetterlings, den man aus der Puppenhülle holen kann*

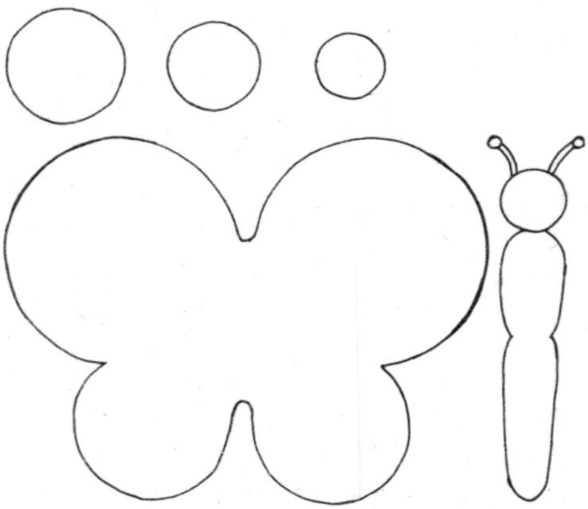

Einführung:

Liebe Kinder, liebe Christen,
endlich ist es so weit. Heute feiern wir das Osterfest. Wir feiern, dass Jesus auferstanden ist. Wir haben die oberste Sprosse unserer Leiter erreicht. Die Sonne strahlt, weil Jesus lebt. Viele wundern sich: Was haben Schmetterlinge mit Ostern zu tun? Überall sind an Ostern Ostereier, Osterlämmer und Osterhasen zu sehen. Wir haben aber entdeckt: Auch Schmetterlinge können uns etwas über die Auferstehung sagen.

Kyrie:

1) Herr Jesus Christus, du bist auferstanden.
Du verwandelst traurige zu frohen Menschen.
Kyrie eleison.

2) Herr Jesus Christus, du bist auferstanden.
Du verwandelst Kranke zu Gesunden.
Christe eleison.

3) Herr Jesus Christus, du bist auferstanden.
Du verwandelst die Toten zu Lebenden.
Kyrie eleison.

Tagesgebet:

Guter Gott, voll Freude sind wir zusammengekommen, um das große Osterfest zu feiern. Jesus ist auferstanden und hat das Leid und den Tod besiegt. Du hast alles zum Guten gewandelt, weil du willst, dass wir leben können. Durch dein Wort können wir dieses Wunder immer besser verstehen. Darum bitten wir durch Jesus Christus, unseren Herrn. Amen.

Lesung: (1 Kor 15,35-38.42-44.51)

Lesung aus dem Brief an die Korinther.

Brüder und Schwestern!
Nun könnte einer fragen: Wie werden die Toten auferweckt?
Was für einen Leib werden sie haben?
Was für eine törichte Frage!
Wenn ihr einen Samen aussät,
muss er zuerst sterben, damit die Pflanze leben kann.
Ihr sät nicht die ausgewachsene Pflanze,
sondern nur den Samen,
ein Weizenkorn oder irgendein anderes Korn.
Gott gibt ihm die Gestalt, die er vorgesehen hat,
jedem Samen eine andere.
So ist es auch mit der Auferstehung der Toten.
Was gesät wird, ist verweslich,
was auferweckt wird, unverweslich.

Was gesät wird, ist armselig,
was auferweckt wird, herrlich.
Was gesät wird, ist schwach,
was auferweckt wird, ist stark.
Gesät wird ein irdischer Leib,
auferweckt ein überirdischer Leib.
Wenn es einen irdischen Leib gibt,
gibt es auch einen überirdischen.
Seht, ich enthülle euch ein Geheimnis:
Wir werden nicht alle entschlafen,
aber wir werden alle verwandelt werden.

Wort des lebendigen Gottes.

Evangelium (Mk 16,1-7 aus der Osternacht)

Predigtteil:

Der Engel sagte: Jesus ist auferstanden. Die Frauen waren voller Freude und wollten es jedem erzählen. Aber viele haben gesagt: Tot ist tot. Wir haben doch gesehen, dass er tot ist. Alles andere ist Geschwätz.
Auch heute gibt es viele Menschen, die sagen: Tot ist tot. Wir haben doch gesehen, dass er tot ist. Alles andere ist Geschwätz.
Dazu wollen wir uns die Geschichte des Schmetterlings anhören.
... kann sie uns erzählen.

Ein Sprecher erzählt:
Angefangen hat alles damit, dass meine Tochter Mirjam eine Menge Raupen an einer Brennnessel entdeckt hat. So viele Raupen! Diese Raupen haben uns interessiert. Wir haben deshalb viele Raupen zusammen mit den Brennnesseln in dieses Weckglas getan, damit wir sie beobachten können.
Glas zeigen.

So hat eine Raupe ausgesehen. *(Bild der Raupe)*
Wir mussten die Raupen füttern. Sie waren sehr hungrig. Sie haben gefressen und gefressen und gefressen. Meine Tochter konnte gar nicht genug Brennnesseln herbeibringen. So gefräßig waren die Raupen.
Aber eines Tages kam Mirjam ganz traurig und sagte: Die Raupen sind jetzt alle tot.

Die Raupen sind nämlich zu kleinen Klumpen geworden und bewegten sich nicht mehr. So haben sie ausgeschaut. *(Bild)*
Mirjam wollte sie schon in der Erde begraben. Aber ich sagte: Warte! Oft scheint etwas tot, auch wenn gerade neues Leben entsteht.
Und wirklich, nach einigen Wochen kam aus jedem Klumpen ein wunderschöner Schmetterling. Die Raupen hatten sich zu Schmetterlingen verwandelt. Das zu sehen war für mich ein großes Wunder. *(Bild)* Es war ein Erlebnis, dass ich ihnen zuschauen durfte, wie sie in den schönsten Farben in die Luft flatterten.
(Dieses Wunder kann ich euch zeigen, weil wir so einen großen Kokon gebastelt haben. So ungefähr hat der Kokon ausgesehen. Er ist aufgebrochen und heraus kam der Schmetterling. Er musste sich erst entfalten und trocknen, dann ist er davongeflattert.)
Wird am Kokon-Modell dargestellt.

Immer wenn ich jetzt einen Schmetterling sehe, denke ich daran, dass aus Totgeglaubtem etwas Lebendiges werden kann. Das ist eine richtige Ostererfahrung. Aus scheinbar Totem kommt Leben. Deshalb haben wir heute an Ostern überall Schmetterlinge aufgehängt. Jesus war tot und wurde begraben. Doch er ist auferstanden und lebt.
Nun wird auch an die oberste Sprosse der Fastenleiter ein Schmetterling gehängt.

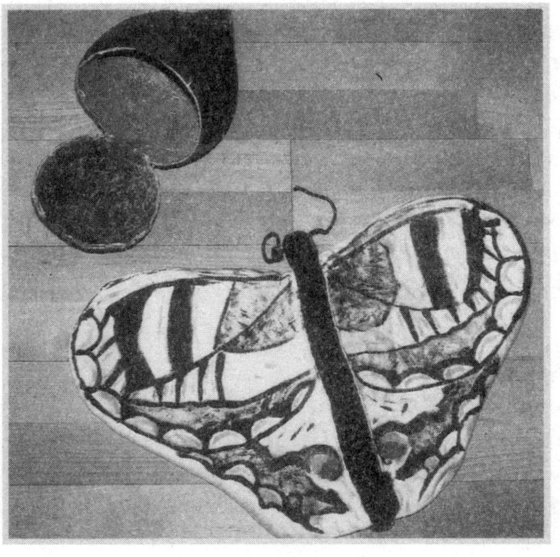

Lied und Tanz: „Jesus ist auferstanden“

Möglichkeit zur Gestaltung des Tanzes:

1. Zeile: Aus Hockstellung aufstehen
2. Zeile: Arme in die Höhe und schwingen
3. Zeile: Mit erhobenen Händen um die eigene Achse drehen
Am schönsten lässt sich der Tanz im Kanon tanzen; die Kinder halten dabei gelbe und rote Tücher in der Hand.

Sprecher (evtl. erst nach der Kommunionausteilung):
So ist es auch mit dem Weizenkorn, das scheinbar tot ist. Es fällt leblos in die Erde. Es wächst zu neuem Leben. Wir haben es vor zwei Wochen in die Kästen gesät. Jetzt sind die Kästen ganz grün, weil neue Pflanzen gewachsen sind, neues Leben.
Aus scheinbar Totem kommt Leben.
(Nimmt Osterei in die Hand.)
Das zeigt uns auch ein Ei, das sich nicht bewegen kann, bis es bricht und ein Küken herauskommt. Deshalb wurde das Ei so ein wichtiges Ostersymbol. Aus scheinbar Totem kommt Leben.
(Geht zum Osterstrauß.)
Auch die kahlen Zweige der Bäume und Sträucher werden jetzt wieder grün. Deshalb feiern wir Ostern im Frühling, wenn alles zu grünen und zu blühen beginnt. Aus scheinbar Totem kommt Leben.

Fürbitten:

Pr.: Guter Gott, du schenkst uns neues Leben. Wir bitten dich:

1) Viele Menschen haben keine Hoffnung und wissen nicht mehr weiter.
Schenke neues Leben.
Alle: Schenke neues Leben.

2) Viele Menschen sind traurig und allein.
Schenke neues Leben.

3) Viele Menschen sind krank und haben Schmerzen.
Schenke neues Leben.

4) Viele Menschen haben Angst und trauen sich nichts mehr.
Schenke neues Leben.

5) Viele Menschen reden nicht mehr miteinander.
Schenke neues Leben.

Pr.: Denn du bist der Gott des Lebens und der Freude. Wir vertrauen auf dich durch Jesus Christus, unseren Herrn. Amen.

Gabengebet:

Guter Gott, du kannst scheinbar Totes zum Leben erwecken. Du lässt die Pflanzen wachsen und die Blumen blühen. Aus dem leblosen Ei kommt ein kleines Küken und aus dem starren Kokon schlüpft ein Schmetterling. Wir bringen Brot und Wein, du heiligst diese Gaben. Wir loben und preisen dich durch Jesus Christus, unseren Herrn. Amen.

Schlussgebet:

Gott, mit großer Freude haben wir das Osterfest gefeiert. Wir freuen uns, dass Jesus lebt und dass wir mit ihm leben dürfen. Du verwandelst alles zum Guten. Jeder Schmetterling und jedes Osterei kann uns daran erinnern. Verwandle auch uns zu Menschen, die Hoffnung, Freude und Leben schenken durch Jesus Christus, unseren Herrn. Amen.

Am Schluss werden die Ostereier und Schmetterlinge an die Kinder verteilt.

2. Sonntag der Osterzeit:
Der ungläubige Thomas

Vorbereitungen:

- *Die Kirche ist seit dem Osterfest mit Schmetterlingen geschmückt.*
- *Radiogerät*
- *Spielszene: 5 Jünger, Thomas, Jesus*

Einführung:

Liebe Kinder, liebe Christen, wir feiern immer noch Ostern, weil Ostern so ein großes Fest ist. Die Schmetterlinge schmücken noch immer unsere Kirche. Diese Schmetterlinge erinnern uns: Jesus lebt. Aus scheinbar Totem kommt neues Leben. Aber manchmal ist es schwer, an die Auferstehung zu glauben. Das hören wir heute auch in der Geschichte des Hl. Thomas. Viele Leute sagen: Ich glaube nur, was ich sehen, hören oder anfassen kann.

Dabei gibt es doch so viel, was wir nicht sehen oder hören können, was wir nicht anfassen können. Ich behaupte: Hier in der Kirche ist jetzt ganz viel Musik und andere Töne. Bestimmt können manche das nicht glauben. Denn wir können doch jetzt keine Musik hören.
Aber ich kann beweisen, dass hier Musik ist.
Radio wird eingeschaltet.
Die Radiowellen sind immer da. Wir können sie aber erst mit dem Radioapparat hörbar machen.
Wenn ich jetzt ein Fernsehgerät hätte, dann könnte ich auch zeigen, dass hier im Raum viele Bilder sind – aber wir können sie nicht sehen ohne Fernseher, der sie sichtbar macht.
Es gibt aber auch noch viele andere Dinge, die wir nicht sehen können, die aber für uns ganz selbstverständlich sind:

- die Liebe von Mama und Papa,
- ob wir jemanden mögen und uns vertragen,
- ob wir gute Freunde sind.

Wir können Gott nicht sehen. Wir können Jesus nicht sehen. Aber wir sind zusammengekommen, weil wir an ihn glauben. In diesem Glauben wollen wir beginnen und Jesus grüßen.

Kyrie:

1) Herr Jesus, wir glauben, dass du unser Freund bist.
Kyrie eleison.

2) Herr Jesus, wir glauben, dass du lebst.
Christe eleison.

3) Herr Jesus, wir glauben, dass du hier mitten unter uns bist.
Kyrie eleison.

Gloria: „Jesus ist auferstanden" *(mit Tanz)*

Tagesgebet:

Guter Gott, die Auferstehung Jesu hat diese Welt verwandelt. Das Leben hat über den Tod gesiegt. Diese Botschaft macht uns froh. Trotzdem ist es oft schwer, zu glauben, weil wir so wenig davon sehen und spüren können. Hilf uns durch dein Wort und diese gemeinsame Feier von Tod und Auferstehung durch Jesus Christus, unseren Herrn. Amen.

Vor der Lesung:

Im Leben der ersten Christen können wir entdecken, was der Glaube an Jesus bei ihnen bewirkt hat. Sie halten zusammen und teilen. In ihrem Leben hat Jesus Spuren hinterlassen.

Lesung (Apg 4,32-35)

Evangelium: (Joh 20,19-20.24-29)

Aus dem heiligen Evangelium nach Johannes.

Am Abend des ersten Tages der Woche,
als die Jünger aus Furcht vor den Juden
die Türen verschlossen hatten,
kam Jesus,
trat in ihre Mitte

und sagte zu ihnen: Friede sei mit euch!
Nach diesen Worten
zeigte er ihnen seine Hände und seine Seite.
Da freuten sich die Jünger, dass sie den Herrn sahen.

Thomas, genannt Didymus – Zwilling –, einer der Zwölf,
war nicht bei ihnen, als Jesus kam.
Die anderen Jünger sagten zu ihm:
Wir haben den Herrn gesehen.
Er entgegnete ihnen:
Wenn ich nicht die Male der Nägel an seinen Händen sehe
und wenn ich meinen Finger nicht in die Male der Nägel
und meine Hand nicht in seine Seite lege,
glaube ich nicht.
Acht Tage darauf waren seine Jünger wieder versammelt
und Thomas war dabei.
Die Türen waren verschlossen.
Da kam Jesus,
trat in ihre Mitte und sagte: Friede sei mit euch!
Dann sagte er zu Thomas: Streck deinen Finger aus
– hier sind meine Hände!
Streck deine Hand aus und lege sie in meine Seite,
und sei nicht ungläubig, sondern gläubig!
Thomas antwortete ihm:
Mein Herr und mein Gott!
Jesus sagte zu ihm:
Weil du mich gesehen hast, glaubst du.
Selig sind, die nicht sehen und doch glauben.

Spielszene:

Sprecher:
Nachdem Jesus tot war, haben sich die Jünger weiter getroffen. Sie aber waren mutlos und hatten Angst. Wir wollen hören und schauen, was passiert ist.

1. Teil: Angst
Die Jünger sitzen im Halbkreis am Boden.

1. Jünger: Ist das schlimm, dass Jesus getötet wurde!

2. Jünger: Ich habe Angst, dass es uns genauso ergehen wird. Die Leute zeigen schon auf uns.

Jünger rücken enger zusammen.

3. Jünger: Vielleicht werden wir auch gefangen. Ist wirklich alles zugesperrt? *Steht auf und schaut nach, ob die Tür zugesperrt ist.*

4. Jünger: Lasst uns beten!

5. Jünger: Das hilft jetzt auch nichts mehr.

Jesus kommt und spricht: Der Friede sei mit euch.

Alle erschrecken, stehen auf.

1. Jünger: Das gibt's doch nicht!

2. Jünger: Jesus, du bist es!

3. Jünger: Jesus ist nicht tot. Jesus lebt.

Alle gehen.

Sprecher: So oder so ähnlich wird es wohl gewesen sein. Doch ein Jünger war nicht dabei.

2. Teil: Die Jünger laufen zu Thomas

Thomas steht allein. Der 4. und der 5. Jünger laufen begeistert zu ihm hin.

4. Jünger: Thomas, Thomas, stell dir vor. Wir haben Jesus gesehen.

5. Jünger: Der Herr hat zu uns gesprochen. Jesus lebt. Er ist auferstanden.

Thomas: Das glaube ich nicht. Ihr seid ja verrückt. Das habt ihr ja alles geträumt. Ich will ihn anfassen und spüren. Sonst glaube ich gar nichts.

Sprecher: Eigentlich können wir Thomas ja ganz gut verstehen. Er kann nicht glauben, dass Jesus lebt. Er sagt: Ich glaube nur, was ich sehen, hören oder anfassen kann. Nach einer Woche waren die Jünger wieder versammelt.

3. Teil: 8 Tage später

Alle Jünger mit Thomas; die Jünger singen: „Wo zwei oder drei...“; Thomas schweigt.

Jesus kommt und sagt: Der Friede sei mit euch.

Jünger stehen auf.

1. Jünger: Schau, Thomas, jetzt siehst du ihn.

Jesus: Thomas!

Thomas: Was, ich?

Jesus: Thomas, komm zu mir! Du darfst mich auch anfassen.
Thomas fasst Jesus an den Händen, lässt die Hände nicht mehr aus.
Jetzt glaubst du wohl, dass ich lebe.

Thomas: Mein Herr und mein Gott!
Kniet nieder.
Ich habe es nicht geglaubt und jetzt darf ich dich sogar anfassen.
Ich schäme mich so.

Jesus: Jetzt glaubst du endlich, weil du mich spürst.
Du darfst auch fragen und zweifeln.
Du brauchst dich nicht schämen. Ich bin dir immer nahe.

Jesus (zum Volk): Selig sind, die nicht sehen und doch glauben.

Predigtteil:

Jesus versteht die Zweifel und den Unglauben des Thomas. Deshalb lässt er ihn auch spüren, dass er lebendig ist. Er sagt aber auch: Selig sind, die nicht sehen und doch glauben.
Wir können Jesus nicht sehen, aber wir glauben, dass er lebt.

- Wir glauben das, weil er es uns gesagt hat in der Hl. Schrift.
- Wir glauben den Frauen, die seine Auferstehung als erste verkündet haben.
- Und wir glauben den Jüngern, die uns bezeugen, dass er lebt, so wie wir es heute auch im Evangelium gehört haben.

– Und wir glauben den Menschen, die uns selbst von Jesus und ihrem Glauben an ihn erzählt haben: den Eltern, Großeltern, den ErzieherInnen, den LehrerInnen und Priestern und allen Christen, die hier zusammenkommen.

Denn etwas können wir von Thomas und den anderen Jüngern lernen: Sie kommen zusammen und reden miteinander. Sie beten miteinander. Das hilft auch uns. Wir brauchen Menschen, die mit uns glauben und beten. Wir brauchen Menschen, die uns Vorbilder sind. Deshalb treffen wir uns auch immer wieder zum Gottesdienst.

Fürbitten:

Pr.: Guter Gott, wir können dich nicht sehen. Wir brauchen Hilfen im Glauben. Zu dir kommen wir mit unseren Bitten.

1) Viele Menschen wollen nur glauben, was sie sehen, hören und berühren können
Stärke unseren Glauben.
Alle: Stärke unseren Glauben.

2) Viele Menschen sind mutlos und wissen nicht weiter.
Stärke unseren Glauben.

3) Viele Menschen haben niemanden, der ihnen von Gott erzählt.
Stärke unseren Glauben.

4) Viele Menschen kommen hier zusammen und wollen miteinander glauben.
Stärke unseren Glauben.

5) Viele Menschen brauchen unsere Hilfe und unser Glaubenszeugnis.
Stärke unseren Glauben.

Pr.: Denn der Glaube an die Auferstehung macht uns froh und frei durch Jesus Christus, unseren Herrn. Amen.

Gabengebet:

Guter Gott, wir sehen dich nicht, aber wir glauben, dass du uns ganz nahe bist, wenn wir um deinen Altar stehen. Jesus lebt und in den Zeichen von Brot und Wein ist er mitten unter uns. In der Gemeinschaft der Glaubenden können wir das erfahren. Dafür danken wir durch Jesus Christus, unseren auferstandenen Herrn. Amen.

Schlussgebet:

Gott, wir haben die Auferstehung deines Sohnes gefeiert. Wir glauben, dass er lebt und dass wir mit ihm leben dürfen. Diese schöne Botschaft kann unser Leben froh und hell machen, sodass wir auch für andere Zeugen des Glaubens sein können. Hilf uns dabei durch Jesus Christus, unseren Herrn. Amen.

3. Sonntag der Osterzeit:
Jesus – unsere Mitte (Wagenrad)

Vorbereitungen:

- *großes Wagenrad (ist bis zum Predigtteil zugedeckt)*
- *Jesusbild, das man auf die Mitte heften kann*
- *Bild von Wagenrad für alle Kinder (siehe links)*

Einführung:

Liebe Kinder, liebe Christen, der dritte Ostersonntag erzählt wieder, dass der auferstandene Jesus seinen Jüngern erscheint. Immer wieder spürten die Freunde: Jesus ist mitten unter uns. So wollen wir Jesus in unserer Mitte grüßen.

Kyrie:

1) Herr Jesus Christus, du hast den Tod besiegt und bist auferstanden.
Kyrie eleison.

2) Herr Jesus Christus, du bist deinen Jüngern erschienen.
Christe eleison.

3) Herr Jesus Christus, du willst auch in unserer Mitte sein, wenn wir das große Osterfest feiern.
Kyrie eleison.

Tagesgebet:

Allmächtiger Gott, wir haben uns versammelt, um das Fest der Auferstehung deines Sohnes zu feiern. Er lebt mitten unter uns und will uns immer wieder die frohe Botschaft nahe bringen. Guter Vater, du willst auch uns ewiges Leben schenken durch Jesus Christus, unseren Herrn. Amen.

Lesung: (Zef 3,14 -17)

Lesung aus dem Buch Zefanja.

Juble, Tochter Zion!
Jauchze, Israel!
Freu dich und frohlocke von ganzem Herzen, Tochter Jerusalem!
Der König Israels, der Herr, ist in deiner Mitte.
Du hast kein Unheil mehr zu fürchten.
An jenem Tag wird man zu Jerusalem sagen:
Fürchte dich nicht, Zion!
Lass die Hände nicht sinken!
Der Herr, dein Gott, ist in deiner Mitte,
ein Held, der Rettung bringt.
Er freut sich und jubelt über dich,
er erneuert seine Liebe zu dir.
Er jubelt über dich und frohlockt,
wie man frohlockt an einem Festtag.

Wort des lebendigen Gottes.

Evangelium (Lk 24,35-45, gekürzt)

Predigtteil:

Liebe Kinder, liebe Christen, wir haben gehört: Am Ostertag tritt Jesus in die Mitte seiner Jünger. Das heißt, er wird für jeden Einzelnen wichtig. Seit Ostern kreist ihr Leben nur noch um Jesus.
Wagenrad wird enthüllt (oder durch den Mittelgang in die Kirche gerollt).

Das ist wie bei diesem Wagenrad.
So ein Rad besteht aus drei Teilen: Reifen, Speichen, Achse. Die Achse ist der Mittelpunkt.
Rad wird gedreht.

Das Wichtigste an unserem Rad ist die Mitte, die Achse. Als der auferstandene Jesus den Jüngern erschien, stellte er sich in ihre Mitte. Seitdem ist Jesus der Mittelpunkt seiner Jünger.
Jesusbild wird auf die Mitte des Rades geklebt.

Es ist wie mit dem Rad. Die Mitte hält die Speichen zusammen. Jesus hält die Jünger zusammen. Er gibt ihnen Halt. Und mit Jesus in der Mitte werden Christen eine Gemeinschaft. Wir gehören zusammen. Wir sind wie die Speichen, die von der Mitte zusammengehalten werden.
Jetzt können wir alle sehen: Ihr habt euch mit Jesus verbunden. Jesus soll immer eure Mitte sein. Das bedeutet Kommunion: Wir sind miteinander mit Jesus verbunden.

Fürbitten:

Pr.: Allmächtiger Gott, dein Sohn Jesus Christus soll unsere Mitte sein. Durch ihn sind wir miteinander verbunden. In seinem Namen bitten wir dich:

1) Wir beten für alle Menschen, die an Jesus glauben, dass sie spüren, wie gut es ist, eine Mitte zu haben, die sie trägt und hält.
Alle: Wir bitten dich, erhöre uns.

2) Wir beten für unsere Gemeinde, dass Jesus die Mitte ist, um die sich alles dreht.

3) Wir beten für alle Familien, dass Jesus ihr Mittelpunkt ist und sie so besonders miteinander verbunden sind.

4) Wir beten für alle Kinder, dass sie in Jesus immer einen guten Freund haben, der sie durchs Leben begleitet.

5) Wir beten für alle Schulkinder, dass sie gerne in die Schule gehen und auch dort die Frohe Botschaft von Jesus hören.

Darum bitten wir dich durch Jesus Christus, unseren Herrn. Amen.

Gabengebet:

Guter Gott, Brot und Wein stehen in unserer Mitte. Nimm diese Gaben an. Sie sind Zeichen dafür, dass Jesus bei uns ist. Unser Leben soll sich um diese Mitte, um Jesus, drehen. Er ist unser Freund. Verbinde uns immer mehr mit dir und untereinander durch Jesus Christus, unseren Herrn. Amen.

Friedensgruß:

Als Jesus in die Mitte seiner Jünger trat, sagte er: Der Friede sei mit euch. Jesus bringt diesen Frieden in unsere Mitte. Deshalb bitten wir um seinen Frieden und wollen ihn auch weiterschenken.

Mögliche Kommunionmeditation:

Jesus, du bist unsere Mitte.
Du lädst uns ein zu deinem Mahl.
Jetzt bist du in der heiligen Kommunion ganz nah zu uns gekommen.

Jesus, du bist unsere Mitte.
Wir sind wie die Speichen von einem Rad.
Wir gehören zusammen.

Jesus, du bist unsere Mitte.
Du verbindest uns mit Gott.
Du verbindest uns untereinander.
Du hältst uns zusammen.

Jesus, du bist unsere Mitte.
Jeder hat seinen Platz.
Im Rad darf keine Speiche fehlen.

Jesus, du bist unsere Mitte.
Gemeinsam kommen wir in Bewegung.
Gemeinsam kommen wir voran.
Gemeinsam können wir auch Lasten tragen.

Schlussgebet:

Lieber Gott, wir danken dir für diese gemeinsame Feier. Wir danken dir für die Gemeinschaft mit dir und untereinander. Jesus ist in unserer Mitte. Er ist unser Freund. Er verbindet uns und hält uns. Unser Leben soll sich um ihn drehen, sodass wir frohe und glückliche Menschen werden. Dafür danken wir durch Jesus Christus, unseren Herrn. Amen.

Am Schluss bekommen alle Kinder das fotokopierte Bild eines Wagenrades mit der Aufschrift: „Jesus – unsere Mitte“

4. Sonntag der Osterzeit:
Der Hirtenstab ist Hilfe und Stütze

Vorbereitung:

- *Stoffschaf*
- *Spielszene: Schaf, Hirte mit Hirtenstab, Mantel, Hut, Stiefel*

Einführung:

Liebe Kinder, liebe Christen, wir freuen uns, dass auch heute, am vierten Ostersonntag, sich viele Kinder und Erwachsene versammelt haben, um miteinander zu feiern.
Heute habe ich eine Frage an euch. Ich möchte gerne wissen, wer von euch ein Haustier hat.
Kinder erzählen, welches Haustier sie haben.

Ihr wisst auch, wie man sich um Haustiere sorgen muss, was sie brauchen, was sie gerne fressen und wo es ihnen gefällt. Ich kenne einen, der hat viele Tiere. Er ist Hirte und hat viele Schafe, für die er sorgen muss. Wir werden ihn bald kennenlernen.

Kyrie:

1) Herr Jesus Christus, du kennst uns und weißt, was wir brauchen.
   Kyrie eleison.

2) Herr Jesus Christus, du schaust auf uns und sorgst für uns
   Christe eleison.

3) Herr Jesus Christus, du beschützt uns und bei dir sind wir gut aufgehoben.
   Kyrie eleison.

Pr.: Der Herr ist wie ein guter Hirte, er erbarme sich unser, er lasse unsere Sünden nach und führe uns zum ewigen Leben. Amen.

Lesung: (Psalm 23)

Lesung aus dem Buch der Psalmen.

Der Herr ist mein Hirt,
immer sorgt er für mich.
Er bringt mich auf saftige Weiden,
und am frischen Wasser lässt er mich ruhen.
Er gibt mir neue Kraft.
Er führt mich, damit ich nicht irregehe;
auf ihn kann ich mich verlassen.
Selbst wenn es durch finstere Schluchten geht,
habe ich keine Angst;
denn du, Herr, bist bei mir,
du beschützt mich und führst mich.
Glück und Segen begleiten mich nun mein Leben lang.
Für immer darf ich in deinem Haus wohnen.

Wort des lebendigen Gottes.

Evangelium (Joh 10,11-18)

Predigtteil:

Sprecher stellt das Schaf vor:
Heute ist zu uns ein kleines Schaf aus dem Bergland von Israel gekommen. Dort gibt es für die Schafe nicht so schöne grüne Wiesen und Weiden wie bei uns. Die Tiere müssen den ganzen Tag auf dem trockenen Boden Gras und Wurzeln zum Fressen suchen.

Schaf spricht (Kind mit Stoffschaf im Arm):
In unserem Bergland ist es nicht nur trocken, sondern auch gefährlich. Dort gibt es nämlich Wölfe. Ich traue mich alleine nie auf die Weide. Ja, wenn ich noch so viel Hunger hätte, würde ich nie alleine hinausgehen, auch nicht mit den anderen Schafen allein.
Aber zum Glück muss ich das auch gar nicht. Ich brauche nie alleine in die Berge gehen. Es gibt einen, der mich beschützt. Bei ihm brauche ich keine Angst zu haben – vor nichts und niemand. Das ist mein guter Hirte.
Er beschützt mich mit seinem großen Stab vor wilden Tieren und Dieben. Mein Hirte ist so mutig.

Er ist auch so stark. Stellt euch vor! Einmal haben uns gleich ein paar Wölfe bedroht. Mit seinem großen Stab hat er furchtlos die Wölfe vertrieben.
Unser Hirte ist so ein guter Hirte. Jeden Tag findet er einen Platz, wo wir genug gutes Futter finden, die anderen Schafe und ich.
Auf meinen Hirten kann ich mich verlassen.
Es ist gut, dass es meinen Hirten gibt.
Da kommt mein Hirte.

Hirte kommt und spricht:
Jetzt habe ich endlich alle meine Schafe beisammen. Es war heute wieder viel Arbeit. Weit sind wir durchs Land gezogen. Und jetzt bin ich sehr müde.
Lehnt sich an den Stab.
Da ist es gut, dass ich einen großen Stab habe. Mein Hirtenstab hat mich den ganzen Tag über gestützt. So kann ich mich ausruhen und dennoch wach bleiben, um alles zu hören. Als ein wildes Tier in die Nähe kam, konnte ich es mit diesem Stab leicht abwehren.
Der Hirtenstab ist Hilfe und Schutz. Da kann man sich festhalten.

Sprecher (nimmt den Stab in die Hand und spricht):
So ein Stab ist unbedingt notwendig für den Hirten. Er macht den Hirten stark. Und außerdem kann er sich darauf stützen und wachsam sein. Den Schafen kann nichts passieren.
So ein starker und wachsamer Hirte ist auch Jesus für uns. Jesus hilft uns, wenn wir bedroht werden. Er wacht über uns, dass nichts Böses geschieht. Jesus ist für uns ein guter Hirte. Wir brauchen uns nicht fürchten, weil er für uns sorgt.

Fürbitten:

Es ist gut, wenn man so einen stützenden Stab hat. Wir beten für alle, die so einen Stab brauchen. Herr, schenke deine Hilfe.

Alle: Herr, schenke deine Hilfe.

1) *Stab in die Hand nehmen.*
Wir beten für alle Hirten dieser Welt
Herr, schenke deine Hilfe.

2) *Stab ...*
Wir beten für alle Mütter und Väter
Herr, schenke deine Hilfe.

3) *Stab ...*
Wir beten für alle Lehrer und Erzieher
Herr, schenke deine Hilfe.

4) *Stab ...*
Wir beten für alle Priester und Bischöfe
Herr, schenke deine Hilfe.

5) *Stab ...*
Wir beten für alle Kinder.
Herr, schenke deine Hilfe.

Pr.: Denn du sorgst für uns alle durch unseren guten Hirten Jesus, der in der Einheit des Hl. Geistes mit dir lebt und herrscht jetzt und in alle Ewigkeit. Amen.

Gabengebet:

Guter Gott, du kennst uns und weißt, was wir brauchen. Du sorgst für uns. Du schenkst uns Brot und Wein. Wir bringen sie zum Altar und bitten dich: Heilige diese Gaben durch Jesus Christus, unseren Herrn. Amen.

Schlussgebet:

Lieber Gott, dein Sohn Jesus Christus ist für uns wie ein guter Hirte. Wenn wir wieder in die Schule oder zur Arbeit gehen, wacht er über uns und schützt uns vor Gefahren. So brauchen wir keine Angst zu haben. Dafür danken wir durch Jesus Christus, unseren Herrn. Amen.

5. Sonntag der Osterzeit:
Ich bin der Weinstock (Freunde Gottes bleiben)

Vorbereitungen:

- *Dia oder Folienbild von einem Weinstock*
- *Weinstock*
- *Blätter und Früchte, aus Tonpapier ausgeschnitten*
- *kleine Klammern zum Anheften der Blätter an den Weinstock*
- *Kinder schreiben an der Kirchentüre Namen auf die Reben*
- *Wortkarten: Gutes tun, helfen, teilen, lieben*

Einführung:

Liebe Kinder, liebe Christen, als Freunde von Jesus dürfen wir uns „Christen" nennen. Wir wollen Gott immer näher kennen lernen und dabei helfen uns die Worte von Jesus. Damit wir Jesus verstehen, spricht er zu uns in Bildern. Heute nimmt er das Bild vom Weinstock mit seinen Zweigen, die Reben heißen.
Bild vom Weinstock wird gezeigt.
Hier ist ein Weinstock mit den Reben, mit Blättern und Trauben. Wenn diese Rebe sprechen könnte, was würde sie uns wohl sagen?

Stimme des Rebzweigs: Ich freue mich an meinem Leben. Immer wieder wachsen Blätter an mir. Immer wieder bringe ich reiche Frucht, die Trauben. Alle, die mich sehen, freuen sich mit mir. Viele haben mich zum Fressen gern. Ich hänge an einem starken Weinstock, der mich an seinem starken Stamm trägt. Am Weinstock hängt mein Leben. Alles, was ich brauche, bekomme ich von ihm. Ich will an ihm bleiben.

Kyrie:

1) Herr Jesus, du bist der Weinstock, wir sind die Reben.
   Kyrie eleison.

2) Herr Jesus, du schenkst uns täglich das Leben.
   Christe eleison.

3) Herr Jesus, mit dir bringen wir reiche Frucht.
   Kyrie eleison.

Tagesgebet:

Guter Gott, du hast uns das Leben geschenkt. Mit deinem Wort wird unser Leben gelingen. Du gibst uns Kraft, du gibst uns Halt durch Jesus Christus, unseren Herrn. Amen.

Lesung (1 Joh 3,21-24)

Nach der Lesung:

Sprecher:
Auch wir haben hier einen Weinstock. Doch dieser Weinstock ist noch kahl und leer. Wir selbst sind die Reben am Weinstock Jesus. Nun darfst du nach vorne kommen und die Rebe mit deinem Namen an den Weinstock heften. Wir helfen dir dabei.
Blätter und Früchte werden an den Weinstock geheftet.

Evangelium (Joh 15, 1-8, gekürzt)

Predigtteil:

Liebe Kinder, liebe Christen, Jesus selbst ist wie ein guter Lehrer. Er erklärt uns das Bild vom Weinstock. Er sagt:
„Ich bin der Weinstock, ihr seid die Reben. Wer in mir bleibt und in wem ich bleibe, der bringt reiche Frucht. Denn getrennt von mir könnt ihr nichts vollbringen."
So wollen wir auch bei Jesus bleiben. Von ihm bekommen wir das Leben und die Kraft, um Früchte zu bringen wie der Weinstock. Früchte bringen heißt: Gutes tun, helfen, teilen, lieben.
Wortkarten an den Weinstock hängen.

Mit Jesus können wir reiche Frucht bringen, d. h. wir können helfen, besuchen, teilen und trösten. Er gibt uns das Leben und die Kraft, Freude weiterzuschenken.

Lied: *„Ich bin der Weinstock"*

Fürbitten:

Pr.: Allmächtiger Gott, wenn wir mit dem Weinstock Jesus verbunden bleiben, bekommen wir von ihm Kraft und Leben. Wir bitten für alle, deren Verbindung zu Jesus abgebrochen ist:

1) Wir beten für alle Menschen, die nicht mehr beten können.
Wir wünschen ihnen Leben und Kraft
Alle: Wir wünschen ihnen Leben und Kraft.

2) Wir beten für alle Menschen, die dein Wort nicht mehr hören.
Wir wünschen ihnen Leben und Kraft.

3) Wir beten für alle Menschen, die nicht mehr in den Gottesdienst gehen.
Wir wünschen ihnen Leben und Kraft.

4) Wir beten für alle Menschen, die sich nicht mehr freuen können.
Wir wünschen ihnen Leben und Kraft.

5) Wir beten für alle Menschen, die nicht geliebt werden.
Wir wünschen ihnen Leben und Kraft.

Pr.: Denn wir können reiche Frucht bringen durch Jesus Christus, unseren Herrn. Amen.

Gabengebet:

Guter Gott, dein Sohn Jesus ist wie ein Weinstock. Wir sind wie Rebzweige. Wir bringen dir Brot und Wein, die Frucht des Weinstocks und unserer Liebe. Er wird zum Wein des ewigen Lebens durch Jesus Christus, unseren Herrn. Amen.

Schlussgebet:

Großer Gott, wir haben dein Wort gehört und sind von deinem Brot gestärkt. Du gibst uns immer wieder die Kraft, zu leben und Freude weiterzuschenken. So werden wir immer wieder Frucht bringen und Gutes tun mit Jesus Christus, unserem Herrn. Amen.

6. Sonntag in der Osterzeit:
Nicht Knechte, sondern Freunde

Vorbereitung:

– *Geschichte vorlesen oder erzählen*

Einführung:

Liebe Kinder, liebe Christen, es ist schön, Freunde zu haben. Sicher hast du auch Freunde und bist stolz, dass jemand dich als Freund oder Freundin haben will. Denn einem Freund kann man alles erzählen. Er hört auch dir gerne zu. Freunde gehören freiwillig zusammen, denn bei einem Freund fühlt man sich wohl.
So eine Freundschaft dürfen wir mit Jesus haben. Deshalb rufen wir zu ihm im Kyrie.

Kyrie:

1) Jesus, du erzählst uns von dir.
   Kyrie eleison.

2) Jesus, du hörst auf unsere Bitten.
   Christe eleison.

3) Jesus, deine Freundschaft macht uns froh.
   Kyrie eleison.

Tagesgebet:

Guter Gott, du hast uns Menschen geschenkt, die wir Freunde nennen. Bei ihnen dürfen wir uns sicher und geborgen fühlen. Dafür danken wir durch Jesus Christus, unseren Freund, der in der Einheit des Heiligen Geistes mit dir lebt und wirkt in Ewigkeit. Amen.

Statt Lesung: Eine Geschichte

Die Geschichte wird nach Möglichkeit mit verteilten Rollen erzählt oder gelesen.

In einem fernen Land lebte einmal ein reicher Königssohn. Er besaß alles, was man sich nur wünschen kann. Viele Frauen und Männer mussten ihm dienen und jeden Wunsch erfüllen. Seine Knechte und Mägde mussten alles tun, was er wollte.
Und es gab einen Knecht, der nur für ihn da war. Tag und Nacht musste er ihm alles recht machen und alle seine Wünsche erfüllen. Und der Prinz hatte viele Wünsche. Immer wenn er rief, kam der Knecht und führte die Befehle des Prinzen aus:

König:
„Bring mir Wein!"
„Wasch mir die Hände!"
„Zieh mir meine Schuhe aus!"

Und der Knecht war froh, dass er Arbeit hatte, auch wenn sie sehr anstrengend war. Weil sie immer zusammen waren, lernten sich der Königssohn und der Knecht immer besser kennen. Der Königssohn mochte seinen Knecht immer lieber. Er begann sich auch für sein Leben zu interessieren. Er fragte ihn nach seinem Namen und nach seiner Familie. Immer öfter wollte er wissen, ob es ihm gut gehe.
Damit der Knecht öfter bei seiner Familie sein konnte, gab er ihm ein paar freie Tage. Manchmal schenkte er ihm etwas, weil er ihm eine Freude machen wollte.
Das größte Geschenk, das er ihm machte, war, als er ihm sagte:

König:
„Ich habe dich im Laufe der Zeit lieb gewonnen. Du sollst nicht mehr mein Knecht sein, sondern mein Freund. Ich schenke dir mein Vertrauen. Ich erzähle dir von mir. Ich höre dir gerne zu und schenke dir meine Aufmerksamkeit. Und ich schenke dir die Freiheit. Wenn du willst, kannst du bleiben oder gehen. Denn ein Freund ist etwas Besonderes, viel mehr als ein Knecht oder ein Diener."

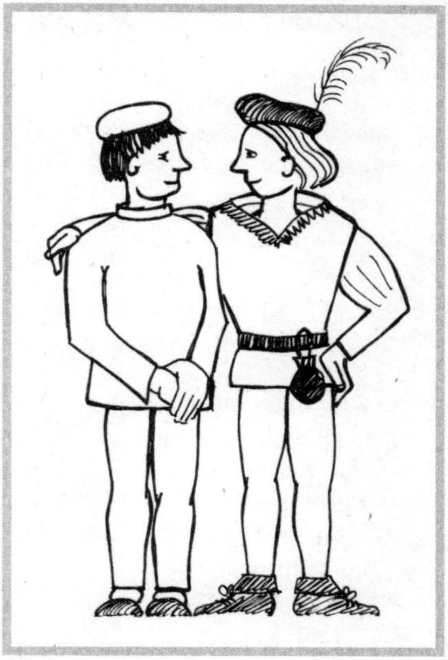

Evangelium (Joh 15,9-17; mögliche Kürzung: Joh 15,9.11-12.15-17)

Predigtteil:

Eigentlich hätte der Königssohn in unserer Geschichte alles belassen können. Er ist der König und der Knecht ist froh, dass er eine Arbeit hat. Aber der König will mehr sein als nur König. Er bietet dem Knecht etwas an, was sehr kostbar ist, seine Freundschaft.
Das erinnert uns an Jesus selbst. Auch Jesus könnte herrschen und über uns thronen. Aber er schenkt uns seine Freundschaft.
Er sagt: „Ich nenne euch nicht mehr Knechte; denn der Knecht weiß nicht, was sein Herr tut. Vielmehr habe ich euch Feunde genannt; denn ich habe euch alles mitgeteilt, was ich von meinem Vater gehört habe."
Und das heißt:

- Er schenkt uns sein Vertrauen.
- Er hört uns zu und interessiert sich für uns.
- Jesu Liebe macht frei. Wir können entscheiden, ob wir zu ihm gehören wollen.

Fürbitten:

Pr.: Allmächtiger Gott, du schenkst den Menschen deine Freundschaft. So dürfen wir um alles bitten, was unsere Herzen bewegt.

1) Wir beten für alle unsere Freunde, die uns im Leben helfen.
Schenk ihnen deine Freundschaft.

2) Wir beten für alle Menschen, die keine Freunde haben.
Schenk ihnen deine Freundschaft.

3) Wir beten für alle Menschen, die von einem Freund enttäuscht wurden.
Schenk ihnen deine Freundschaft.

4) Wir beten für alle Vorgesetzten und Chefs.
Schenk ihnen deine Freundschaft.

5) Wir beten für alle, die traurig sind, weil sie einen Freund verloren haben.
Schenk ihnen deine Freundschaft.

Pr.: Gott, wir vertrauen dir, denn deine Freundschaft währt in Ewigkeit. Amen.

Gabengebet:

Gott, mit all den Gaben der Erde zeigst du uns deine Liebe. Du sorgst für uns. Du willst auch unser Freund sein. Zu dieser Freundschaft geben wir unser Jawort. Wir nehmen deine Freundschaft an und danken dir durch Jesus Christus, unseren Freund und Herrn. Amen.

Schlussgebet:

Gott, du bist unser Freund. Diese Freundschaft macht uns stark. So gehen wir sicher unseren Weg durchs Leben. Behüte uns und unsere Freunde durch Jesus Christus, unseren Herrn. Amen.

7. Sonntag der Osterzeit: *Jesus lehrt uns beten*

Vorbereitungen

- *eine große Blüte aus Plakatkarton für die Flanelltafel mit fünf Blütenblättern*
- *Aufschrift auf den Blütenblättern: „danken", „bitten", „sorgen", „lieben", „vertrauen"*

Einführung

Liebe Kinder, liebe Christen, immer wieder treffen wir uns, weil wir von Jesus lernen wollen. Jesus zeigt uns, was wichtig ist im Leben. Von Jesus können wir auch lernen, wie wir mit Gott reden können. Es ist schön, dass wir mit Gott reden und ihm alles erzählen können.

Kyrie:

1) Herr Jesus Christus, du bist unser Vorbild
   Kyrie eleison.

2) Herr Jesus Christus, du zeigst uns die Liebe des Vaters.
   Christe eleison.

3) Herr Jesus Christus, du schenkst den Geist der Liebe.
   Kyrie eleison.

Tagesgebet:

Guter Gott, voll Vertrauen wenden wir uns an dich und bitten: Stärke uns durch das Wort deines Sohnes und stärke uns im Glauben, in der Hoffnung und in der Liebe. Wir loben und preisen dich durch Jesus Christus, unseren Herrn. Amen.

Lesung (1 Joh 4,11-16)

Vor dem Evangelium:

Heute hören wir im Evangelium ein Gebet. Wir erfahren, was beim Beten wichtig ist. Während wir es hören, wird vor unseren Augen etwas entstehen.

Evangelium: (Joh 17,6a.11b.12.15.17-18)

Während des Evangeliums werden die Blütenblätter in der richtigen Reihenfolge an die Tafel geheftet (siehe Stichwörter).

Aus dem heiligen Evangelium nach Johannes.

In jener Zeit erhob Jesus seine Augen zum Himmel
und betete:
Vater, ich habe deinen Namen den Menschen offenbart,
die du mir aus der Welt gegeben hast *(danken).*
Heiliger Vater,
bewahre sie in deinem Namen, den du mir gegeben hast *(bitten),*
damit sie eins sind wie wir.
Solange ich bei ihnen war,
bewahrte ich sie in deinem Namen, den du mir gegeben hast *(sorgen).*
Und ich habe sie behütet *(lieben).*
und keiner von ihnen ging verloren.
Ich bitte nicht, dass du sie aus der Welt nimmst,
sondern dass du sie vor dem Bösen bewahrst.
Heilige sie in der Wahrheit;
dein Wort ist Wahrheit *(vertrauen).*
Wie du mich in die Welt gesandt hast,
so habe auch ich sie in die Welt gesandt.

Predigtteil:

Während des Evangeliums ist eine Blume entstanden. Sie zeigt uns, was beim Gebet Jesu wichtig war. Jesus betet und dankt *(auf entsprechende Blütenblätter zeigen)* Gott. Er bittet Gott und spricht von seinen Sorgen. Er redet mit Gott voll Liebe und Vertrauen. Das alles ist wichtig auch für unser Gebet. So wie Jesus kann auch eine Mutter beten.

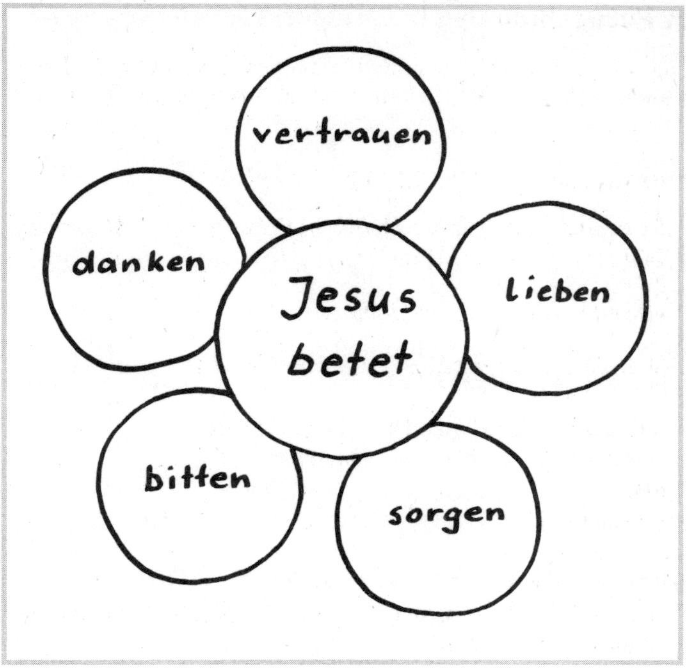

Gebet einer Mutter: *(gebetet von einer Mutter)*

Lieber Gott, die Kinder sind aus dem Haus.
Du hast sie mir gegeben und anvertraut. Ich danke dir.
Ich bitte dich, dass du sie vor allem Bösen bewahrst.
Ich kümmere mich um sie und sorge mich um sie.
Hoffentlich vertragen sie sich mit allen Menschen.
Solange ich mit ihnen war, gab ich ihnen Liebe und Vertrauen
wie du es auch mir gegeben hast.
Sie gehen weg. Nun vertraue ich sie dir ganz an.
Denn ich weiß, dass du sie mit deinem liebenden Blick immer begleitest.

Sprecher:
So ist ein Gebet etwas Besonderes. Wir können es mit einer Blume vergleichen. So wie viele Blumen zum Himmel schauen, so richten sich unsere Worte im Gebet an Gott im Himmel. So sind unsere Gebete sehr wertvoll, so wertvoll wie Blumen. Sie machen uns Freude.

Statt Fürbitten: Gebet der Kinder *(wird ohne Zwischenruf gesprochen)*

Pr.: Gott, du hast uns gelehrt, wie wir zu dir beten beten können. Also richten wir unsere Worte an dich.

1) Du hast uns Eltern und viele Freunde geschenkt.
Wir danken dir.

2) Im Leben gibt es aber auch viele Gefahren. Bewahre uns vor allem Bösen.
Darum bitten wir.

3) Manchmal plagen uns Kummer und Sorgen.
Wir dürfen sie in deine Hände legen.

4) Wir vertrauen dir unser ganzes Leben.

5) Denn wir wissen: Du begleitest uns ja voll Liebe.

Zur Gabenbereitung *kann jedes Kind (mit Unterstützung von Erwachsenen) ein Weihrauchkörnchen in ein aufgestelltes Weihrauchfass legen mit den Worten:*
„Mein Gebet soll in den Himmel steigen."

Gabengebet:

Lieber Gott, du zeigst uns immer wieder deine Liebe. Du sorgst für uns und behütest uns. Wir bringen Brot und Wein. Wir danken dir, dass du immer wieder für uns da bist. Wir bitten dich, lass uns hier deine Nähe spüren durch Jesus Christus, unseren Herrn. Amen.

Schlussgebet:

Guter Gott, du sorgst dich um uns und hilfst uns beten. Du schenkst uns dein gutes Wort und stärkst uns mit deinem Brot. Du kümmerst dich um uns. Begleite uns weiterhin auf unserem Weg durch Jesus Christus, unseren Herrn. Amen.

Pfingsten:
Gieße deinen Geist aus (Schwamm)

Vorbereitungen:

- *Dia oder Folienbild von einem Schwamm im Meer*
- *großer Naturschwamm*
- *evtl. kleine Naturschwämme für alle Kinder*

Einführung:

Liebe Kinder, liebe Christen, heute feiern wir das Pfingstfest. Jesus ist auferstanden und in den Himmel aufgefahren. Die Freunde Jesu haben Angst. Sie fühlen sich allein. Die Jünger warten auf den Hl. Geist, den Jesus ihnen versprochen hat. Sie sagen:

Drei Kinder sprechen:

1) Jesus ist auferstanden. Wir dürfen mit ihm leben. Aber es fehlt uns die Kraft und wir schaffen nichts mehr.

2) Jesus ist auferstanden. Wir dürfen mit ihm leben. Aber oft fehlt uns der Mut und wir trauen uns nicht so recht.

3) Jesus ist auferstanden. Wir dürfen mit ihm leben. Aber oft fehlt uns die Freude und nichts mehr macht Spaß.

Pr.: Der allmächtige Gott erbarme sich unser. Er sendet uns den Hl. Geist und führt uns zum ewigen Leben durch Jesus Christus, unseren Herrn. Amen.

Kyrie:

1) Herr Jesus Christus, du bist wahrhaft auferstanden. Das gibt uns Mut.
Herr, erbarme dich.

2) Herr Jesus Christus, du bist uns vorausgegangen in den Himmel. Das gibt uns Kraft.
Christus, erbarme dich.

3) Herr Jesus Christus, du lässt uns nicht allein und schickst uns den Hl. Geist. So schenkst du uns Freude.

Tagesgebet:

Gütiger Gott, du sendest uns deinen Geist. Wir dürfen uns freuen und hören dein Wort. Dein Wort macht uns Mut und gibt uns immer wieder Kraft. Darum bitten wir durch Jesus Christus, unseren Herrn. Amen.

Vor der Lesung:

Gott weiß: Die Menschen fühlen sich oft ausgelaugt und ausgetrocknet, saft- und kraftlos, ohne Freude. Er tröstet das alte Volk Israel mit folgenden Worten:

Lesung: (Jes 44,2-4)

Lesung aus dem Buch Jesaja.

So spricht der Herr, dein Schöpfer,
der dich im Mutterleib geformt hat,
der dir hilft:
Fürchte dich nicht, Jakob, mein Freund,
den ich erwählte.
Denn ich gieße Wasser auf den dürstenden Boden,
rieselnde Bäche auf das trockene Land.
Ich gieße meinen Geist über deine Nachkommen aus
und meinen Segen über deine Kinder.
Dann sprossen sie auf wie das Schilfgras,
wie Weidenbäume an Wassergräben.

Wort des lebendigen Gottes.

Evangelium: (Joh 7,37-39; das Evangelium vom Vorabend)

Aus dem heiligen Evangelium nach Johannes.

Am letzten Tag des großen Festes, dem großen Tag,
stellte sich Jesus hin und rief:
Wer Durst hat, komme zu mir,
und es trinke, wer an mich glaubt.

Wie die Schrift sagt:
Aus meinem Inneren
werden Ströme von lebendigem Wasser fließen.
Damit meinte er den Geist, den alle empfangen sollten, die an ihn glauben.
Denn der Geist war noch nicht gegeben,
weil Jesus noch nicht verherrlicht war.

Predigtteil:

Liebe Kinder, liebe Christen, als Jesus in den Himmel aufgefahren ist, waren die Jünger Jesu allein. Jesus fehlte ihnen. Es fehlte ihnen Kraft, Mut und Freude. Wir können auch sagen: Sie dürsten nach Kraft, Mut und Freude. Sie sind wie ausgetrocknet.
So ein Leben ohne Saft und Kraft können wir an einem trockenen Schwamm sehen.
Folienbild vom Schwamm einschalten.

Wir sehen ein Bild von einem Schwamm. Da ist der Schwamm zu Hause. Er wächst tief am Meeresgrund. Dort kann er leben und wachsen. Denn er gehört ins Wasser.
Großer Naturschwamm wird gezeigt.

Aus dem tiefen Meer habe ich euch hier einen Schwamm mitgebracht. Mein Schwamm ist ausgetrocknet. Kein Tropfen Wasser ist in ihm. So ist er hart, rau und unbeweglich. Er dürstet nach Wasser.
Das kennen wir. Wir dürsten auch manchmal, nicht nur nach Wasser.
Wir dürsten wie die Jünger nach Kraft, Mut und Freude.
Wir brauchen Kraft, dass wir etwas schaffen.
Wir brauchen Mut, dass wir uns trauen.
Wir brauchen Freude, damit das Leben schön ist.
Nach all dem dürsten wir wie ein ausgetrockneter Schwamm.
Jesus spricht:

Diakon: **Wer Durst hat, kommt zu mir.**
Wasser wird über den Schwamm gegossen.

Aus meinem Inneren werden Ströme von lebendigem Wasser fließen. Damit meinte er den Geist, den alle empfangen sollten, die an ihn glauben.

Prediger: Schon im Alten Testament sprach Gott zum Menschen:

Diakon:
Fürchte dich nicht.
Denn ich gieße Wasser auf den dürstenden Boden,
Ich gieße meinen Geist über deine Nachkommen aus
und meinen Segen über deine Kinder.
Das Wasser hat den Schwamm verändert. Er ist weich geworden und beweglich.
Drückt Schwamm aus.
So können wir sehen, wie schön es ist, wenn das Leben voll ist mit Hl. Geist. Er lässt uns leben.

Fürbitten:

Pr.: Guter Gott, Jesus sprach: Wer Durst hat, der komme zu mir. Viele Menschen haben Durst. Wir bitten dich: Herr, gieße deinen Geist aus.
Alle: Herr, gieße deinen Geist aus.

1) Menschen fühlen sich schwach. Sie dürsten nach Kraft. Herr, gieße deinen Geist aus.

2) Menschen fürchten sich und haben Angst. Sie dürsten nach Mut. Herr, gieße deinen Geist aus.

3) Menschen sind traurig. Sie dürsten nach Freude. Herr, gieße deinen Geist aus.

4) Menschen werden nicht beachtet. Sie dürsten nach Lob und Anerkennung. Herr, gieße deinen Geist aus.

5) Menschen streiten und schlagen sich. Sie dürsten nach Frieden. Herr, gieße deinen Geist aus.

Pr.: Gott Vater, im Hl. Geist lässt du uns leben. Dafür danken wir durch Christus, unseren Herrn. Amen.

Gabengebet:

Allmächtiger Gott, du stillst Hunger und Durst. Du schenkst Brot und Wein. Sende deinen Geist auf diese Gaben. Hilf uns, in diesem Mahl deine Nähe zu spüren durch Jesus Christus, unseren Herrn. Amen.

Kommunionvers: (Röm 5,5)

Die Liebe Gottes ist ausgegossen in unsere Herzen durch den Hl. Geist, der uns gegeben ist.

Schlussgebet:

Lieber Gott, du hast uns gestärkt. Du hast Hunger und Durst gestillt. Wir dürfen allen Menschen von deiner Liebe erzählen. So geben wir die Botschaft weiter durch Jesus Christus, unseren Herrn. Amen.

Am Schluss bekommen die Kinder einen kleinen Naturschwamm.

Sonntag nach Pfingsten – Dreifaltigkeitssonntag:
Ein Gott in drei Personen (Wasser, Eis, Dampf)

Vorbereitungen:

- *Wasserkrug mit Wasser*
- *Glasschüssel mit Eiswürfeln*
- *Wasserkocher mit heißem Wasser*
- *großes Dreieck für Flanelltafel, in den drei Ecken steht: Vater, Sohn, Hl. Geist*
- *Rätsel: drei Kinder*

Einführung:

Liebe Kinder, liebe Christen, für die heutige Botschaft haben wir uns ein Rätsel ausgedacht. Drei Kinder wollen, dass ihr etwas erratet. Alle drei meinen das Gleiche.

Kinder sprechen:
1) Es ist weich und schwer. Jedes Kind spielt gerne damit.
2) Es ist hart wie Stein und sehr, sehr kalt.
3) Es schwebt in der Luft und versperrt die Sicht.

Sprecher:
Aber ihr könnt doch gar nicht das Gleiche meinen. Die drei Sachen sind zu unterschiedlich. Ist es denn nun hart oder weich? Ist es denn am Boden oder in der Luft?

1), 2) und 3) sagen gleichzeitig:
Doch, es ist ein und dasselbe.

Behälter mit Wasser, Eis und Dampf werden nacheinander hereingetragen.

1) Flüssiges Wasser ist weich und schwer. Jedes Kind spielt gerne damit.
2) Wasser als Eis ist hart wie Stein und sehr, sehr kalt.
3) Wasser als Dampf oder Nebel schwebt in der Luft und versperrt die Sicht.

Sprecher:
Es ist immer Wasser. Aber dieses Wasser zeigt sich in verschiedenen Gestalten. Ihr werdet euch fragen: Was hat ein solches Rätsel mit Gott zu tun?

Das Wasser hat viel mit Gott zu tun. Denn Gott selbst ist ein Rätsel.
Wir sagen von ihm: Er ist ein Gott in drei Personen.
Er ist immer der gleiche Gott. Aber er zeigt sich in verschiedenen Personen.
Das wollen wir heute am Dreifaltigkeitssonntag feiern.

Kyrie: *(beten)*

Kyrie eleison – Christe eleison – Kyrie eleison

Tagesgebet:

Allmächtiger Gott, wir beten dich in drei Personen an. Und doch bist du für uns ein Gott. Wir bitten dich, Gott Vater, lass uns dich immer mehr verstehen, der du in der Einheit des Hl. Geistes mit Jesus Christus lebst und herrscht in alle Ewigkeit. Amen.

Vor der Lesung:

Paulus erzählt uns vom dreifaltigen Gott in einem kurzen Brief

Lesung (Röm 8,14-17)

Evangelium (Mt 28,16-20)

Predigtteil:

Liebe Kinder, liebe Christen, wir haben gehört, dass Jesus seine Jünger aussendet. Sie sollen seine Botschaft in die ganze Welt tragen. So ist die Botschaft von Gott auch bis zu uns gekommen. Alle Menschen dürfen Freunde Gottes sein. Jesus sagt: „Darum geht zu allen Völkern, und macht alle Menschen zu meinen Jüngern; tauft sie auf den Namen des Vaters und des Sohnes und des Heiligen Geistes.“
Dreieck wird an die Flanelltafel gehängt.
Wir verkünden den **liebenden einen Gott** in drei Personen. Seine Liebe zeigt sich im Vater, im Sohn und im Hl. Geist.

- Im Vater sorgt er für uns und verzeiht er uns immer wieder.
- Im Sohn Jesus hat Gott uns erlöst.
- Im Hl. Geist bleibt die Liebe in dieser Welt

Fürbitten:

Pr.: Allmächtiger Gott, wir beten dich in drei Personen an und bitten dich:

1) Gott Vater, Schöpfer der Welt, du sorgst für alle Menschen
Hilf allen Notleidenden und Schwachen.

2) Gott Sohn, Jesus Christus, du hast wie wir als Mensch gelebt.
Sei allen nahe, die leiden und Schmerzen haben.

3) Gott Hl. Geist, du gibst uns Kraft, Mut und Freude.
Steh allen bei, die sich fürchten und traurig sind.

Pr.: So bitten wir Gott Vater, der in der Einheit des Hl. Geistes mit Jesus Christus lebt und herrscht in alle Ewigkeit. Amen.

Gabengebet:

Dreifaltiger Gott, du bist ein Gott, der uns liebt. Wir beten dich in drei Personen an. Hier am Altar bist du uns besonders nahe. Dafür danken wir durch Jesus Christus, der mit dem Vater in der Einheit des Hl. Geistes lebt und herrscht in Ewigkeit. Amen.

Schlussgebet:

Dreifaltiger Gott, du bist ein Gott, der uns liebt. Das haben wir nun gefeiert. Wir dürfen dich immer besser kennenlernen und dein Geheimnis immer besser verstehen. Du stärkst uns und schenkst uns Mut und Freude für die kommende Woche. Dafür danken wir dir, dem Vater, dem Sohn und dem Hl. Geist, jetzt und in Ewigkeit. Amen.

1. Sonntag im Jahreskreis:
Taufe des Herrn: Jesus Christus – Jesus, der Gesalbte

Vorbemerkung:

Die Taufe Jesu hat zwar eine andere Bedeutung als die Taufe eines Christen. Die Verbindung wird trotzdem über die Symbole Wasser und Öl und die Liebe und Annahme durch Gott hergestellt.
Die Taufe Jesu wurde – besonders im Osten – schon immer als Urbild des Taufsakramentes gesehen. Sie ist ein wichtiges heilsgeschichtliches Ereignis, weil sich dadurch die Gottessohnschaft offenbart und Jesus vor dem öffentlichen Wirken mit dem Hl. Geist zum Messiasamt gesalbt wird. Das legt es nahe, sich auch einmal mit Salbung zu beschäftigen, zumal wir Jesus ja immer als den Gesalbten, den Christus oder Messias ansprechen und uns selbst als Gesalbte, als Christen bezeichnen.
(Nach: Adolf Adam, Rupert Berger: Pastoralliturgisches Handlexikon, S. 505/ S. 507)

Vorbereitungen:

- *Gefäß mit Salböl*
- *Bild von Salbung bei der Taufe*

Einführung:

Liebe Kinder, liebe Christen, heute feiern wir das Fest „Taufe Jesu“. Jesus wird als erwachsener Mann von Johannes dem Täufer getauft. Die meisten von uns sind als Baby getauft worden. Mit unserer Taufe begann die Freundschaft mit Jesus.

In Erinnerung an unsere Taufe besprengt uns nun der Priester mit Weihwasser. Wir danken dabei Gott, dass wir ihn als Freund haben. Inzwischen singen wir das von unserer Taufe.

Taufgedächtnis – Asperges:

Anstelle des Schuldbekenntnisses besprengt der Priester die Gemeinde mit Weihwasser zur Erinnerung an die Taufe.

Lied: „Ich habe einen Namen“

Text: Rolf Krenzer, Musik: Peter Janssens, aus: „Kommt alle und seid froh“, 1982

2. Ich heiße … , und ich bin getauft.
Ja, du heißt … , und du bist getauft.

3. Wir haben einen Namnen, und wir sind getauft.
Wir haben einen Namnen, und wir sind getauft.

Kyrie:

1) Jesus, in der Taufe wurdest du unser Freund.
   Kyrie eleison.

2) Jesus, in der Taufe wurdest du unser Bruder.
   Christe eleison.

3) Jesus, in der Taufe wurdest du unser Herr.
   Kyrie eleison.

Tagesgebet:

Lieber Gott, wir dürfen deine Freunde sein. Bei der Taufe hast du uns angenommen, wie wir sind. Du freust dich, wenn wir zu dir kommen und auf dein Wort hören. Dafür danken wir durch Jesus Christus (den Gesalbten) unseren Herrn. Amen.

Vor der Lesung:

Wir hören jetzt in der Lesung, dass Jesus nicht nur der Getaufte, sondern auch der Gesalbte ist:

Lesung: (Apg 10,34a.37-38)

Lesung aus der Apostelgeschichte.

Petrus begann zu reden und sagte:
Ihr wisst, was im ganzen Land der Juden geschehen ist,
angefangen in Galiläa, nach der Taufe, die Johannes verkündet hat:
Wie Gott Jesus von Nazaret gesalbt hat mit dem Hl. Geist und mit Kraft.
Wie Jesus umherzog, Gutes tat und alle heilte,
die in der Gewalt des Teufels waren;
denn Gott war mit ihm.

Wort des lebendigen Gottes.

Evangelium (Mk 1,2-11)

Predigtteil:

Liebe Kinder, liebe Christen, Jesus wurde von Johannes im Jordan mit Wasser getauft. Bei unserer Taufe wurden auch wir mit Wasser übergossen. Wir wurden aber auch mit heiligem Öl, mit Chrisam, gesalbt.

Ich habe heute etwas Besonderes mitgebracht. Das ist ein Gefäß. Darin ist das Chrisam, ein geweihtes Salböl. Unser Bischof (in ...) hat dieses Öl geweiht.
Auch zu Hause haben wir Öl. Wir nehmen Öl zum Kochen und Salat anmachen. Wir kennen auch das Sonnenöl, das uns im Sommer vor zu viel Sonnenstrahlen schützt.
Manche geben sogar Öl – Badeöl – ins Badewasser. Öl ist also gut für die Haut, deshalb kann man sich auch eincremen oder salben mit Öl.
Ein solches Salböl ist das heilige Öl, das Chrisam, das ich hier habe.

Vor langer Zeit wurden mit einem solchen Öl nur wichtige und mächtige Männer gesalbt. Wenn jemand früher ein großes Amt antrat, z. B. Propheten, Priester und auch Könige. Sie wurden dann zum Zeichen ihrer hohen Bedeutung gesalbt.

Alle anderen Menschen mussten deshalb auf die Gesalbten hören und ihnen gehorchen. Die meisten Menschen konnten sich ein solches wertvolles Öl nicht einmal leisten.

Wir nennen Jesus immer „Christus“. Das heißt „der Gesalbte“. Auch Messias heißt „der Gesalbte“. Denn er ist für uns ganz besonders wichtig. Er ist unser König.
Aber wie Jesus werden auch wir „Gesalbte“ genannt, nämlich Christen. Und wir sind bei der Taufe ja alle wirklich gesalbt worden.

Jesus Christus, der (vom Hl. Geist) Gesalbte, will uns sagen:
Nicht nur Könige sollen gesalbt werden!
– Alle meine Freunde sind so wichtig wie (Priester, Propheten und) Könige!
– Alle meine Freunde sprechen von Gott – man soll auf sie hören!
– Alle meine Freunde sollen Gesalbte, also „Christen“ sein!

So ist jeder von uns groß und wichtig wie ein König.
Ja, wir alle haben wie Christus ein königliches Amt.
In Erinnerung an eure Salbung zur Taufe werdet ihr heute wieder gesalbt mit dem Hl. Öl. Und jeder darf sich König nennen! Amen.

Fürbitten:

Pr.: Großer Gott, Jesus hat uns immer wieder gezeigt, dass vor dir alle Menschen wichtig und wertvoll sind. Du liebst jeden Menschen. So beten wir:

1) Für alle Menschen, die allein sind und keine Freunde haben.
Mach sie stark durch deine Liebe.

2) Für alle Menschen, die traurig sind, weil sie etwas nicht können.
Mach sie stark durch deine Liebe.

3) Für alle Menschen, die Angst haben, dass mit ihnen geschimpft wird.
Mach sie stark durch deine Liebe.

4) Für alle Menschen, die von anderen unterdrückt werden.
Mach sie stark durch deine Liebe.

5) Für alle Mächtigen, dass sie nie vergessen: Jeder Mensch ist unendlich wertvoll und wichtig vor Gott.
Mach sie stark durch deine Liebe.

Pr.: Darum bitten wir durch Jesus Christus, den Gesalbten, unseren Herrn. Amen.

Gabengebet:

Guter Gott, durch die Taufe gehören wir zusammen und gehören wir zu dir. So stehen wir nun um deinen Altar und feiern miteinander. Wir danken dir, dass du unser Freund bist und uns liebst. Wir danken dir durch Jesus Christus, den Gesalbten, unseren Herrn. Amen.

Beim ***Segen*** *wird den Kindern das Kreuzzeichen zur Erinnerung an ihre Taufe mit Chrisam auf die Stirn gemacht. (Falls der Segen mit Chrisam nicht möglich ist, soll man unbedingt zur Erinnerung an die Taufe das Weihwasser nehmen.)*

Schlussgebet:

Gott, du salbst uns und machst uns damit besonders wertvoll und wichtig. Das macht uns jeden Tag stark und froh. Dafür danken wir durch Jesus Christus, den Gesalbten, unseren Herrn. Amen.

2. Sonntag im Jahreskreis:
Samuel hört

Vorbereitungen:

- *Spielszene: 3 Kinder, Kassettenrekorder, Decke*
- *Schattenspiel*
- *Schattenspielwand, Lampe*
- *fünf Folienbilder oder Dias (aus Zeitung oder Bildermappe aussuchen und kopieren): Hausfrau, krankes Kind, alter Mensch, Straßenkind, Ausländerkind*
- *Tageslichtprojektor bzw. Diaprojektor*

Einführung:

Liebe Kinder, liebe Christen, wir haben uns wieder versammelt, um zu feiern und auf Gottes Wort zu hören. Wenn wir in der Hl. Schrift lesen, hören wir das Wort Gottes. Zuhören ist eine schwierige Sache. Nicht jeder kann zuhören. Wir wollen schauen und hören, wie es bei Familie Hörnix zugeht

Drei Kinder sitzen vor der Leinwand. Kind 1 hält sich auffällig die Ohren zu. Kind 2 liegt auf dem Boden und hat sich mit einer Decke zugedeckt. Kind 3 hat einen leise spielenden Kassettenrekorder. Man hört die Stimme der Mutter:

Ich brauche jemanden in der Küche zum Helfen! Andreas komm!

Kind 1 hält sich die Ohren zu und ruft immer wieder:
Ich hör nichts mehr! Ich hör nichts mehr!

Stimme der Mutter:
Monika, Monika, komm schnell!

Monika schaut unter der Wolldecke heraus und sagt:
Ich will weiterschlafen! *(Und zieht sich die Decke wieder über den Kopf.)*

Kind 3 stellt den Kassettenrekorder lauter.

Stimme der Mutter:
Johannes, Johannes, komm!

Johannes bewegt sich zur Musik und reagiert nicht.

Schuldbekenntnis:

1) *(Kind 1)* Lieber Gott, manchmal tun wir so, als ob wir nichts hören.

2) *(Kind 2)* Lieber Gott, manchmal wollen wir nicht hören.

3) *(Kind 3)* Lieber Gott, manchmal hören wir nicht, weil um uns zu viel Lärm ist.

Pr.: Der allmächtige Gott erbarme sich unser, er öffne unsere Ohren, damit wir ihn und unsere Mitmenschen hören. Er nehme von uns alle Lasten und Sünden, damit wir nun mit reinem Herzen diese Feier begehen. Amen.

Kyrie *beten*

Tagesgebet:

Guter Gott, du hast uns gerufen. Wir sind gekommen und wollen dein Wort hören. Öffne unsere Ohren und öffne unser Herz, damit wir deine Liebe erfahren durch Jesus Christus, unseren Herrn. Amen.

Lesung: (nach 1 Sam 3b-10)

Die Lesung wird als Schattenspiel dargestellt. Der Lektor liest den Text, der von zwei Kindern dargestellt wird. Für Eli steht am Rand der Leinwand ein Stuhl. Samuel legt sich auf eine flache Liege.

Auch in der heutigen Lesung geht es um das Hören. Der junge Samuel lebt bei dem alten Priester Eli im Tempel. Er hilft Eli, den Dienst im Tempel zu versehen.

Lesung aus dem ersten Buch Samuel.

In jenen Tagen – viele Tausend Jahre vor unserer Zeit – da geschah es:
Der junge Samuel schlief im Tempel des Herrn,
wo die Lade Gottes stand.
Da hörte er eine Stimme: Samuel, Samuel!
Samuel wachte auf und schaute um sich.
Er sah nicht, wer da gerufen hatte.

Auch sein Lehrer Eli, ein weiser und kluger alter Mann,
war im Tempel.

Eli setzt sich auf seinen Stuhl. Er trägt einen langen Bart.

Da lief Samuel zu seinem Lehrer Eli,
verneigte sich und sagte:
Hier bin ich, du hast mich gerufen.
Eli erwiderte: Ich habe dich nicht gerufen.
Geh wieder schlafen.
Da ging Samuel und legte sich wieder schlafen.

Der Herr rief noch einmal: Samuel, Samuel!
Samuel stand auf und ging sofort zu seinem Lehrer Eli.
Er machte eine Verneigung und sprach:
Hier bin ich.
Du hast mich gerufen.
Ich will ein gehorsamer Schüler sein.
Doch der Lehrer Eli erwiderte:
Ich habe dich nicht gerufen, mein Sohn.
Geh und leg dich wieder schlafen!
Samuel kannte die Stimme Gottes noch nicht.
Er legte sich wieder schlafen.

Während er schlief, rief der Herr, Gott, den Samuel wieder,
zum dritten Mal: Samuel, Samuel!
Samuel stand wieder auf, ging zu Eli,
verneigte sich tief
und sagte: Hier bin ich
du, mein Lehrer, hast mich gerufen.

Eli dreht sich nach vorne und fasst sich erkennend an die Stirn, hält dann seine Hand einen Augenblick in der Luft.

Und auf einmal, da merkte Eli,
dass der Herr selbst den Knaben gerufen hatte.
Gott hatte gesprochen.
Da sagte er zu Samuel: Geh, leg dich schlafen!
Wenn Gott dich wieder ruft, dann antworte:
Rede, Herr, dein Diener hört.
Samuel ging und legte sich an seinem Platz nieder.

Eli geht.

Als er schlief, da rief Gott wie die vorigen Male: Samuel, Samuel!
Und Samuel antwortete:
Rede, denn dein Diener hört.

Wort des lebendigen Gottes.

Samuel steht auf und stellt sich in die Mitte. Er hält die Hände an die Ohren.

Sprecher:
Samuel hat etwas gelernt.
Er ist zum Hörenden geworden.
Er hat gelernt:
Ich muss recht zuhören können.
Wenn ich gut zuhören kann, dann gefällt es Gott.
Und ich höre seine Stimme.

Evangelium (Joh 1,35-42)

Predigtteil:

Hören und Zuhören ist gar nicht so einfach, das haben wir schon an unserer Familie Hörnix gesehen. Und wir können es immer wieder selbst erfahren. Es ist auch schwierig, Gottes Stimme zu hören und ihn zu verstehen. An dem jungen Samuel merken wir, dass es gar nicht so einfach ist. Wir sehen Gott nicht direkt und er spricht nicht direkt zu uns – so wie Vater oder Mutter das tun. Gott kann zu uns sprechen über andere Menschen, die Gutes zu uns sagen und die uns brauchen. Manchmal spricht Gott über unser Gewissen. Es sagt uns, wo wir helfen können und wie wir handeln müssen.
Von Samuel können wir aber auch lernen, was wir tun müssen, um die Stimme Gottes in unserem Leben zu hören und zu verstehen: Wir brauchen immer wieder einmal Stille um uns und in uns, so wie die Stille der Nacht. Und wir müssen bereit sein zuzuhören. Samuel zieht sich nicht die Decke über den Kopf. Er steht auf und öffnet seine Ohren – für seinen Lehrer Eli und für Gott.
Und was sagt Gott zu uns: Folgt Jesus nach! Kommt mit Jesus! Lebt so wie Jesus! Davon haben wir im Evangelium gehört. Die Jünger haben von Jesus gehört, sie sind ihm gefolgt und waren begeistert.

Fürbitten:

Pr.: Gott, du sprichst durch Menschen zu uns. Wir wollen deine Stimme durch Menschen hören, die uns brauchen:

Am Tageslichtprojektor werden 5 Menschen gezeigt. 5 Kinder kommen und tragen ihre Geschichte vor.

1) *(Bild von Mutter)* Ich habe so viel Arbeit. Ich brauche jemanden in der Küche zum Helfen.

Priester: Durch diese Mutter kann Gott zu uns sprechen. Wir wollen seine Stimme hören.
Alle: Wir wollen seine Stimme hören.

2) *(Bild von krankem Kind)* Ich bin schon drei Wochen im Krankenhaus und ich muss noch lange da bleiben. Ich bin traurig und allein. Besuch mich doch einmal.

Priester: Durch dieses Kind kann Gott zu uns sprechen. Wir wollen seine Stimme hören.
Alle: Wir wollen seine Stimme hören.

3) *(Bild von altem Mann)* Ich bin schon jahrelang im Altersheim. Niemand kümmert sich um mich. Ich bin ganz allein. Ich wünsche mir, dass du mich besuchst.

Priester: Durch diesen alten Menschen kann Gott zu uns sprechen. Wir wollen seine Stimme hören.
Alle: Wir wollen seine Stimme hören.

4) *(Bild von Straßenkind)* Ich lebe in Ecuador. Ich habe keine Eltern und kein Zuhause. Deshalb muss ich auf der Straße leben. Ich habe kaum etwas zu essen. Du kannst mit einer Spende helfen, dass ich in ein Kinderheim komme.

Priester: Durch dieses Kind kann Gott zu uns sprechen. Wir wollen seine Stimme hören.
Alle: Wir wollen seine Stimme hören.

5) *(Bild von Ausländerkind)* Ich lebe in deiner Nachbarschaft. Aber weil ich anders bin, will keiner etwas mit mir zu tun haben. Ich wünsche mir einen Freund. Spiel mit mir.

Priester: Durch dieses Kind kann Gott zu uns sprechen. Wir wollen seine Stimme hören.
Alle: Wir wollen seine Stimme hören.

Pr.: Hilf uns, auf deine Stimme zu hören durch Jesus, unseren Herrn. Amen.

Gabengebet:

Allmächtiger Gott, du hast uns gerufen und darum sind wir hier. Wir sind jetzt deine Gäste und danken dir. Wir bringen Brot und Wein, damit wir mit Jesus feiern können, deinem Sohn, unserem Herrn. Amen.

Schlussgebet:

Guter Gott, wir haben dein Wort gehört und das Sonntagsfest gefeiert. Du machst uns froh und gibst uns Mut, deine Stimme in unseren Mitmenschen zu hören. Hilf uns dabei durch Jesus Christus, unseren Herrn. Amen.

3. Sonntag im Jahreskreis:
Jesus beruft seine Freunde

Vorbereitungen:

- *Spielszene: zwei Kinder mit Freundschaftsbändchen*
- *langes, buntes Seil oder Band (evtl. aus Wäscheleinen geflochten)*

Einführung:

Liebe Kinder, liebe Christen, wir werden heute wieder etwas von Jesus hören. Jesus will uns wieder zeigen, was für uns wichtig ist. Dazu schauen wir, was sich Susi und Helga zu sagen haben.

Zwei Mädchen kommen: Susi hat ein Freundschaftsbändchen in der Hand, Helga knüpft gerade an einem Bändchen.

Susi: Schau, was ich hier habe.
Helga: Was, ein neues Band!
Susi: Ja, ich habe heute eines von Lisa bekommen. Die macht ihre Bänder immer mit drei Farben.
Helga: Ich mache gerade eines für Jürgen – und es dauert wieder so lange, bis ich es fertig habe.
Susi: Das macht das Band ja so kostbar. Jürgen wird sich sicher freuen.
Sprecher (mit Freundschaftsband in der Hand):
Vielleicht kennt ihr auch so ein Freundschaftsband. Das ist jetzt modern. So ein Band schenkt man einem guten Freund. Vielleicht hast du auch selber schon so ein Freundschaftsband bekommen oder verschenkt.

Kyrie:

Jesus ist unser Freund. Ihn wollen wir grüßen.

1) Jesus, du lädst uns alle ein.
   Kyrie eleison.

2) Jesus, du hast uns alle gern.
   Christe eleison.

3) Jesus, du bist unser Freund.
Kyrie eleison.

Tagesgebet:

Allmächtiger Gott, wir haben uns versammelt, weil wir deine Freunde sind. Diese Freundschaft wollen wir feiern. Als Freund sprichst du zu uns, wenn wir aus der Bibel hören. Wir danken dir durch Jesus Christus, unseren Herrn. Amen.

Vor der Lesung:

Schon immer haben die Menschen gewusst, Freunde sind wichtig. Gute Freunde helfen im Leben. Sie helfen in der Not. Jeder Mensch braucht gute Freunde. Wir hören Gottes Wort zum Thema Freundschaft.

Lesung: (Sir 6,14-17)

Lesung aus dem Buch Jesus Sirach.

Ein treuer Freund ist wie ein festes Zelt.
Wer einen solchen findet,
hat einen Schatz gefunden.
Für einen treuen Freund gibt es keinen Preis,
nichts wiegt seinen Wert auf.
Das Leben ist geborgen bei einem treuen Freund.
Ihn findet, wer Gott fürchtet.
Wer sich an Gott hält,
hält rechte Freundschaft,
wie er selbst, so ist auch sein Freund.

Wort des lebendigen Gottes.

Evangelium (Mk 1,14-20)

Predigtteil:

Liebe Kinder, liebe Christen, wir haben gehört, wie Jesus seine Freunde sucht. Wir haben gehört, wie sich die Menschen freuen, Freunde Jesu zu sein. Für Andreas und Simon war es eine große Freude, zu Jesus zu gehören. Deshalb ließen sie auch alles liegen und stehen, um gute Freunde von Jesus zu werden. Immer mehr Menschen wollten zu Jesus gehören. Immer größer wurde der Kreis der Freunde.
Die Menschen spürten, Jesus ist ein besonderer Freund.
Jesus hält zu seinen Freunden.
Jesus nimmt sich Zeit und hilft gerne.
Auch wir sind Freunde von Jesus geworden. Es ist schön, Jesus als Freund zu haben. Weil uns diese Freundschaft viel bedeutet, wollen wir dafür auch etwas tun.
Deshalb haben wir ihm ein Band der Freundschaft gebastelt. Wir wollen ihm zeigen, dass wir alle Freunde von ihm sein wollen.
Sprecher nimmt langes Band.

Dieses Band zeigt: Wir wollen Freunde Jesu sein.

Fürbitten:

Die Kinder, die die Fürbitten lesen, halten das große Band und bleiben stehen.

Pr.: Guter Gott, wir können alleine nicht leben. Alle Menschen brauchen Freunde.

1) Wir beten für alle einsamen Menschen.
Schenk ihnen Freunde, die ihnen beistehen.

2) Wir beten für alle traurigen Menschen.
Schenk ihnen Freunde, die sie trösten.

3) Wir beten für alle Menschen, die Angst haben.
Schenk ihnen Freunde, die ihnen Mut machen.

4) Wir beten für alle kranken Menschen.
Schenk ihnen Freunde, die sie besuchen.

5) Wir beten für alle Menschen, die von ihren Freunden enttäuscht wurden.
Schenk ihnen die Kraft zur Versöhnung.

Pr.: Gott, wir dürfen deine Freunde sein. Wir vertrauen auf dich, denn deine Freundschaft gilt auf ewig. Dafür danken wir durch Jesus Christus, unseren Herrn. Amen.

Gabenbereitung:

Als Freunde von Jesus kommen wir nun an den Altar. Als Freunde von Jesus halten wir uns an das Freundschaftsband und singen das Lied dazu.

Lied: „Halten wir uns fest am Band"

Text und Melodie: Erhard Hirmer

1) Halten wir uns fest am Band;
halten wir es, Hand an Hand!
Sicher stehen, sicher gehen.
Halten wir zusammen!

2) Keiner muss alleine stehn,
keiner kann verloren gehn.
Sicher stehen, sicher gehen.
Halten wir zusammen!

3) Alle Menschen hier im Land
stehen an demselben Band
Sicher stehen, sicher gehen.
Halten wir zusammen!

4) Halten wir uns fest am Band.
Jesus hält uns an der Hand.
Sicher stehen, sicher gehen.
Er hält uns zusammen!

Gabengebet:

Guter Gott, wir haben uns um deinen Altar versammelt. Wir wollen deine Freunde sein. Das Band der Freundschaft verbindet uns mit dir. Wir halten uns fest an diesem Band. Durch dieses Band werden wir auch untereinander verbunden. Darüber freuen wir uns durch Jesus Christus, unseren Freund und Herrn. Amen.

Vor dem Schlussgebet:

Jeder von euch soll heute ein Freundschaftsband bekommen. Es ist aber noch nicht fertig. Für deinen besten Freund oder deine beste Freundin musst du das Band erst fertigstellen. Sicher hilft dir deine Mama dabei. Du kannst es ganz einfach wie einen Zopf flechten. Du kannst es aber auch nach einer Anleitung basteln. (Wir haben Anleitungen dabei für diejenigen, die eine haben wollen.) Wenn du dieses Band bastelst, schenkst du deinem Freund auch Zeit und Mühe. Du schenkst etwas von dir und das ist besonders wertvoll. Jede gute Freundschaft ist auch eine Freundschaft mit Gott.

Schlussgebet:

Gütiger Gott, wir haben deine Freundschaft gefeiert. Sie ist uns wichtig und wertvoll. Deshalb wollen wir auch anderen von deiner Freundschaft erzählen und neue Freunde für dich finden. Hilf uns dabei durch Jesus Christus, unseren Freund und Herrn. Amen.

Vorbereitungen:

- *Steckbrief Jesu (Plakat)*
- *Wortkarten: Er liebt. / Er heilt. / Er befreit.*
- *Spielszene: Matthäus, Bartimäus, Besessener*
- *für die Spielszene: Bibel, Augenbinde, Strick*

Einführung:

Liebe Kinder, liebe Christen, seit 2000 Jahren fragen sich die Menschen: Wer war dieser Jesus, von dem bis heute noch so viele Menschen reden. Zu seinen Lebzeiten gab es schon verschiedenen Meinungen. Die einen sagten, er ist ein Verbrecher, für die anderen war er Gottes Sohn. Auch wir wollen ihn heute wieder näher kennenlernen und über ihn nachdenken. Wir haben einen Steckbrief verfasst.

Steckbrief wird gezeigt und vorgelesen.

Aufrührer wird gesucht!

Name: Jesus

Beruf: Wanderprediger

Wohnsitz: Ohne feste Bleibe

Besondere Kennzeichen:
- um ihn scharen sich viele Jünger
- verkehrt mit Sündern
- widerspricht Pharisäern und Schriftgelehrten
- wird Sohn Gottes genannt

Tagesgebet:

Guter Gott, wir wollen dich preisen und anbeten. Durch Jesus Christus bist du uns nahe. Er hat uns die Frohe Botschaft gebracht. Dafür danken wir durch Jesus Christus, unseren Herrn. Amen.

Lesung: (Ps 95,1-2.6-7c, siehe Antwortpsalm)

Lesung aus dem Buch der Psalmen.

Kommt, lasst uns jubeln vor dem Herrn.
Und zujauchzen dem Fels unseres Heiles!
Lasst uns mit Lob seinem Angesicht nahen,
vor ihm jauchzen mit Liedern!
Kommt, lasst uns niederfallen, uns vor ihm verneigen,
lasst uns niederknien vor dem Herrn, unserm Schöpfer!
Denn er ist unser Gott,
wir sind das Volk seiner Weide,
die Herde, von seiner Hand geführt.

Wort des lebendigen Gottes.

Evangelium (Mk 1,21-28)

Predigtteil:

Der Steckbrief ist aufgehängt und für alle zu sehen. Nacheinander treten drei Kinder oder Jugendliche auf – Matthäus, Bartimäus, der Besessene –, die erzählen, wie Jesus ihr Leben verändert hat.

Sprecher:
Wir lernen Jesus besser kennen, wenn wir Menschen befragen, die ihm begegnet sind.

Der Apostel Matthäus (hat Bibel in der Hand):
Ich bin ein Apostel. Mein Name ist Matthäus. Ich bin Jesus begegnet.
Ich war ein Zöllner und habe Menschen betrogen. Keiner konnte mich leiden.
Aber Jesus kam in mein Haus und zeigte mir, was wirklich wichtig ist im Leben.

Bartimäus (hat Augenbinde und Blindenarmbinde in der Hand):
Mein Name ist Bartimäus. Ich war blind und konnte nichts sehen. Manchmal war ich sogar blind vor Wut.
Jesus öffnete mir die Augen und ich konnte die Schönheit der Welt und die Liebe Gottes erkennen.

Der Besessene aus dem Evangelium (hat einen Strick in der Hand):
Ich war krank. Ich wusste selbst nicht mehr, was ich tat, so wirr war ich im Kopf. Ich war voll Misstrauen, Angst und Wut auf die Welt. Ich war wie besessen.
Da kam Jesus und veränderte mein Leben. Seine Liebe machte mich frei und glücklich.

Sprecher:
Jetzt verstehen wir, wenn es im Evangelium heißt:
- Die Menschen waren betroffen.
- Er lehrte mit Vollmacht.
- Er befreit von bösen Gedanken

So wollen auch wir uns immer wieder von Jesus begeistern lassen!
Der Steckbrief sagt uns nur Daten über Jesus. Aber diese sind gar nicht so wichtig. Wenn wir Jesus wirklich kennen lernen wollen, dann müssen wir auch darauf schauen, wie Jesus mit den Menschen umgegangen ist und was er bei ihnen bewirkt hat. Davon waren die Menschen beeindruckt. Und sie sagten: Das hat er mit „Vollmacht" getan.

Die Spieler sprechen einen Satz und heften Schilder mit ihren Sätzen zum Steckbrief:

Matthäus: Er liebt.

Bartimäus: Er heilt.

Besessener: Er befreit.

Fürbitten: *(werden von den drei Spielern gesprochen)*

Pr.: Gott, mit Jesus hast du den Menschen den Weg gewiesen. In deinem Namen hat Jesus geholfen. Wir bitten dich:

1) *Matthäus:*
Wir beten für alle Menschen, die Fehler machen und verachtet werden.

Durch gute Menschen können sie dein Liebe spüren.
Alle: Wir bitten dich, erhöre uns.

2) *Bartimäus:*
Wir beten für alle Menschen, die blind sind für das Gute und Schöne in dieser Welt. Gute Menschen können ihnen die Augen öffnen.

3) *Besessener:*
Wir beten für alle Menschen, die krank sind und außer sich sind vor Angst und Wut. Gute Menschen können ihnen helfen.

Pr.: Darum bitten wir durch Jesus Christus, unseren Herrn. Amen.

Gabengebet:

Lieber Gott, wir legen unsere Gaben auf deinen Altar. Durch deine Liebe kannst du unser Leben verändern. Erlöse und befreie uns durch Jesus Christus, unseren Herrn. Amen.

Schlussgebet:

Allmächtiger Gott, dein Sohn Jesus hat durch sein Leben die Welt verändert. Viele Menschen sehen ihn als Vorbild für ihr Leben. Auch wir wollen ihm nachfolgen und den Weg der Liebe gehen. Gib uns dazu Mut und Kraft durch Jesus Christus, unseren Herrn. Amen.

Vorbereitungen:

- *Eine Marionette befindet sich in einem Korb*
- *menschliche „Marionette“: Kind mit fünf Seilen (um Arme, Beine, Brustkorb)*
- *fünf Kinder mit Gegenständen: großer Lutscher, großes Bild von einem Superheldencomic, großes Fernsehbild ....*

Einführung:

Liebe Kinder, liebe Christen, wir haben euch auch etwas Interessantes mitgebracht. Ich habe es hier im Korb.
Sprecher bewegt die Marionette. Hand der Marionette schaut aus dem Korb und winkt.
Da winkt euch ja jemand zu.
Kopf der Marionette wird sichtbar.
Eine lustige Puppe, eine Marionette.
Marionette hüpft aus dem Korb und wird bewegt.
Die Marionette lebt, weil ich sie halte.
Sie lebt nicht selbst, sondern sie macht nur, was ich will.
Bewegen und spielen.
Diese Puppe hängt an mir, sie ist abhängig.
Sie ist nicht frei, und wenn ich sie wieder weglege, dann kann sie nichts mehr tun.
Marionette weglegen.

Schuldbekenntnis:

Wir sind auch oft abhängig von vielen Sachen:

1) Wir sind abhängig von unseren Launen;
   Herr, befreie uns.
2) Wir sind abhängig von anderen Menschen;
   Herr, befreie uns.
3) Wir sind abhängig von der Mode, von dem, was gerade „in" ist;
   Herr, befreie uns.

Vergebungsbitte:

Pr.: Der allmächtige Gott befreie uns, er nehme von uns Sünde und Schuld und führe uns zum ewigen Leben. Amen.

Kyrie: Kyrie eleison – Christe eleison – Kyrie eleison.

Tagesgebet:

Guter Gott, du liebst die Freude und das Leben. Mit unseren Wünschen kommen wir zu dir. Mach uns frei durch dein Wort und hilf uns, das Gute zu erkennen. Darum bitten wir durch Jesus Christus, unseren Herrn. Amen.

Lesung: (Gal 5,1.13-14)

Lesung aus dem Brief an die Galater.

Zur Freiheit hat uns Christus befreit.
Bleibt daher fest
und lasst euch nicht von neuem das Joch der Knechtschaft auflegen!
Ihr seid zur Freiheit berufen, Brüder und Schwestern.
Nur nehmt die Freiheit nicht zum Vorwand für Essen und Trinken,
sondern dient einander in Liebe!
Denn das ganze Gesetz ist in dem einen Wort zusammengefasst:
Du sollst deinen Nächsten lieben wie dich selbst!

Wort des lebendigen Gottes.

Evangelium (Mk 1,29-39)

Predigtteil:

Im Evangelium hören wir, Jesus treibt Dämonen aus. In der Bibel kommen öfter solche „Dämonen" vor. Von Dämonen ist die Rede, wenn jemand besessen ist von einer Idee. Manche sprechen auch von einer Versuchung oder Verführung.
Ich kenne jemanden, der wird von vielen solchen kleinen Dämonen oder Teufelchen hin- und hergerissen. Wir wollen sehen, was damit gemeint ist.

Kind steht da mit 5 Fäden (Seilen): zwei an den Händen, zwei an den Füßen, eines um den Brustkorb. Das Ende des Seiles hält jeweils ein Kind, das für einen „Dämon" spricht. Die Seile hängen anfangs locker durch. Beim ersten Satz des „Dämons" wird das jeweilige Seil gespannt, beim zweiten gezogen, beim dritten die ganze Marionette verrückt. Dies wird bei jedem „Dämon" wiederholt.

Dämon 1 (mit großem Fernseh-Bild):
Ich bin der Fernseh-Teufel und sage dir: Jetzt kommt schon wieder was ganz Tolles im Fernsehen. Schalt sofort ein! Sonst versäumst du was!

Dämon 2 (mit geballter Faust als Bild):
Ich bin der Gewalt-Teufel und sage dir: Lass dir nichts gefallen! Hau zurück! Zeig, wie stark du bist!

Dämon 3 (mit großem Lolli):
Ich bin der Süßigkeiten-Teufel und sage dir: Her mit dem Lutscher! Haben wir heute schon Schokolade? Wo gibt's was zu naschen?

Dämon 4 (mit einem großen gemalten Zifferblatt):
Ich bin der Hektik-Teufel und sage dir: Komm bloß nicht zur Ruhe! Du musst ständig auf Achse sein! Dann kommst du auch nicht zum Nachdenken!

Dämon 5 (mit Bild):
Ich bin der Böse-Worte-Teufel und sage dir: Lass dir nichts gefallen! Verspotte die anderen! Sag Gemeines!

Sprecher:
So geht es uns auch oft. Hin- und hergerissen sind wir von vielen Leidenschaften und Verführungen. Und dann müssen wir uns entscheiden: Was sollen wir da tun?
Jesus will uns frei machen. Du brauchst dich nicht ziehen lassen von so vielen Wünschen und Leidenschaften. Lass dich auch nicht verführen von Werbung und Reklame! Jesus sagt: Ich mache dich frei, dass du sicher und frei durchs Leben gehst. So will Jesus auch unsere Dämonen austreiben.

- Jesus befreit uns vom **Fernsehteufel**. *(Seil wird gelöst.)*
  Alle: Herr, befreie uns.

- Jesus befreit uns vom **Gewaltteufel**. *(Seil wird gelöst.)*
  Alle: Herr, befreie uns.

- Jesus befreit uns vom **Süßigkeitenteufel**. *(Seil wird gelöst.)*
  Alle: Herr, befreie uns.

- Jesus befreit uns vom **Hektikteufel**. *(Seil wird gelöst.)*
  Alle: Herr, befreie uns.

- Jesus befreit uns vom **Böse-Worte-Teufel**. *(Seil wird gelöst.)*
  Alle: Herr, befreie uns.

Jesus will nicht, dass wir Marionetten sind. Jesus will, dass wir frei und glücklich leben.

Fürbitten:

Pr.: Guter Gott, du hast uns zur Freiheit berufen und willst, dass wir frei und glücklich leben. Darum bitten wir:

1) Wir beten für alle Menschen, die ihr Leben vom Fernsehprogramm bestimmen lassen. Gib ihnen die Kraft, den Fernseher auch einmal auszuschalten. Herr befreie uns.
Alle: Herr, befreie uns.

2) Wir beten für alle, die immer gleich zuschlagen. Zeig ihnen, wie man miteinander redet. Herr, befreie uns.

3) Wir beten für alle, die zu viel essen. Gib ihnen die Kraft, nein zu sagen. Herr, befreie uns.

4) Wir beten für alle Süchtigen. Zeig ihnen den Wert ihrer Gesundheit. Herr, befreie uns.

5) Wir beten für alle Menschen, die immer bloß schimpfen. Schenke ihnen ein fröhliches Herz. Herr, befreie uns.

Pr.: Du machst uns frei durch Jesus Christus, unseren Herrn. Amen.

Gabengebet:

Allmächtiger Gott, wir kommen gerne zu dir. Du lädst uns immer an deinen Tisch und bist uns nahe. Du willst uns auch von unseren Lasten befreien. Wir danken dir mit unseren Gaben durch Jesus Christus, unseren Herrn. Amen.

Schlussgebet:

Guter Gott, voll Freude haben wir das Sonntagsfest gefeiert. Du befreist uns von unseren Fesseln und Lasten. Du machst uns zu fröhlichen Menschen durch Jesus Christus, unseren Herrn. Amen.

6. Sonntag im Jahreskreis:
Heilung eines Aussätzigen

Vorbereitung:

- *ausgeschnittene oder aufgemalte Hände aus buntem Tonpapier für jedes Kind (können vorbereitet oder von den Kindern mitgebracht werden)*
- *Auf diese Hände schreibt jedes Kind vor dem Gottesdienst seinen Namen und bringt sie zu einer Pinnwand vor dem Altar.*
- *Wortkarten: „Hände reichen", „helfen", „führen", „streicheln", „halten"*

Einführung:

Liebe Kinder, liebe Christen, in vielen Farben könnt ihr eure Handabdrücke hier vor dem Altar wiedererkennen (auf die Pinnwand zeigen).
Dies sind eure Hände. Und wenn wir unsere eigene Hand betrachten, dann können wir feststellen, unsere Hände sind ein großes Wunder. Man kann damit so viel machen.
Wir können mit den Händen greifen, schreiben, malen, basteln, schneiden ...
Heute hören wir eine Wundergeschichte, bei der Hände wichtig sind.

Tagesgebet:

Allmächtiger Gott, Schöpfer der Welt, du hast die Welt so wunderbar erschaffen. Du liebst deine Geschöpfe. Wir staunen über die Wunder dieser Welt. Wir danken dir durch Jesus Christus, unseren Herrn. Amen.

Lesung: (Lev 13,1-2.43ac.44ab.45-46)

Es bietet sich an, dass die Lesung von demjenigen vorgelesen wird, der später in der Rolle des Aussätzigen auftritt. Entsprechende Kleidung (zerrissener Umhang, Kopf verhüllt, vgl. Lesung) lässt die Zuhörer aufmerksam werden.

Evangelium (Mk 1,40-45)

Predigtteil:

Liebe Kinder, liebe Christen, könnt ihr euch vorstellen, wie froh der Mann war, der von Jesus geheilt wurde? Ich kann ihn gut verstehen, wenn er jedem weitererzählen will, was ihm passiert ist und wie es ihm jetzt geht. Damit wir wirklich alle verstehen, was die Wunder Jesu bewirken, spielt uns ... den Geheilten, den wir jetzt befragen wollen.

1) Wie war dein Leben als Aussätziger?
Die Krankheit selber ist schon schlimm. Als Aussätziger fühlst du dich immer müde und matt. Durch viele Flecken und Beulen wird man immer hässlicher. Du musst dich von allen Menschen fernhalten und darfst keinen berühren. Wir mussten sogar außerhalb der Stadt leben.
So war ich als Lebender schon wie tot. Ich hatte keine Freude mehr im Leben.

2) Wie hat Jesus dich geheilt?
Jesus hatte Mitleid mit mir. Er streckte seine Hand aus und berührte mich. Und er sagte: Ich will es – werde rein!
Er hat mich berührt – mit seinen guten Händen. Das Wunder geschah durch seine Hände.

3) Warum hast du dieses Wunder weitererzählt, obwohl es Jesus verboten hat?
Wenn du so ein Wunder am eigenen Leib erfährst und so viel Liebe durch einen Menschen verspürst, musst du es einfach allen weitersagen.
So viel Freude, so viel Liebe, so ein großes Wunder! Ich werde Gott dafür immer dankbar sein.

Sprecher:
Wir haben gehört, durch Jesu Hände geschah dieses Wunder der Liebe. Ich glaube, dieses Wunder soll uns dazu ermutigen, dass auch wir andere mit unseren Händen glücklich machen.

Statt Fürbitten: Vorsätze

Die Sprecher zeigen die Wortkarten und heften sie zu den Händen an die Pinnwand.

1) *Karte „reichen"*
Viele Menschen leben in Feindschaften.
Ich will meine Hand einem Menschen reichen, mit dem ich zerstritten bin.
Alle: Wir bitten dich, erhöre uns.

2) *Karte „helfen"*
Viele Menschen brauchen Hilfe.
Mit meinen Händen will ich arbeiten und helfen.

3) *Karte „führen"*
Viele Menschen sind hilflos und behindert.
Ich will mit meinen Händen Menschen führen, die sich fürchten und unsicher sind.

4) *Karte „trösten"*
Viele Menschen sind krank und haben Schmerzen.
Ich will Kranke streicheln und sie trösten.

5) *Karte „halten"*
Viele Menschen sind traurig, wenn sie jemanden verloren haben. Ich will dem die Hände halten, der sich einsam fühlt.

6) *Karte „reichen"*
Es gibt Menschen, mit denen keiner etwas zu tun haben will.
Ich will denen meine Hände reichen, die keine Freunde haben.

Gabengebet:

Guter Gott, mit unseren Händen bringen wir Brot und Wein, die Frucht der Erde und der menschlichen Arbeit. Nimm diese Gaben an und hilf uns, nach deinem Willen zu leben.

Vor dem Schlussgebet:

Liebe Kinder, ihr dürft heute die Hand mit eurem Namen wieder mitnehmen. Vielleicht hängt ihr sie irgendwie auf zu Hause oder ihr legt sie auf euer Nachtkästchen, damit ihr immer wieder daran denkt: Wir wollen mit unseren Händen Gutes tun.

Schlussgebet:

Gott, du Spender alles Guten, du hast uns das Brot des Himmels geschenkt. Begleite uns auf unseren Wegen, damit wir mit unseren Händen auch Gutes tun. Darum bitten wir durch Jesus Christus, unseren Herrn. Amen.

7. Sonntag im Jahreskreis
Die Heilung des Gelähmten

Vorbereitungen:

- *Rollstuhl*
- *Wortkarten: „Angst", „Bequemlichkeit", „schlechtes Gewissen", „Sorgen", „Trauer"*

Einführung:

Liebe Kinder, liebe Christen, heute haben wir etwas mitgebracht, was ihr alle kennt.
Rollstuhl wird hereingeschoben.
Ihr wisst, wie es heißt und wofür man es braucht.
Antworten der Kinder.

Menschen, die nicht gehen können und sich nicht bewegen können, brauchen einen solchen Rollstuhl. Ich glaube, manchmal sind wir auch wie gelähmt. Auch wenn wir gehen können, sind wir oft starr und unbeweglich. Das kann viele Gründe haben.

Kinder kommen mit Wortkarten und sprechen. Die jeweilige Wortkarte wird dann an den Rollstuhl geheftet.

1) *Kind mit der Karte „ANGST":*
   Oft bin ich gelähmt vor Angst. Ich fürchte, dass etwas Schlimmes passiert und kann nichts mehr tun.

2) *Kind mit der Karte „BEQUEMLICHKEIT":*
   Oft lähmt mich meine eigene Bequemlichkeit. Ich bin faul und bleibe einfach liegen.

3) *Kind mit der Karte „SCHLECHTES GEWISSEN":*
   Wenn ich etwas angestellt habe, drückt mich mein schlechtes Gewissen und ich traue mich nichts mehr zu tun.

Sprecher mit den Wortkarten „SORGEN“, „TRAUER“:
Auch Trauer, Kummer und Sorgen können uns lähmen.
Gott will, dass es uns gut geht. Er will helfen. Wir beten.

Kyrie: *(beten oder singen)*

Herr, erbarme dich – Christus, erbarme dich – Herr, erbarme dich.

Tagesgebet:

Barmherziger Gott, du hast durch deinen Sohn zu uns gesprochen. Wir wollen dein Wort hören und darüber nachdenken, damit wir reden und tun, was dir gefällt. Darum bitten wir durch Jesus Christus, unseren Herrn. Amen.

Lesung (Jes 43,18-19.21-22.24b-25)

Vor dem Evangelium:

Zur Zeit Jesu gab es keine Rollstühle und keine geteerten Straßen. Wenn ein Gelähmter irgendwo hin wollte, dann musste man ihn mit einer Tragbahre schleppen. Einen Gelähmten gab es, der hatte seine ganze Hoffnung auf Jesus gelegt. Von ihm wollen wir jetzt hören.

Evangelium (Mk 2,1-12)

Predigtteil:

Jesus hat den Gelähmten geheilt. Das war eine große Freude. Er nahm sogar seine Bahre und ging nach Hause. Jesus will auch uns heilen. Er will uns von all dem befreien, was uns lähmt, damit das Leben Freude macht.
Jesus ist uns nahe, wenn wir Kummer und Sorgen haben und wenn wir traurig sind. *Die Karten „Sorgen" und „Trauer" werden vom Rollstuhl genommen.*

Kinder kommen und sprechen einen Satz. Die entsprechende Karte wird dabei ebenfalls vom Rollstuhl entfernt.

1) Jesus hilft, dass wir unsere Ängste überwinden.
   Karte „Angst" entfernen.

2) Jesus rüttelt uns aus unserer Bequemlichkeit.
   Karte „Bequemlichkeit" entfernen.

3) Das schlechte Gewissen muss uns nicht lähmen. Jesus verzeiht uns.
   Karte „schlechtes Gewissen" entfernen.

Fürbitten:

Pr.: Lieber Gott, deine Botschaft gibt Kraft und ermutigt die Menschen. Wir bitten dich:

1) Wir beten für alle Menschen, die von Angst gelähmt sind.
Schenk ihnen Mut und Kraft.
Alle: Schenk ihnen Mut und Kraft.

2) Wir beten für alle Menschen, die aus Faulheit und Bequemlichkeit lahm sind. Schenk ihnen Mut und Kraft.

3) Wir beten für alle Menschen, die einen Fehler gemacht haben und nun ein schlechtes Gewissen haben.
Schenk ihnen Mut und Kraft.

4) Wir beten für alle Menschen, die Kummer und Sorgen haben.
Schenk ihnen Mut und Kraft.

5) Wir beten für alle Menschen, die trauern.
Schenk ihnen Mut und Kraft.

Pr.: Guter Gott, auch wir können mithelfen, dass die Welt ein Stück lebendiger wird durch Jesus Christus, unseren Herrn. Amen.

Gabengebet:

Allmächtiger Gott, du erfüllst die Welt mit Leben. Du gibst den Lahmen Mut und Kraft. Du stärkst uns mit Brot und Wein. Wir danken dir durch Jesus Christus, unseren Herrn. Amen.

Schlussgebet:

Du stärkst uns mit dem Brot des Lebens und erfüllst die Welt mit deiner Liebe. Bleib bei uns mit Jesus Christus, unserem Herrn. Amen.

8. Sonntag im Jahreskreis:
Mit Jesus kommt eine neue Zeit

Vorbereitungen:

- *Spielszene: „frommer Mann"*
- *Tafel, auf die mit Kreide drei Sätze geschrieben sind*
- *Kreide*
- *Schwamm*

Einführung:

Liebe Kinde, liebe Christen, immer wieder will uns Gott mit seiner Botschaft etwas sagen. Da können uns die Jesusgeschichten helfen, Gott immer mehr zu verstehen. Heute lernen wir einen Mann kennen, der uns zeigt, wie viele Menschen zur Zeit Jesu gedacht haben. Sie waren oft sehr traurig, weil sie sich fürchteten.

Ein Kind kommt und spricht (im Jammerton, übertrieben):

Ja, es ist schlimm. Wenn ich Gott gefallen will, muss ich viel fasten und Opfer bringen. Denn wenn ich viel faste, dann schickt Gott auch bald den Messias, auf den wir warten. Wenn wir die Gebote nicht halten, dann schickt er uns eine Strafe. Er ist nämlich ein strenger Gott. Deshalb haben wir nicht viel zu lachen. Wer zu Gott gehört, der muss ernst schauen. Besonders in der Kirche! Das gilt auch für euch! Ja, es ist schlimm!
Ich habe es auch für euch aufgeschrieben.
Tafel mit den drei Sätzen wird umgedreht oder hergezeigt. Der Mann liest die Sätze vor.

Du musst Opfer bringen,
damit Gott dich mag.
Gott bestraft uns.
In der Kirche darfst du nicht lachen.

Sprecher:
Was Jesus wohl zu solchen Sätzen sagt? Ob er mit diesen Sätzen einverstanden ist, das werden wir im Evangelium erfahren.

Kyrie:

1) Herr Jesus Christus, du willst uns eine frohe Botschaft bringen.
   Kyrie eleison.

2) Herr Jesus Christus, du erzählst uns von Gott, der uns liebt.
   Christe eleison.

3) Herr Jesus Christus, du willst, dass es uns gut geht.
   Kyrie eleison.

Tagesgebet:

Guter Gott, du liebst alle Menschen. Wir freuen uns und danken dir für das Leben, das du immer wieder neu schenkst. Deine Botschaft hilft uns, dass unser Leben gelingt und wir frohe Menschen werden durch Jesus Christus, unseren Herrn. Amen.

Lesung (2 Kor 3,1b-6)

Evangelium (Mk 2,18-22)

Predigtteil:

Jesus bringt uns eine neue, eine frohe Botschaft. Er sagt: Ihr müsst nicht fasten, damit Gott euch hilft. Ihr braucht euch vor Gott und seinen Strafen nicht fürchten, weil Gott nur Gutes für euch will. Er will, dass ihr fröhlich seid und euch am Leben freut.
Der ängstlich-traurige Mann kommt wieder und spricht:
Das ist ja einen ganz neue Botschaft. Jesus will diese Sätze nicht.
Er löscht die Sätze mit dem Schwamm von der Tafel.
Gott liebt alle Menschen.
Gott will, dass es dir gut geht.
Freut euch alle.

Die drei neuen Sätze werden an die Tafel geschrieben.
Da geht es mir gleich viel besser. Da brauche ich keine Angst mehr zu haben.

Gott liebt alle Menschen.
Gott will, dass es dir gut geht.
Freut euch alle.

Sprecher:
Das tut uns allen gut. Das ist wirklich eine frohe Botschaft, die für uns alle gilt.

Fürbitten:

Pr.: Herr, du bist ein Gott der Liebe und sorgst dich um die Menschen.

1) Wir bitten dich für alle Menschen, die vor Gott und vor Strafe Angst haben. Deine neue Botschaft soll sie froh machen.
Alle: Wir bitten dich, erhöre uns.

2) Wir bitten dich für alle Menschen, die dich mit einem Opfer gut stimmen wollen.
Deine neue Botschaft soll sie froh machen.

3) Wir bitten dich für alle Menschen, die glauben, dass sie sich nicht freuen dürfen.
Deine neue Botschaft soll sie froh machen.

Pr.: Denn du machst alles neu durch Jesus Christus, unseren Herrn. Amen.

Gabengebet:

Guter Gott, wir bringen Brot und Wein, die Gaben des Lebens und der Freude. So feiern wir deine große Liebe durch Jesus Christus, unseren Herrn. Amen.

Schlussgebet:

Gott, unser Vater, dein Wort macht uns froh. So stärkst du uns immer wieder, deine Liebe weiterzugeben durch Jesus Christus, unseren Herrn. Amen.

9. Sonntag im Jahreskreis:
Den Sonntag heiligen

Vorbereitung:

- *Spielszene: Erzähler, sechs Kinder*
- *Tisch mit Stühlen oder Bank*
- *Ortsschild Freudenstadt*
- *Ortsschild Werklingen*

Einführung:

Liebe Kinder, liebe Christen, wir haben uns heute, am Sonntag, wieder versammelt und wollen miteinander feiern. Wir hören heute, wie Jesus nach den Geboten gefragt wird. In den zehn Geboten steht: „Haltet den Sabbat heilig!“ Für uns ist das der Sonntag. So halten wir den Sonntag heilig und beten miteinander.

Kyrie:

1) Herr Jesus Christus, du schenkst uns dein gutes Wort.
Kyrie eleison.

2) Herr Jesus Christus, du weißt, was für uns gut ist.
Christe eleison.

3) Herr Jesus Christus, wir wollen den Sonntag heilig halten.
Kyrie eleison.

Tagesgebet:

Gott, unser Vater, jeden Sonntag feiern wir miteinander. Wir hören deine Frohe Botschaft. Wir loben und preisen dich heute und in alle Ewigkeit. Amen.

Statt Lesung: Geschichte Werklingen

(nach: Josef Osterwalder, Erzähl mir eine Geschichte von Gott. Kleines Glaubensbuch für Kinder. Topos Taschenbuch 178, Matthias-Grünewald-Verlag, Mainz 1989, S. 72f.; bearbeitet von Anton Dinzinger und Heidi Ehlen)

Die Geschichte wird vom Erzähler vorgelesen, dazwischen kommen Kinder, die Rollen übernehmen: drei Einwohner von Werklingen und drei Kinder aus Werklingen.

Erzähler:

Ich erzähle euch von einem kleinen Ort. Der hieß eigentlich Freudenstadt. Ein hübscher Fleck Erde, wo die Leute sehr glücklich waren.

Drei Kinder kommen herein mit einem großen Ortsschild „Freudenstadt" in der Hand und setzen sich um einen Tisch bzw. auf eine Bank. Offensichtlich gut gelaunt, sprechen sie folgende Sätze:

1) Wir Leute aus Freudenstadt lachen oft.
2) Wir sitzen gern zusammen und feiern miteinander.
3) Der Sonntag ist am schönsten. Wir treffen uns in der Kirche und genießen den ganzen freien Tag. Oft haben wir noch einen Feiertag in der Woche.

So lebten sie glücklich und zufrieden. Nur, die Leute wurden nicht reich. Die Häuser waren kleiner als in anderen Städten. Manchmal schämten sie sich deshalb.

1) Es muss etwas geschehen.
Spieler stehen auf. Sie stecken die Köpfe zusammen.
Alle: Jawohl!
2) Keine Feiertage mehr in der Woche!
Alle: Jawohl!
3) Wir arbeiten auch am Sonntag!
Alle: Jawohl!
Und vorgeschlagen wurde, die Frauen ebenfalls in die Fabriken zu schicken. Viele Frauen waren aber daheim mit ihrer Familie beschäftigt und mit der Pflege von Eltern und Großeltern. Die Einwohner von Freudenstadt beschlossen:

1) Kinder sollen ins Tagesheim!
2) Die Alten ins Altersheim!
3) Die Kranken ins Pflegeheim!

Rasch wurde alles gebaut. Freudenstadt wurde zum großen Bauplatz. Baufirmen tummelten sich, rissen ab, bauten auf, walzten Plätze, verbreiterten Straßen.

1) Warum heißen wir Freudenstadt?
2) Werklingen sollten wir heißen!
Ortsschild „Werklingen" wird über „Freudenstadt" geklebt.

3) Das klingt viel besser.
Alle: Jawohl!

Werklingen wurde groß, grau, laut, langweilig und gefährlich. Auf den breiten Straßen rasten die Autos. Fußgänger fürchteten sich. Die Leute trafen sich kaum noch, kannten sich nicht, grüßten sich nicht.
Manchmal schlichen sich die Kinder aus dem Tagesheim zu den Großeltern im Altersheim.

Drei andere Kinder kommen:

4) Es gefällt uns nicht in Werklingen.
5) Stimmt es, dass es früher Freudenstadt hieß?
6) Und war es auch fröhlicher?

Und die Großeltern erzählten:
Ja, das stimmt! Es war viel fröhlicher. Und angefangen hat alles damit, dass sie den Sonntag abgeschafft haben.

Evangelium (2,23-28, Kurzfassung)

Predigtteil:

Jesus sagt: Der Sabbat ist für den Menschen da.
An der Geschichte der Menschen aus Werklingen haben wir gemerkt, was er damit meint.

- Es tut den Menschen gut, auszuspannen und Ruhe zu haben.
- Es tut den Menschen gut, nicht nur an Geldverdienen und Arbeit zu denken, sondern sich auch zu treffen und miteinander zu reden.
- Es tut den Menschen gut, Gott zu danken und zu feiern.

Die Pharisäer fragten Jesus nach dem Sabbatgesetz. Nach diesem Gesetz dürfen die Juden am Sabbattag nicht arbeiten, auch nicht die Ähren abreißen.
Und Jesus meint: Der Sabbat ist wichtig, weil er für den Menschen gut ist. Die Gesetze sind wichtig, weil sie für den Menschen gut sind.
Gott hat die Gebote aus Liebe zu den Menschen gemacht. Und so steht die Liebe über allen Gesetzen und Geboten.

Fürbitten:

Pr.: Guter Gott, du hast uns den Sonntag als Tag der Ruhe und Besinnung geschenkt. Wir beten:

1) Wir denken an alle Menschen, die am Sonntag arbeiten müssen.
Lass sie deine Nähe spüren.
Alle: Lass sie deine Nähe spüren.

2) Wir denken an alle Menschen, die am Sonntag alleine und einsam sind.
Lass sie deine Nähe spüren.

3) Wir denken an alle Familien, die den Sonntag miteinander verbringen.
Lass sie deine Nähe spüren.

4) Wir denken an alle Menschen, die keine Zeit zum Beten finden.
Lass sie deine Nähe spüren.

5) Wir denken an alle Menschen, die am Sonntag miteinander beten und feiern.
Lass sie deine Nähe spüren.

Pr.: Guter Gott, du zeigst uns, was im Leben wichtig ist. Dafür danken wir durch Jesus Christus, unseren Herrn. Amen.

Gabengebet:

Gütiger Gott, du hast die Erde erschaffen und den Sonntag geheiligt. Im Vertrauen auf deine Güte bringen wir Gaben zu deinem Altar. In Brot und Wein bist du in unserer Mitte. Dafür danken wir durch Jesus Christus, unseren Herrn. Amen.

Schlussgebet:

Allmächtiger Gott, dir zu Ehren haben wir den Sonntag gefeiert. Durch unser Reden und Tun wollen wir den Sonntag heilig halten. So danken wir durch Jesus Christus, unseren Herrn. Amen.

10. Sonntag im Jahreskreis:
Brüder und Schwestern

Vorbereitung:

- *Menschenkette (gefaltetes Papier)*
- *gefaltetes Papier als Menschenkette für jedes Kind*
- *Lied: „Wir bilden eine Kette“*

Einführung:

Liebe Schwestern, liebe Brüder, vielleicht mag diese Anrede seltsam erscheinen, aber hier in der Kirche können wir uns so nennen.
Viele von uns haben einen Bruder oder eine Schwester. Wir gehören zu einer Familie. Einige Kinder möchten uns von ihren Geschwistern erzählen.

Mögliche Beispiele:
Mädchen erzählt:
Ich habe einen großen Bruder. Der ärgert mich oft. Dann nennt er mich dumme Ziege. Aber oft bin ich froh, dass ich ihn habe. Manchmal spielt er mit mir. Er beschützt mich, wenn ich mich fürchte. Er hilft mir auch bei den Hausaufgaben. Wenn's drauf ankommt, halten wir zusammen. Gut, dass ich ihn habe.

Junge erzählt:
Ich habe eine kleine Schwester. Die kann ganz schön nerven! Manchmal streiten wir, dass die Fetzen fliegen. Aber dann ist sie wieder ganz lieb und nett. Sie kann sehr lustig sein. Wenn's drauf ankommt, halten wir zusammen. Gut, dass ich sie habe.

Sprecher:
Es gibt zwar oft Streit unter Geschwistern. Sie haben aber auch viel Freude miteinander. Schließlich gehören sie zusammen.

Kyrie:

1) Herr Jesus Christus, du führst uns zu deinem Fest zusammen.
   Kyrie eleison.

2) Herr Jesus Christus, du schenkst uns dein gutes Wort.
   Christe eleison.

3) Herr Jesus Christus, du versammelst uns um deinen Altar.
   Kyrie eleison.

Tagesgebet:

Guter Gott, wir dürfen in einer Familie leben. Viele haben Brüder und Schwestern. Niemand braucht alleine sein. Führe auch uns immer wieder zusammen durch dein Wort. Darum bitten wir durch Jesus Christus, unseren Herrn. Amen.

Lesung: (Gal 3,26-29)

Lesung aus dem Brief an die Galater.

Ihr seid alle durch den Glauben
Gottes Kinder in Christus Jesus.
Ihr seid auf Christus Jesus getauft
und habt ihn gleichsam wie ein Gewand angezogen.
Es gibt jetzt nicht mehr den Unterschied
zwischen Juden und Griechen,
zwischen Sklaven und Freien,
zwischen Mann und Frau.
Durch Jesus Christus seid ihr alle eins geworden.

Wort des lebendigen Gottes.

Evangelium: (Mk 3,20.23-25.31-35, gekürzt)

Aus dem heiligen Evangelium nach Markus.

In jener Zeit ging Jesus in ein Haus,
und wieder kamen so viele Menschen zusammen,
dass er und die Jünger nicht einmal mehr essen konnten.
Da rief er sie zu sich
und belehrte sie in Form von Gleichnissen: ...
Wenn ein Reich in sich gespalten ist,
kann es keinen Bestand haben.
Wenn eine Familie in sich gespalten ist,
kann sie keinen Bestand haben.

Da kamen seine Mutter und seine Brüder.
Sie blieben vor dem Haus stehen
und ließen ihn herausrufen.
Es saßen viele Leute um ihn herum,
und man sagte zu ihm:
Deine Mutter und deine Brüder stehen draußen
und fragen nach dir.
Er erwiderte:
Wer ist meine Mutter,
und wer sind meine Brüder?
Und er blickte auf die Menschen,
die im Kreis um ihn herumsaßen
und sagte: Das hier sind meine Mutter und meine Brüder.
Wer den Willen Gottes erfüllt,
der ist für mich Bruder und Schwester und Mutter.

Predigtteil:

Liebe Kinder, liebe Christen – liebe Brüder und Schwestern, Jesus muss ein besonderer Mensch gewesen sein. So viele Menschen kamen zu ihm, dass er mit seinen Freunden gar nicht mehr zum Essen kam. Andere schüttelten den Kopf, weil sie ihn nicht verstehen konnten. Deshalb sprach er oft in Gleichnissen. Heute will er seinen Freunden sagen, wie wichtig es ist, dass sie zusammenhalten. Er nennt seine Freunde Brüder und Schwestern. Geschwister halten zusammen. Sie gehören zusammen, auch wenn sie manchmal streiten. Jesus sagt: Wer den Willen Gottes erfüllt, der ist für mich Bruder und Schwester und Mutter.

Deswegen können wir uns also Schwestern und Brüder nennen. Und schließlich haben wir auch alle den gleichen Vater im Himmel.

Wir können das auch zeigen, dass wir eine große Familie sind. Wenn wir uns die Hände geben, sieht jeder, dass wir zusammengehören. Wir wollen eine große Kette machen und unser neues Lied singen. Wir wollen sehen, wie lange die Kette der Christen wird.

Kinder kommen aus den Bänken und fassen sich an den Händen, sodass sie eine lange Kette bilden. Je nach Situation werden die Erwachsenen aufgefordert, sich in die Kette einzureihen oder sich in den Bänken ebenfalls die Hände zu reichen.

Lied: **„Wir bilden eine Kette"**

Text und Melodie: Anneliese Danner

2. Sind Brüder und sind Schwestern
und reichen uns die Hand.
Und Jesus liebt uns alle
und hält uns in der Hand.
Ja, ja, Jesus liebt uns,
wir gehören zusammen.
Ja, ja, Jesus liebt uns,
wir sind nie allein.

Sprecher:
Das ist aber jetzt eine lange Kette (eine Menschenkette, eine Kette der Christen) geworden! Wir spüren, dass wir zusammengehören und Brüder und Schwestern sind. Keiner muss alleine sein.
So können wir das Glaubensbekenntnis sprechen. Denn der Glaube hält uns zusammen wie eine Familie.

Fürbitten:

Können von den Kindern auch von ihrem Platz in der Kette aus gesprochen werden.

Pr.: Allmächtiger Gott, guter Vater, du hast uns wie eine große Familie zusammengeführt. Wir dürfen uns Brüder und Schwestern nennen.
Wir beten, dass sich alle Hände zur Versöhnung reichen.

1) Wir beten für alle Menschen, die sich von ihrer Familie getrennt haben: Dass sie sich die Hände zur Versöhnung reichen.

2) Wir beten für alle Geschwister, die sich gestritten haben: Dass sie sich die Hände zur Versöhnung reichen.

3) Wir beten für alle Menschen, die nicht mehr miteinander sprechen. Dass sie sich die Hände zur Versöhnung reichen.

4) Wir beten für alle Christen, die sich nicht vertragen:
Dass sie sich die Hände zur Versöhnung reichen.

5) Wir beten für alle evangelischen und katholischen Christen:
Dass sie sich die Hände zur Versöhnung reichen.

Pr.: Denn du willst, dass wir nicht alleine sein müssen durch Jesus Christus, unseren Herrn. Amen.

Die Menschenkette bewegt sich nun zum Altar, sodass zur Gabenbereitung alle Kinder um den Altar stehen.

Gabengebet:

Guter Gott, wir stehen wie Brüder und Schwestern um deinen Altar. Du hältst uns zusammen. Stärke unsere Gemeinschaft mit Brot und Wein. Darum bitten wir durch Jesus Christus, unsern Herrn. Amen.

Zum Vaterunser:

Jesus sagt: Wir dürfen Gott unseren Vater nennen. Das macht uns zu Schwestern und Brüdern. Als Brüder und Schwestern wollen wir miteinander das Vaterunser sprechen.

Zum Friedensgruß:

Menschen streiten oft. Trotzdem gehören sie zusammen. Unsere Hände sind wichtig. Sie können zeigen, wie wir als Schwestern und Brüder zusammengehören.

Nach der Kommunion:

Sprecher zeigt eine Menschenkette aus Papier.
Unsere Menschenkette hat uns gezeigt, dass wir zusammengehören. Ich habe hier auch eine Menschenkette. Sie kann uns daran erinnern, wie wichtig und schön es ist, dass wir zusammengehören und zusammenhalten. Du kannst dir selbst eine solche Kette machen. Wir haben hier das gefaltete Papier. Du brauchst zu Hause nur die aufgemalte Figur ausschneiden und auseinander falten. Schon kannst du dir eine Menschenkette aufhängen, die dir sagt: Als Chris-

ten gehören wir wie Brüder und Schwestern in einer großen Familie zusammen. Jesus verbindet uns.

Schlussgebet:

Großer Gott, wir haben gespürt, dass wir zusammengehören. Vor dir sind wir eine große Familie. Als Schwestern und Brüder wollen wir miteinander leben. Begleite uns dabei Tag für Tag. Darum bitten wir durch Jesus Christus, unseren Herrn. Amen.

Am Schluss werden die gefalteten Tonpapierstreifen mit der aufgezeichneten Figur verteilt.

11. Sonntag im Jahreskreis:
Gott lässt sein Reich mit uns wachsen (Senfkorn)

Vorbereitungen:

- *Senfkorn*
- *große Zweige*
- *Gefäß, um die Zweige festzustecken*
- *Wort- und Bildkarten*

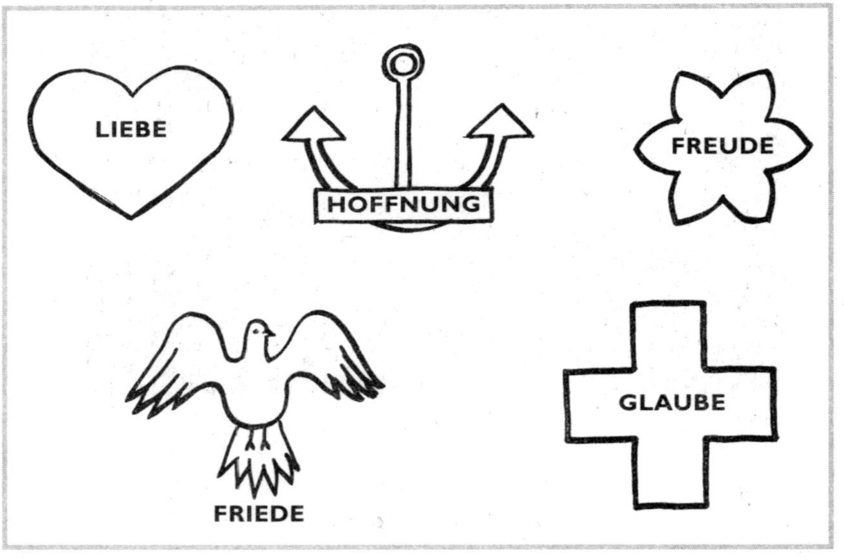

Einführung:

Liebe Kinder, liebe Christen, heute haben wir zwei Sachen aus der Natur mitgebracht, etwas Kleines und etwas Großes. Wir zeigen es euch!

Ein Kind zeigt ein kleines Samenkorn.
Das ist ein winzig kleines Samenkorn – ein Senfkorn. Aus der Entfernung könnt ihr es gar nicht richtig sehen. Manche brauchen eine Lupe, um es überhaupt erkennen zu können
Und da haben wir noch etwas mitgebracht.

Ein Kind zeigt einen großen Zweig.
Das ist ein großer Zweig. Der ist so groß, dass sogar die Leute, die ganz hinten sitzen, ihn gut erkennen können.
Wir wissen, dass dieser große Zweig aus einem kleinen Samenkorn gewachsen ist. Das ist großartig, das ist ein Wunder der Natur. Aus einem kleinen Samenkorn kann etwas ganz Großes wachsen. Gott lässt alles Kleine groß wachsen. Auch wir haben alle ganz klein angefangen und dürfen immer größer werden.

Kyrie:

1) Herr Jesus Christus, du bist Mensch geworden und bist selbst als kleines Kind auf die Welt gekommen.
   Kyrie eleison.

2) Herr Jesus Christus, du bist der Freund aller kleinen Kinder
   Christe eleison.

3) Herr Jesus Christus, mit dir wird alles Kleine groß und wertvoll.
   Kyrie eleison.

Pr.: Der Herr erbarme sich unser, er nehme von uns alle Schuld, er lasse das Gute in uns wachsen und mache alles Kleine groß und wertvoll. Amen.

Tagesgebet:

Allmächtiger Gott, wir haben uns hier versammelt, weil du dich um uns kümmerst. Jeder Einzelne von uns ist dir unendlich wichtig. Keinen verlierst du aus den Augen. Mit deinem Wort haben wir Freude im Leben. Dafür danken wir durch Jesus Christus, unseren Herrn. Amen.

Lesung: (Gen 1,1.11-13)

Lesung aus dem Buch Genesis.

Im Anfang schuf Gott Himmel und Erde.
Dann sprach Gott:
Das Land lasse junges Grün wachsen,
alle Arten von Pflanzen, die Samen tragen,
und von Bäumen, die auf der Erde Früchte bringen mit ihrem Samen darin.
So geschah es.
Das Land brachte junges Grün hervor,
alle Arten von Pflanzen, die Samen tragen,
alle Arten von Bäumen, die auf der Erde Früchte bringen mit ihrem Samen darin.
Gott sah, dass es gut war.

Wort des lebendigen Gottes.

Evangelium (Mk 4,26-34)

Predigtteil:

Jesus hat die Welt geliebt, alle Pflanzen, alle Tiere und ganz besonders die Menschen. Jesus hat sich gerne in der Welt umgeschaut und gesehen, dass Gott alles Gute wachsen lässt.

– Jesus will, dass auch die **Liebe** in der Welt wächst.
  Herz mit Aufschrift „Liebe" wird gezeigt.

- Jesus will, dass in der Welt auch die **Freude** immer größer wird.
  Blume mit Aufschrift „Freude" wird gezeigt.

– Jesus will, dass in der Welt auch die **Hoffnung** immer größer wird.
Anker mit Aufschrift „Hoffnung" wird gezeigt.

– Jesus will, dass in der Welt auch der **Friede** wächst
Taube mit Aufschrift „Friede" wird gezeigt.

– Jesus will, dass in der Welt auch der **Glaube** größer wird.
Kreuz mit Aufschrift „Glaube" wird gezeigt.

Jesus gefällt dieses Wachsen des Guten in der Welt. Deshalb beauftragt er uns, dass wir mitwachsen.
Bei jedem Satz wird die entsprechende Wortkarte an Zweige gehängt und ein Kind steckt sie zu den anderen Zweigen, sodass der Baum sichtbar „wächst".

- Wir können mithelfen, dass die **Liebe** wächst, indem wir Gutes tun und teilen.
- Wir können mithelfen, dass die **Freude** wächst, indem wir Freude machen.
- Wir können mithelfen, dass die **Hoffnung** wächst, indem wir beistehen und trösten.
- Wir können mithelfen, dass der **Friede** wächst, indem wir uns vertragen.
- Wir können mithelfen, dass der **Glaube** wächst, indem wir miteinander beten.

Unser Baum ist nun schon ganz schön groß geworden. Wir können mithelfen, dass dieser Baum wächst. Das ist schön.
Denn dort, wo Liebe, Freude, Hoffnung, Friede und Glauben ist, dort ist das Reich Gottes. Mit unserer Hilfe wird das Reich Gottes immer größer. So wächst das Reich Gottes vom Senfkorn zum großen Baum. Es wird so groß, so stark, für alle so sichtbar wie der Baum.

Fürbitten:

Pr.: Allmächtiger Gott, wenn das Gute wächst und größer wird, dann spüren wir, dass dein Reich kommt. So bitten wir wie im „Vaterunser": Dein Reich komme.

1) Wir beten für alle, die sich mehr **Liebe** wünschen.
Sie suchen Menschen, die Gutes tun und teilen.
Dein Reich komme.

2) Wir beten für alle, die sich mehr **Freude** wünschen.
Sie suchen Menschen, die Freude schenken.
Dein Reich komme.

3) Wir beten für alle, die sich mehr **Hoffnung** wünschen.
Sie suchen Menschen, die ihnen beistehen und sie trösten
Dein Reich komme.

4) Wir beten für alle, die sich mehr **Frieden** wünschen.
Sie suchen Menschen, die sich vertragen.
Dein Reich komme.

5) Wir beten für alle, die sich mehr **Glauben** wünschen.
Sie suchen Menschen, die miteinander beten.
Dein Reich komme.

Pr.: Denn wenn dein Reich kommt, dann werden alle Menschen glücklich durch Jesus Christus, unseren Herrn. Amen.

Gabengebet:

O, heiliger Gott und guter Vater, alles hast du geschaffen, alles lässt du wachsen. Ein Senfkorn verwandelst du zum großen Baum. Alles Kleine und Unbedeutende machst du groß und wertvoll. Verwandle auch unsere Gaben Brot und Wein, damit wir spüren, dass du da bist. Darum bitten wir durch Jesus Christus, unseren Herrn. Amen.

Schlussgebet:

Wir haben gefeiert, dass du in unserer Mitte bist. Wir freuen uns, dass du dich um uns kümmerst und dass jeder Einzelne bei dir wichtig ist. Durch deine Liebe werden wir immer größer und stärker. So können wir mithelfen, dass dein Reich größer wird und die Menschen froh werden durch Jesus Christus, unseren Herrn. Amen.

12. Sonntag im Jahreskreis:
Jesus stillt den Sturm auf dem See

Vorbereitungen:

- *großes Schiff aus Pappe oder Sperrholz*
- *Figuren aus Fotokarton, ausgeschnitten für jedes Kind*
- *Filzstifte*
- *An der Kirchentür malen die Kinder ihr Gesicht auf eine Figur, schreiben ihren Namen darauf und stellen sie in das Schiff.*
- *Instrumente zur Gestaltung des Evangeliums: Glockenspiel, Xylophon, Metallophon, Trommel, Pauke, Regenmacher, blaue Plastikfolie, die raschelt*
- *Wortkarten (weiße Schrift auf schwarzem Grund): Gewitter, Dunkelheit, Alleinsein, Streit, Strafe*
- *Jesus-Bild*
- *5 Kinder*
- *Lied: „Ein Schiff fährt auf dem Meer"*

Einführung:

Liebe Kinder, liebe Christen, ihr habt ja alle schon unser Boot entdeckt. Die Kinder haben sich als Figuren mit ihrem Namen ins Boot gesetzt. Unser Leben ist oft wie die Fahrt in so einem Boot. Nun haben wir ein Boot mit ganz vielen Menschen drin.

Kyrie:

Herr, erbarme dich – Christus, erbarme dich – Herr, erbarme dich

Tagesgebet:

Guter Gott, du hast uns eingeladen. Wir sind alle zusammengekommen um zu danken für all das, was du uns geschenkt hast. Wie die Menschen in einem Boot wollen wir zusammenhalten und auf dein Wort hören durch Jesus Christus, unseren Herrn. Amen.

Lesung: (Ps 107)

Lesung aus dem Buch der Psalmen.

Einige fuhren über das Meer
und trieben Handel an vielen Küsten.
Sie erlebten voll Staunen, was der Herr tun kann
und wie er die Elemente in seiner Gewalt hat.
Auf seinen Befehl hin erhob sich ein Sturm,
und haushoch türmten sich die Wellen.
Die Menschen vergingen vor Angst.
In ihrer Not schrien sie zum Herrn,
der rettete sie vor dem sicheren Tod.
Er ließ den Sturm zur leichten Brise werden,
und die Wellen legten sich.
Da wurde ihnen wieder leicht ums Herz,
und der Herr brachte sie sicher zum ersehnten Hafen.
Nun sollen sie alle dem Herrn für seine Güte danken,
ihn preisen für seine wunderbare Rettung.
Dankt dem Herrn, denn er ist gütig.
Seine Liebe hört nie auf.

Wort des lebendigen Gottes.

Evangelium:

Das Evangelium wird mit Geräuschen und Instrumenten gestaltet.

Aus dem heiligen Evangelium nach Markus.

An jenem Tag, als es Abend geworden war, sagte Jesus zu seinen Jüngern: Wir wollen ans andere Ufer hinüberfahren.	***Glockenspiel: d** bis **a-Tonleiter**, 2 mal hin und zurück*
Sie schickten die Leute fort und fuhren mit ihm in dem Boot, in dem er saß, weg.	***Metallophon:** wie Glockenspiel*
Einige andere Boote begleiteten ihn.	***Xylophon:** wie Glockenspiel*
Plötzlich erhob sich ein heftiger Wirbelsturm, und die Wellen schlugen in das Boot, sodass es sich mit Wasser zu füllen begann.	***Glockenspiel, Metallophon, Xylophon:*** *miteinander ebenso*
Er aber lag hinten im Boot auf einem Kissen und schlief.	***alle Instrumente** heftig und laut*
Sie weckten ihn und riefen: Meister, kümmert es dich nicht, dass wir zugrunde gehen?	***Glockenspiel (Glissando) und Regenmacher***
Da stand er auf, drohte dem Wind und sagte zu dem See: Schweig, sei still!	***Trommel, Pauke***
Und der Wind legte sich, und es trat völlige Stille ein.	***Glockenspiel: d – a – d***
Er sagte zu ihnen: Warum habt ihr solche Angst? Habt ihr noch keinen Glauben?	***STILLE***
	Glockenspiel, Metallophon, Xylophon: ruhiges Glissando

Predigtteil:

Liebe Kinder, liebe Christen, die Jünger hatten ganz schön Angst. Sie waren mit dem Boot mitten auf dem See. Der Sturm schaukelte das Boot hin und her und die Wellen schlugen schon ins Boot. Sie hatten Angst, mit dem Boot unterzugehen und zu versinken.

Wir haben auch manchmal Angst. *Fünf Kinder kommen mit einer schwarzen Karte und sprechen. Die Karte wird dann an das Boot geheftet. Die Kinder spielen noch einmal den „Wirbelsturm" vom Evangelium.*

1) *Gewitter:*	Ich habe Angst, wenn es ein lautes Gewitter gibt. Dann verstecke ich mich.
2) *Dunkelheit:*	Ich habe Angst, wenn es ganz dunkel ist. Dann kann ich nichts sehen.
3) *Alleinsein:*	Ich habe Angst, wenn ich allein bin. Keiner hört und sieht mich.
4) *Streit:*	Ich habe Angst vor Streit, wenn geschrien und geweint wird.
5) *Strafe:*	Ich habe Angst vor Strafen, weil Strafen immer weh tun.

Sprecher:
Auch unsere Ängste können uns ganz schön hin- und herwerfen, beuteln. Sie sind bedrohlich wie ein Sturm, der ein ganzes Boot versinken lassen kann. Die Jünger wenden sich an Jesus. Aber Jesus schläft gemütlich auf einem Kissen. Die Jünger wecken ihn und rufen (Kinder sprechen):

1) Wach auf, wir gehen unter!

2) Ein Sturm bedroht unser Leben.

3) Jesus, wir haben Angst.

4) Jesus, wir haben Angst.

5) Jesus, wir haben Angst.

Sprecher:
Die Jünger haben geglaubt, mit Jesus unterzugehen. Aber sie brauchen ja keine Angst haben, Jesus ist bei ihnen. Er sagt zu ihnen: Warum habt ihr Angst? Habt ihr noch keinen Glauben? Auch wir können glauben und vertrauen, dass Jesus bei uns ist, wenn wir Angst haben. Jesus sagt auch zu uns heute: Hab keine Angst! Ich bin bei dir. Mit mir wirst du nicht untergehen.
Jesusbild wird an den Mast gehängt.
Jesus hat den Sturm beschwichtigt. Ihm können wir vertrauen. Er wird uns durch alle Stürme und Ängste ganz sicher leiten.
Im Vertrauen auf Jesus, der mit uns im Boot ist, können wir unser Lied singen.

Lied: „Ein Schiff fährt auf dem Meer"

Text und Melodie: Sabine Härtl

2. Gemeinsam teilen wir das Brot, es wird uns Stärkung sein.
3. Gemeinsam sein mit Herz und Seele, das gibt Mut und Kraft
4. Gemeinsam fahrn im Sturm der Zeit, zum Hafen von Gottes Reich

Fürbitten:

Pr.: Guter Gott, mit Jesus geht kein Mensch unter. Wir beten für alle, die Angst haben:

1) Wir beten für alle Menschen, die Angst haben vor Unwetter und Katastrophen.
Stärke, Glauben und Hoffnung.
Alle: Stärke Glauben und Hoffnung.

2) Wir beten für alle Menschen, die kein Licht und keinen Ausweg finden.
Stärke, Glauben und Hoffnung.

3) Wir beten für alle Menschen, die einsam und allein sind.
Stärke, Glauben und Hoffnung.

4) Wir beten für alle Menschen, die wegen einem Streit traurig sind.
Stärke, Glauben und Hoffnung.

5) Wir beten für alle Menschen, die sich vor Strafen fürchten.
Stärke, Glauben und Hoffnung.

Pr.: Wir vertrauen dir, denn du bist bei uns durch Jesus Christus, unseren Herrn. Amen.

Gabengebet:

Guter Gott, wir bringen dir Brot und Wein und danken dir für das Leben. Weil Jesus bei uns ist, brauchen wir uns nicht zu fürchten. Frei von Angst und Not dürfen wir auf deine Freundschaft vertrauen durch Jesus Christus, unseren Herrn. Amen.

Schlussgebet:

Gott, unser Vater, durch dein Wort hast du uns Mut gemacht. Diese Feier gibt uns Kraft, immer wieder neu zu vertrauen. Bleib bei uns an allen Tagen durch Jesus Christus, unseren Herrn. Amen.

Gewitter
Dunkel-
heit
Strafe
Streit
Allein-
sein

13. Sonntag im Jahreskreis: *Tochter des Jairus*

Vorbereitung:

- *drei schwarze Tücher*
- *drei große Steine*
- *Karten: „Angst", „Trauer", „Krankheit"*
- *Kreuz mit der Aufschrift „Glaube", geschmückt mit Blumen (vgl. 11. So. i. Jk., S. 170)*
- *Anker mit der Aufschrift „Hoffnung", geschmückt mit Blumen (vgl. 11. So. i. Jk.)*
- *Herz mit der Aufschrift „Liebe", geschmückt mit Blumen (vgl. 11. So. i. Jk.)*
- *Blumen (auch gemalt oder aus Tonpapier) für jedes Kind*

Einführung:

Liebe Kinder, liebe Christen, immer wieder treffen wir uns am Sonntag. Wir beten und feiern, weil Gott uns das Leben schenkt. Gott will uns helfen, dass unser Leben gelingt und wir Freude am Leben haben. Er ist ein Gott des Lebens.

Vieles in der Welt hindert uns am Leben.
Kinder kommen mit schwarzen Tüchern, großem Stein und Wortkarten.

1) *Angst:*
Wenn ich Angst habe, dann bin ich wie gelähmt.
Kind legt Tuch auf den Boden, den Stein und die Wortkarte darauf.

2) *Trauer:*
Wenn ich traurig bin, ist alles um mich finster und tot.
Kind legt Tuch auf den Boden, den Stein und die Wortkarte darauf.

3) *Krankheit:*
Wenn ich krank bin, habe ich Schmerzen. Ich muss im Bett bleiben und mir ist todlangweilig.
Kind legt Tuch auf den Boden, den Stein und die Wortkarte darauf.

Tagesgebet:

Gott, unser Vater, du hast uns in der Taufe zu Kindern des Lichts gemacht. Du bist der Gott des Lebens. Hilf uns, dass dieses Leben gelingt durch Jesus Christus, unseren Herrn. Amen.

Lesung (Weish 1,13-15, gekürzt)

Evangelium (Mk 5,21-24.35b-43, Kurzfassung)

Predigtteil:

In dieser Wundergeschichte finden wir all das wieder, was uns am Leben hindert.

- Die Menschen haben Angst. *Stein und Wortkarte in die Hand nehmen.*
- Der Vater ist todtraurig. *Stein und Wortkarte in die Hand nehmen.*
- Und das kranke Mädchen wird schon für tot gehalten. *Stein und Wortkarte in die Hand nehmen.*

Hier weiß nur Jesus, was hilft: Glaube, Hoffnung, Liebe.

1) Er will den Menschen **Glauben** schenken, der jede Angst vertreibt. Er sagt: Sei ohne Furcht und glaube nur!
   Geschmücktes Kreuz (Glaube) wird auf das schwarze Tuch gelegt.

2) Er will den Menschen **Hoffnung** schenken, die die Traurigkeit besiegt. Das Mädchen schläft nur.
   Geschmückter Anker (Hoffnung) wird auf das schwarze Tuch gelegt.

3) Er will den Menschen **Liebe** schenken, die sogar Krankheit und Tod besiegt. Die Liebe Gottes lässt uns auferstehen
   Geschmücktes Herz (Liebe) wird auf das schwarze Tuch gelegt.

In der Lesung heißt es: Zum Dasein hat Gott alles geschaffen und heilbringend sind die Geschöpfe der Welt.
Weil Gott ein Gott des Lebens ist, hat er auch den Tod besiegt. Wir dürfen auch nach unserem Tod bei ihm leben.
Deshalb dürfen jetzt alle Kinder eine Blume nach vorne bringen und auf die dunkle Fläche legen.
Alle Kinder bringen eine Blume auf die schwarze Fläche.

Fürbitten:

Pr.: Allmächtiger Gott, du weißt, was wir Menschen brauchen, damit das Leben gelingt. Deshalb bitten wir:

1) *mit Kreuz „Glaube" in der Hand:*
Wir beten für alle Menschen, die Angst haben.
Stärke ihren Glauben.

2) *mit Anker „Hoffnung" in der Hand:*
Wir beten für alle Menschen, die voll Trauer sind.
Stärke ihre Hoffnung.

3) *mit Herz „Liebe“ in der Hand:*
Wir beten für alle Menschen, die krank sind.
Stärke sie durch Menschen, die ihnen mit Liebe begegnen.

Pr.: So schenkst du Leben in Fülle und stärkst uns mit Glauben, Hoffnung und Liebe. Dafür danken wir durch Jesus Christus, unseren Herrn. Amen.

Gabengebet:

Herr, unser Gott, durch die Gaben Brot und Wein zeigst du dich als Gott des Lebens. Durch das Mahl der Liebe stärkst du uns durch Jesus Christus, unseren Herrn. Amen.

Schlussgebet:

Guter Gott, durch deine Liebe schenkst du uns neues Leben. Du wendest alles zum Guten und besiegst sogar den Tod. Stärke uns, dass wir Glaube, Hoffnung und Liebe weitergeben in dieser Welt. Wir loben und preisen dich durch Jesus Christus, unseren Herrn. Amen.

14. Sonntag im Jahreskreis: *Jesus wird abgelehnt*

Vorbereitungen:

- *Spielszene: „drei Kinder“*
- *großes Schild „TROTZDEM“*

Einführung:

Liebe Kinder, liebe Christen, heute sind wir wieder alle zusammengekommen. Wir möchten Gott danken für unser Leben und unsere Freude. Jeden Sonntag will uns Gott seine frohe Botschaft schenken und uns helfen, das Gute zu tun. Das ist nicht immer leicht.

Drei Kinder kommen und erzählen:

1) Ich will einem schwachen Mitschüler helfen. Aber die anderen lachen mich dann aus.

2) Ich will meine kranke Oma besuchen. Aber mein Freund drängt mich, dass ich mit ihm Fußball spiele.

3) Ich gehe jeden Sonntag in die Kirche. Andere Kinder schütteln den Kopf und verstehen mich nicht.

Kyrie:

Ja, es ist oft nicht leicht, Gutes zu tun. Wir beten:

Herr, erbarme dich – Christus, erbarme dich – Herr, erbarme dich.

Tagesgebet:

Guter Gott, wir feiern den Tod und die Auferstehung deines Sohnes. Er ist uns ein Vorbild. Er führt uns zu dir und begleitet uns auf unserem Weg. Wir danken dir durch ihn, Jesus Christus, der in der Einheit des Heiligen Geistes mit dir lebt und herrscht in alle Ewigkeit. Amen.

Lesung: (Psalm 112,5-9)

Lesung aus dem Buch der Psalmen.

Wohl dem Mann, der gütig und zum Helfen bereit ist,
der das Seine ordnet, wie es recht ist.
Niemals gerät er ins Wanken;
ewig denkt man an den Gerechten.
Er fürchtet sich nicht vor Verleumdung;
sein Herz ist fest, er vertraut auf den Herrn.
Sein Herz ist getrost, er fürchtet sich nie;
denn bald wird er herabschauen auf seine Bedränger.
Reichlich gibt er den Armen,
sein Heil hat Bestand für immer;
er ist mächtig und hoch geehrt.

Wort des lebendigen Gottes.

Evangelium (Mk 6,1b-6)

Predigtteil:

Liebe Kinder, liebe Christen, Jesus ist unser Vorbild. Er zeigt uns, wie unser Leben gelingt. Er versteht, wie schwer es oft fällt, Gutes zu tun. Jesus hat selbst Ablehnung und Spott erlebt. Wir haben gehört, Jesus ist es genauso ergangen wie unseren drei Kindern. Auch er wollte Gutes tun, aber die Menschen in Nazareth verstehen ihn nicht. Sie lehnen ihn ab. Jesus aber gibt deshalb nicht auf. Er lässt sich nicht beirren. Er zieht weiter und verkündet das Evangelium. Widerständen setzt er ein großes TROTZDEM entgegen.
Schild mit der Aufschrift TROTZDEM wird gezeigt.

Er wird abgelehnt. TROTZDEM verkündet er das Evangelium weiter.
Auch wir brauchen oft so ein TROTZDEM. Auch wir werden manchmal ausgelacht. TROTZDEM sollten wir das Gute tun.
Auch unsere Kinder lassen sich nicht beirren. Sie haben den Mut, Gutes zu tun und TROTZDEM zu sagen.

Die drei Kinder kommen wieder und nehmen jeweils das Schild mit der Aufschrift TROTZDEM in die Hand.

1) Die anderen lachen mich aus. TROTZDEM helfe ich meinem Mitschüler.

2) Mein Freund will mit mir spielen. TROTZDEM mache ich meiner kranken Oma eine Freude und besuche sie.

3) Meine Freunde verstehen nicht, wenn ich in die Kirche gehe. TROTZDEM besuche ich jeden Sonntag den Gottesdienst.

Fürbitten:

Pr.: Gott, wir brauchen manchmal deine Hilfe, damit wir uns nicht entmutigen lassen. Wir bitten dich:

1) Viele Menschen wollen helfen. Aber sie trauen sich nicht.
Schenke Mut und Vertrauen.
Alle: Schenke Mut und Vertrauen.

2) Viele Menschen wollen das Gute tun. Aber es fehlt ihnen der Mut.
Schenke Mut und Vertrauen.

3) Viele Menschen glauben an dich. Aber sie werden ausgelacht oder verfolgt für diesen Glauben.
Schenke Mut und Vertrauen.

4) Viele Menschen leiden, weil keiner sie versteht.
Schenke Mut und Vertrauen.

5) Viele Menschen sind traurig und allein, weil die anderen sie ablehnen.
Schenke Mut und Vertrauen.

Pr.: Schenke Mut und Vertrauen, dass Menschen immer wieder TROTZDEM sagen können und das Gute tun durch Jesus Christus, unseren Herrn. Amen.

Gabengebet:

Guter Gott, zu dir bringen wir Brot und Wein. Zu dir bringen wir unser ganzes Leben, auch unsere Angst und unser Versagen. Wandle mit Brot und Wein auch uns, so dass wir deinen Willen tun können. Darum bitten wir durch Jesus Christus, unseren Herrn. Amen.

Schlussgebet:

Gott, von dir kommt alles Gute. Von dir kommt auch der Mut, das Gute zu tun, das wir uns vorgenommen haben. Gemeinsam wollen wir deine frohe Botschaft verkünden und deinen Willen tun. Durch diese Feier hast du uns dafür stark gemacht. Wir danken dir dafür durch Jesus Christus, unseren Herrn. Amen.

15. Sonntag im Jahreskreis:
Jesus sendet seine Jünger aus – Mitarbeiter gesucht

Vorbereitungen:

- *drei Spieler*
- *drei Tageszeitungen*
- *drei Stühle*
- *Flanelltafel*
- *große Anzeige für Flanelltafel*
- *Anzeigen für alle Kinder zum Mitnehmen am Schluss*

Einführung:

Liebe Kinder, liebe Christen, Jesus will uns heute wieder eine frohe Botschaft bringen. Seine Worte tun uns gut und ermutigen uns, die Liebe Gottes weiterzugeben. Wir wollen seine Jünger sein und fragen uns, was wir dafür tun müssen. Schließlich gibt es überall Bedingungen. Das erfahren besonders Leute, die die Stellenangebote in den Zeitungen lesen.

1. Spieler kommt mit Stuhl und Zeitung,
stellt Stuhl hin, setzt sich, schlägt die Zeitung auf und liest darin.

2. Spieler kommt ebenso.

3. Spieler kommt ebenso.

1) Spieler: Mitarbeiter in einem großen Unternehmen gesucht!
Er soll jung, dynamisch und erfolgreich sein.
Außerdem braucht er ein gutes Zeugnis.

Ob ich das wohl schaffe?

2) *Spieler:* Hier steht: Junge Sekretärin gesucht!
Wir suchen die beste Sekretärin!
Sie muss Computerkenntnisse haben, mehrere Fremdsprachen sprechen und Wert auf ihre Erscheinung legen.

Ob ich das wohl schaffe?

3) Spieler: Junger Mann als Verkäufer gesucht!
Redegewandtheit und Erfahrung im Management vorausgesetzt!

Ob ich das wohl schaffe?

Sprecher: Da wird ja eine Menge verlangt in unserer Welt! Heute hören wir, wen Jesus als Mitarbeiter einsetzen will.

Kyrie *beten*

Tagesgebet:

Guter Gott, so vieles wird verlangt in unserer Welt. Du aber schenkst uns dein gutes Wort. Du sorgst für uns und nimmst uns jede Angst. So danken wir durch Jesus Christus, unseren Herrn. Amen.

Lesung (Eph 1,3-6, gekürzt)

Vor dem Evangelium:

Die drei Sprecher kommen wieder:

1) Habt ihr schon gehört? Jesus sucht Leute für das Reich Gottes. Ob der auch ein gutes Zeugnis verlangt?

2) Wir dürfen die frohe Botschaft weitersagen. Ob ich dafür auch gut aussehen muss?

3) Ich will auch Gutes tun. Ob Jesus nur die Besten haben will?

Evangelium (Mk 6,7-13)

Predigtteil:

Die drei Sprecher kommen wieder:

1) Bei Jesus brauche ich kein Zeugnis!

2) Bei Jesus spielt das Aussehen keine Rolle!

3) Jesus will mich! So wie ich bin, kann er mich brauchen.

Sprecher:
Ja, Jesus ist ganz anders, als wir es gewöhnt sind. Tatsächlich legt er keinen Wert auf gute Zeugnisse, gutes Aussehen und besondere Menschen. Das alles ist ihm nicht wichtig.
Ihm genügt es, wenn du dich öffnest für seine Liebe. Dann drängt es dich auch, seine Liebe weiterzugeben.
Jesus sendet seine Jünger aus. Er will auch, dass wir seine gute Botschaft weitersagen.
Jesus hilft uns dabei und sagt: Wirf alles Unnötige weg! Du brauchst nichts mitnehmen, nur Wanderschuhe und einen Stock. Gott kümmert sich um alles andere.
Und jetzt wissen wir, wie ein Inserat aussehen würde, das Jesus aufgibt, wenn er Leute sucht, die die frohe Botschaft verkünden.

Jünger gesucht!

Man braucht keine besonderen Voraussetzungen.

Vertrau auf Gott!

Seine Botschaft genügt!

Alle können Freunde Gottes sein!

Fürbitten:

Pr.: Allmächtiger Gott, du scharst um dich deine Freunde, die sich Christen nennen. Wir bitten dich:

1) Es gibt viele Menschen, die sich schämen, ihren Glauben zu zeigen und dafür einzustehen.
Schenke Mut und Vertrauen.
Alle: Schenke Mut und Vertrauen.

2) Es gibt viele Menschen, die die sich schwach fühlen und sich nichts zutrauen.
Schenke Mut und Vertrauen.

3) Es gibt viele Menschen, die sich vor Zeugnissen und Bewertungen fürchten.
Schenke Mut und Vertrauen.

4) Es gibt viele Menschen, die deine Botschaft verkünden.
Schenke Mut und Vertrauen.

5) Es gibt viele Menschen, die Angst haben vor der Zukunft.
Schenke Mut und Vertrauen.

Pr.: Darum bitten wir durch Jesus Christus, unseren Herrn. Amen.

Gabengebet:

Gütiger Gott, wir bringen Brot und Wein. Sie genügen für uns, um deine Liebe zu spüren. Heilige sie, damit alle, die sie empfangen, in deiner Liebe wachsen und dir immer treuer dienen. Darum bitten wir durch Jesus Christus, unseren Herrn. Amen.

Schlussgebet:

Herr, unser Gott, wir danken dir für diese Feier. Du gibst uns Mut und stärkst unser Vertrauen. Wir loben und preisen dich durch Jesus Christus, unseren Herrn. Amen.

Vorbereitungen:

- *drei Kassettenrekorder mit (a) Straßenlärm, (b) Kinderlärm und (c) lauter Musik*
- *Blumentopf oder Blumenkasten mit Aufschrift: „Ruhe“*
- *fünf Sonnenblumen (oder große gebastelte Blumen) mit Aufschrift: „Kraft“, „Ideen“, „Liebe“, „Gebet“*
- *Wasserball, Fieberthermometer, Kissen, Gebetbuch, Uhr*

Einführung:

Liebe Kinder, liebe Christen, schon bei der Erschaffung der Welt hat Gott den siebten Tag als Tag der Ruhe festgelegt. Das soll für uns der Sonntag sein. So haben wir uns versammelt, um zur Ruhe zu kommen und nachzudenken, was in unserem Leben wichtig ist.

Kyrie:

1) *Kassettenrekorder mit lautem Kindergeschrei, Geschrei wird leiser, ein Kind spricht:*
Herr Jesus Christus, wir erleben oft Lärm und Geschrei.
Du lädst uns ein, wieder zur Ruhe zu kommen.
Herr, erbarme dich.

2) *Kassettenrekorder mit lautem Verkehrslärm, Lärm wird leiser, ein Kind spricht:*
Herr Jesus Christus, wir erleben oft Lärm und Hektik.
Du lädst uns ein, wieder zur Ruhe zu kommen.
Christus, erbarme dich.

3) *Kassettenrekorder mit lauter Musik, Musik wird leiser, ein Kind spricht*:
Herr Jesus Christus, wir hören oft laute Musik.
Du lädst uns ein, wieder zur Ruhe zu kommen.
Herr, erbarme dich.

Pr.: Der allmächtige Gott erbarme sich unser, er lasse uns die Sünden nach und schenke uns die Ruhe, die wir brauchen, damit wir mit reinem Herzen diese Feiern begehen. Amen.

Tagesgebet:

Gott, unser Vater, wir sind zum Gottesdienst zusammengekommen, um Ruhe zu finden und Kraft zu schöpfen. Dein Wort will uns dabei helfen. Dafür danken wir durch Jesus Christus, unseren Herrn. Amen.

Lesung: (Gen 2,1-3)

Lesung aus dem Buch Genesis.

So wurden Himmel und Erde vollendet
und ihr ganzes Gefüge.
Am siebten Tag vollendete Gott das Werk,
das er geschaffen hatte,
und er ruhte am siebten Tag,
nachdem er sein Werk vollbracht hatte.
Und Gott segnete den siebten Tag
und erklärte ihn für heilig;
denn an ihm ruhte Gott,
nachdem er das ganze Werk
der Schöpfung vollendet hatte.

Wort des lebendigen Gottes.

Evangelium (Mk 6,30-34)

Predigtteil:

Liebe Kinder, liebe Christen, wir haben gehört, dass die Jünger von ihrer Arbeit oft erschöpft waren, müde und kraftlos. Jesus weiß, was sie brauchen. Er sagt zu ihnen: „Kommt mit an einen einsamen Ort, wo wir alleine sind, und ruht euch ein wenig aus." Jesus hat an sich selbst erfahren, dass er Ruhe brauchte, damit neue Kraft wachsen kann.
So ist es mit allem, was wächst.
Sprecher nimmt eine Blume in die Hand.
Diese Pflanze hat auch viel „Ruhe" gebraucht, damit sie groß und schön werden konnte. Auch wir Menschen brauchen immer wieder Ruhe und Schlaf, damit wieder neue Kraft wachsen kann.
Aus der Ruhe kann eine Menge wachsen.
Blumentopf mit Aufschrift „Ruhe" wird gezeigt. Die Blumen werden nun nacheinander in diesen Topf gesteckt:

- Wenn ich mir Ruhe gönne, dann bekomme ich neue Kraft.
- Wenn ich Ruhe habe, dann bekomme ich wieder neue Ideen.
- In der Ruhe kann auch die Liebe wieder neu wachsen.
- Ich kann auch wieder neu zu Gott finden, sodass mein Glaube wächst.
- Wenn ich Ruhe habe, dann kann ich auch gut beten.

Deshalb kommen wir auch immer wieder in die Kirche: Um hier Ruhe zu finden und neu gestärkt zu werden.

Fürbitten: *(Kinder sprechen mit Zeichen in der Hand.)*

Pr.: Allmächtiger Gott, bei dir dürfen alle Menschen ausruhen. Wir beten für die Menschen, die besonders viel Ruhe brauchen.

1) Kind mit Wasserball:
Wir bitten dich für alle Menschen, die in den nächsten Wochen Ferien und Urlaub haben. Wir wünschen ihnen, dass sie erholt und ausgeruht wieder zurückkommen.
Herr, lass sie Ruhe finden.
Alle: Herr, lass sie Ruhe finden.

2) *Kind mit Fieberthermometer:*
Wir bitten dich für alle Menschen, die krank sind. Wir wünschen ihnen Ruhe und Kraft, ihre Krankheit zu überstehen.
Herr, lass sie Ruhe finden.

3) *Kind mit Kissen:*
Wir bitten dich für alle Menschen, die nicht gut schlafen können. Wir wünschen ihnen, dass sie zur Ruhe kommen.
Herr, lass sie Ruhe finden.

4) *Kind mit Gebetbuch:*
Wir bitten dich für alle Menschen, die nicht mehr beten können. Wir wünschen ihnen, dass sie wieder Ruhe finden, um mit dir zu reden.
Herr, lass sie Ruhe finden.

5) *Kind mit Uhr:*
Wir bitten dich für alle Menschen, die nie Zeit haben. Wir wünschen ihnen, dass sie sich Zeit nehmen, um auszuruhen.
Herr, lass sie Ruhe finden.

Pr.: Denn du schenkst uns das, was wir brauchen durch Jesus Christus, unseren Herrn. Amen.

Gabengebet:

Guter Gott, wir haben uns um deinen Altar versammelt. Hier wollen wir miteinander beten und feiern. Wir können deine Nähe und die Gemeinschaft untereinander erfahren. Daraus können wir Ruhe schöpfen für unser Leben. Dafür danken wir durch Jesus Christus, unseren Herrn. Amen.

Schlussgebet:

Gott, im Gebet und im Gottesdienst können wir Ruhe finden. In dieser Feier hast du uns durch dein Wort und dein Brot gestärkt. So können wir wieder lernen und arbeiten und etwas schaffen. Dafür danken wir durch Jesus Christus, unseren Herrn. Amen.

17. Sonntag im Jahreskreis:
Das Wunder der Brotvermehrung

Vorbereitungen:

- *Spielszene: „vier Kinder“*
- *Rucksäcke, Coladose, Kaugummi, Fladenbrot, Äpfel, Brezel usw.*

Einführung:

Liebe Kinder, liebe Christen, wir sind gekommen, um Gott zu danken. Er schenkt uns das Leben. Er schenkt uns zu essen und zu trinken. Er schenkt uns sein gutes Wort. Das Wort Gottes kann Wunder wirken. Ein solches Wunder wird heute erzählt.

Kyrie:

1) Herr Jesus Christus, du erzählst uns von Gott.
   Kyrie eleison.

2) Herr Jesus Christus, deine Liebe macht die Menschen froh.
   Christe eleison.

3) Herr Jesus Christus, du wirkst Wunder in den Herzen der Menschen.
   Kyrie eleison.

Tagesgebet:

Gott Vater im Himmel, du hast Himmel und Erde erschaffen. Du sorgst für uns und gibst uns, was wir zum Leben brauchen. Dafür danken wir durch Jesus Christus, unseren Herrn. Amen.

Lesung (Eph 4,1-6)

Evangelium (Joh 6,1-15)

Predigtteil:

Sprecher: Heute haben wir eine kleine Spielszene vorbereitet.

Spielszene: „Das Wunder des Teilens"

Sandra, Hans, Kerstin und Simon steigen die 1. Altarstufe (Berg) hinauf, ermüdet, mit Rucksack, stöhnend, bleiben stehen.

Hans: Jetzt haben wir's noch nicht geschafft bis zum Berggipfel.
Sandra: Das ist immer das Schlimmste an solchen Schulausflügen.
Simon: Mir tun schon die Füße weh!
Kerstin: Und mich hungert's.
Hans: Mein Magen knurrt!
Sandra: Da oben gibt es sicher ein Wirtshaus.
Simon: Da können wir was zum Essen kaufen.

Spieler gehen weiter bis zum Altar.

Hans: Jetzt haben wir es endlich geschafft. Ich bin ganz schön fertig.
Sandra: Eine richtige Brotzeit haben wir uns verdient. *(Schauen um sich.)* Aber ich sehe ja gar kein Wirtshaus.
Simon: Da gibt es auch gar keines; wir haben uns getäuscht.
Kerstin: Ich habe aber Hunger!
Hans: Was machen wir denn dann?
Kerstin: Vielleicht hat jemand etwas zum Essen mitgenommen?
Alle schauen erschrocken.

Simon (schnürt seinen Rucksack fest zu): Ich habe nichts dabei.
Sandra (schaut ängstlich, greift in die Tasche): Ich habe nur Kaugummis dabei, die machen nicht satt.
Kerstin (trinkt hastig ihre Coladose aus): Meine Coladose ist auch schon leer.
Coladose und Kaugummis sind in der Mitte des Halbkreises; Kinder sitzen nachdenklich und geknickt da.

Kurze, leise, traurige Musik – Klingel.

Hans öffnet Rucksack; die anderen halten ihren Rucksack fest.
Hans zieht Fladenbrot aus dem Rucksack, teilt es in zwei Teile, gibt einen Teil weiter, der nächste packt aus, teilt, gibt weiter ...

Sprecher:
Wir haben gesehen: Plötzlich werden alle satt. Das hat keiner gedacht. Es ist wie ein Wunder. Vielleicht war es bei der Geschichte mit Jesus, die wir im Evangelium gerade gehört haben, ähnlich. Die Menschen denken nicht mehr nur an sich.
Jesus wirkt Wunder in den Herzen der Menschen. Die Menschen verändern sich. Sie teilen das Brot. Das ist ein Wunder.

Lied: „Jesus schenkt Brot"

Text und Melodie: A. Dinzinger/ W. Pangerl (Brotvermehrung)

2. Sie haben Hunger, leiden Not. Sie haben nur ein bisschen Brot.
3. Doch Jesus teilt das Brot und sagt: Jeder kann essen, soviel er mag.
4. Und alle teilen und werden satt, weil Je... Lieb ...hat.

Vorschläge für Spielgesten zu den Strophen:

1. *Hand zum Horchen ans Ohr halten.*
2. *Hände vor den Bauch halten.*
3. *„Teilen"-Geste (Brot brechen und Arme auseinander strecken).*
4. *Über den Bauch streichen.*

Fürbitten:

Pr.: Gott, du trägst uns auf, zu teilen und zu helfen. Wir bitten dich:

1) Viele Menschen haben nicht genug zu essen. Wir wollen teilen.
Alle: Wir bitten dich, erhöre uns.

2) Viele Menschen brauchen jemanden, der Zeit für sie hat. Wir wollen unsere Zeit mit ihnen teilen.

3) Viele Menschen haben keine Freunde und sind allein. Wir wollen helfen.

4) Viele Menschen wollen alles selber haben und können nichts teilen. Wir wollen teilen.

5) Viele Menschen haben wenig Freude im Leben. Wir wollen helfen, dass sie deine Wunder entdecken.

Pr.: Denn du wirkst Wunder in den Herzen der Menschen durch Jesus Christus, unseren Herrn. Amen.

Gabengebet:

Gütiger Gott, du schenkst uns das Brot zum Leben. Wir wollen es teilen und deine Liebe weitergeben. So glauben wir, du bist uns immer nahe durch Jesus Christus, unseren Herrn. Amen.

Kommunionmeditation:

Was ist ein Wunder?
Nach dem Unwetter scheint die Sonne wieder.
Neues Leben entsteht.
Aus dem kleinen Samenkorn wird eine große Pflanze.
Eine Blume blüht.
Ein Kind wird geboren.

Was ist ein Wunder?
Jemand mag mich.
Menschen vertragen sich.
Menschen verzeihen.
Menschen verändern sich.
Menschen teilen.
Menschen teilen und schenken Hoffnung.
Menschen teilen und ermöglichen Leben.
Menschen teilen und zeigen etwas von deiner Liebe.

Herr, ich bitte dich nicht um ein großes Wunder.
Herr, hilf mir, die Wunder, die täglich passieren, zu sehen.

Schlussgebet:

Lieber Gott, wir danken dir, dass du für uns sorgst. Wir wollen zeigen, wie gut du bist, wenn wir das, was wir von dir empfangen, teilen und weiterschenken. So können auch Wunder in dieser Welt geschehen. Dafür danken wir durch Jesus Christus, unseren Herrn. Amen.

18. Sonntag im Jahreskreis:
Manna – Brot vom Himmel

Vorbereitungen:

- *drei Kinder*
- *Manna (erhältlich in der Apotheke)*

Einführung:

Liebe Kinder, liebe Christen, wir sind zusammengekommen, weil wir Gott danken wollen. Wir danken ihm, dass er für uns sorgt. Gott lässt immer wieder auch Dinge geschehen, die uns wundern. Solch eine Wundergeschichte von der Brotvermehrung haben wir letzten Sonntag gehört und hören wir heute in der Lesung.

Kyrie:

Wir grüßen Jesus im Kyrie, denn er zeigt uns den Weg zum Vater.

1) Herr Jesus, durch dich erkennen wir die Liebe Gottes.
Kyrie eleison.

2) Herr Jesus, durch dich verstehen wir das Wort Gottes.
Christe eleison.

3) Herr Jesus, durch dich sind wir miteinander verbunden.
Kyrie eleison.

Tagesgebet:

Allmächtiger Gott, Schöpfer der Welt, du bist bei uns. Du kümmerst dich um uns und schenkst uns deine Liebe. Wir danken dir durch Jesus Christus, deinen Sohn, unseren Herrn, der mit dir lebt und herrscht in alle Ewigkeit. Amen.

Vor der Lesung:

Sprecher:
Es gibt eine Geschichte, die so schön ist, dass sie seit 3000 Jahren immer wieder erzählt wird. Eltern haben sie ihren Kindern erzählt und die haben sie wieder ihren Kindern erzählt. Dies geschah so oft, dass sie bis heute den Menschen aus der Bibel erzählt wird.

Das Volk Israel war in Ägypten gefangen und wurde unterdrückt. Gott hat das Volk Israel aus der Sklaverei herausgeführt und gerettet. Das Volk war über diese Rettung sehr froh und dankbar. Moses führte die Israeliten mit Gottes Hilfe nach Hause. Der Weg führte durch die Wüste.

Kinder sprechen:
1) Endlich sind wir frei. Kein ägyptischer Aufseher kommandiert und niemand schlägt uns.

2) Endlich sind wir frei und dürfen in unser Land zurück.

3) Endlich sind wir frei. Moses führt uns. Gott, wir danken dir.

Sprecher:
Aber die Menschen sind wankelmütig. Schnell jubeln sie, aber schnell murren sie auch. Denn die Menschen hatten in der Wüste nichts zu essen.

Lesung: (Ex 16, 2-4. 12-15)

Lesung aus dem Buch Exodus.

In jenen Tagen
murrte die ganze Gemeinde der Israeliten
in der Wüste gegen Mose und Aaron.
Die Israeliten sagten zu ihnen:

Kinder sprechen:
1) Es geht uns schlecht, denn wir haben nichts zu essen. Gott hat uns im Stich gelassen.

2) Wären wir doch in Ägypten durch die Hand des Herrn gestorben, als wir an den Fleischtöpfen saßen und Brot genug zu essen hatten.

3) Ihr habt uns nur deshalb in diese Wüste geführt, um alle, die hier versammelt sind, an Hunger sterben zu lassen.

Da sprach der Herr zu Mose:
Ich will euch Brot vom Himmel regnen lassen.
Das Volk soll hinausgehen, um seinen täglichen Bedarf zu sammeln.
Ich habe das Murren der Israeliten gehört.
Sag ihnen: Am Abend werdet ihr Fleisch zu essen haben,
am Morgen werdet ihr satt sein von Brot,
und ihr werdet erkennen, dass ich der Herr, euer Gott, bin.

Am Abend kamen die Wachteln und bedeckten das Lager.
Am Morgen lag eine Schicht von Tau rings um das Lager.
Als sich die Tauschicht gehoben hatte,
lag auf dem Wüstenboden etwas Feines, Knuspriges,
fein wie Reif, auf der Erde.
Als das die Israeliten sahen,
sagten sie zueinander: Was ist das?
Denn sie wussten nicht, was es war.
Da sagte Mose zu ihnen:
Das ist das Brot, das der Herr euch zu essen gibt.

Wort des lebendigen Gottes.

Kinder sprechen:

1) Und wieder hat Gott für uns gesorgt.
Alle: Dank sei Gott.

2) Gott bleibt uns treu. Er lässt uns nie im Stich.

3) Er hat uns Brot vom Himmel geschenkt.

Evangelium: (Joh 6,24.28.31-35)

Aus dem Evangelium nach Johannnes.

In jener Zeit,
als die Leute sahen,
dass weder Jesus noch seine Jünger am Ufer des Sees waren,
stiegen sie in die Boote.
Da fragten sie ihn:
Was müssen wir tun, um die Werke Gottes zu vollbringen?
Unsere Väter haben das Manna in der Wüste gegessen,
wie es in der Schrift heißt:

Brot vom Himmel gab er ihnen zu essen.
Jesus sagte zu ihnen: Amen, amen, ich sage euch:
Nicht Mose hat euch das Brot vom Himmel gegeben,
sondern mein Vater im Himmel gibt euch das wahre Brot vom Himmel.
Denn das Brot, das Gott gibt,
kommt vom Himmel herab und gibt der Welt das Leben.
Da baten sie ihn:
Herr, gib uns immer dieses Brot!
Jesus antwortete ihnen:
Ich bin das Brot des Lebens.
Wer zu mir kommt,
wird nie mehr hungern,
und wer an mich glaubt,
wird nie mehr Durst haben.

Predigtteil:

Auf Gott können wir uns verlassen. Ihm können wir vertrauen.
Jesus erzählt: Gott schenkt nicht nur das Brot zum Sattwerden. Er sagt: Das Brot, das Gott gibt, gibt der Welt das Leben.
Gott schenkt nicht nur Brot. Er schenkt uns alles, was wir brauchen.
So ist das Brot für Christen sogar ein Zeichen für Jesus selbst.
So können wir Gott immer wieder danken!

Fürbitten:

Pr.: Allmächtiger Gott, viele Menschen haben Hunger. Sie leiden. Wir bitten dich:

1) Viele Menschen brauchen etwas zu essen. Sie haben Hunger nach Brot, das satt macht.
Stille ihren Hunger.
Alle: Stille ihren Hunger.

2) Viel Menschen sind traurig. Sie haben Hunger nach Freude.

3) Viele Menschen sind allein. Sie haben Hunger nach Gemeinschaft.

4) Viele Menschen werden von den anderen übersehen. Sie haben Hunger nach Liebe.

5) Viele Menschen müssen in Streit und Krieg leben. Sie haben Hunger nach Frieden.

Pr.: Gott, auf dich können wir uns verlassen, denn du schenkst uns alles, was wir brauchen.

Gabengebet:

Guter Gott, du schenkst uns Brot zum Sattwerden. Du schenkst uns auch das Brot, das der Welt das Leben gibt. In diesem Brot bist du bei uns durch Jesus Christus, unseren Herrn. Amen.

Zum Segen:

Wir haben echtes Manna mitgebracht. Solches Manna wird von Bäumen abgesondert. Es erinnert uns an die Rettung der Israeliten in der Wüste. Es erinnert uns daran, dass Gott uns nicht verlässt. Wir können ihm vertrauen. Jedes Kind darf sich beim Segen Manna nehmen und es essen.

Schlussgebet:

Guter Gott, durch diese Feier stillst du unsere Sehnsucht nach dir. Im Brot des Lebens und in deinem Wort bist du uns nahe. Wir empfangen neue Kraft, um das Gute zu tun. Bleibe bei uns durch Jesus Christus, unseren Herrn. Amen.

19. Sonntag im Jahreskreis:
Brot – ein Zeichen der Gemeinschaft und der Versöhnung

Vorbereitungen:

- *Weißbrot*
- *Geschichte: „Brot in deiner Hand“ als Schattenspiel*
- *Figuren für Tageslichtprojektor*
- *Tageslichtprojektor*

Einführung:

Ich habe hier Brot. Das Brot riecht gut, es schmeckt gut. Es macht uns satt. Gott schenkt uns Brot, das unseren Hunger stillt. Gott schenkt uns alles, was wir brauchen. Wir sind hier zusammengekommen, um Gott dafür zu danken. Menschen haben Hunger nach Brot, sie haben aber auch Hunger nach Liebe, nach Gemeinschaft, nach Frieden und Versöhnung.

Kyrie:

1) Herr Jesus Christus, wir haben Hunger nach Brot, das uns satt macht.
Herr erbarme dich.

2) Herr Jesus Christus, wir haben Hunger nach Gemeinschaft mit anderen Menschen.
Christus erbarme dich.

3) Herr Jesus Christus, wir haben Hunger nach deiner Nähe.
Herr erbarme dich.

Pr.: Der Herr erbarme sich unser, er stille unseren Hunger und schenke uns das ewige Leben. Amen.

Tagesgebet:

Guter Gott, du schenkst uns Brot. Es ist für uns wertvoll. Jeden Tag essen wir Brot. Es stillt unseren Hunger und macht uns satt. Aber wir brauchen noch mehr als Brot. Wir brauchen einen, der uns anerkennt und liebt, der zu uns gehört und uns verzeiht. Aus deiner liebenden Hand können wir alles empfangen, was wir brauchen. Dafür danken wir durch Jesus Christus, unseren Herrn. Amen.

Statt Lesung: „Brot in deiner Hand“ (von Heinrich A. Mertens)

Die Geschichte wird als Schattenspiel am Tageslichtprojektor dargestellt. In Klammern finden Sie einige Anweisungen für die Darstellung.

In der Jakobsstraße in Paris liegt ein Bäckerladen *(Bäckerladen)*; da kaufen viele hundert Menschen ihr Brot. Der Besitzer ist ein guter Bäcker. Aber nicht nur deshalb kaufen die Leute des Viertels dort gern ihr Brot. Noch mehr zieht sie der alte Bäcker an *(alter Bäcker)*, des jungen Bäckers Vater. Meistens ist nämlich der alte Bäcker im Laden und verkauft. Dieser alte Bäcker ist ein spaßiger Kerl. Manche sagen: Er hat einen Tick. Aber nur manche. Die meisten sagen: Er ist weise, er ist menschenfreundlich. Einige sagen sogar:
Er ist ein Prophet. Aber als ihm das erzählt wurde, knurrte er vor sich hin: „Dummes Zeug ...“
Der alte Bäcker weiß, dass man Brot nicht nur zum Sattessen braucht. Und gerade das gefällt den Leuten. Manche erfahren das zum ersten Mal beim Bäcker an der Jakobsstraße.
Zum Beispiel der Autobusfahrer Gerard, der einmal zufällig in den Brotladen an dar Jakobsstraße kam. *(Busfahrer Gerard)*
„Sie sehen bedrückt aus“, sagte der alte Bäcker zum Busfahrer. „Ich habe Angst um meine kleine Tochter“, antwortete der Busfahrer Gerard. *(Bäcker und Gerard essen.)*
„Sie ist gestern aus dem Fenster gefallen, vom 2. Stock!“
„Wie alt?“, fragte der alte Bäcker.
„Vier Jahre“, antwortete Gerard.
Da nahm der alte Bäcker ein Stück vom Brot, das auf dem Ladentisch lag, brach zwei Bissen ab und gab das eine Stück dem Busfahrer. „Essen Sie mit mir“, sagte der alte Bäcker zu Gerard. „Ich will dabei an Sie und Ihre kleine Tochter denken. Der Busfahrer hatte so etwas noch nie erlebt, aber er verstand sofort, was der alte Bäcker meinte, als er ihm das Brot in die Hand gab. Und sie aßen beide ihr Stück und schwiegen und dachten an das Kind im Krankenhaus.
Zuerst war der Busfahrer mit dem alten Bäcker allein. Dann kam eine Frau herein. *(Frau kommt.)*
Sie hatte auf dem nahen Markt zwei Tüten Milch geholt und wollte nun eben ein Brot kaufen. Bevor Sie ihren Wunsch sagen konnte, gab ihr der alte Bäcker ein kleines Stück Weißbrot in die Hand und sagte: „Kommen Sie, essen Sie mit uns: die Tochter dieses Herrn liegt schwer verletzt im Krankenhaus – sie ist aus dem Fenster gefallen. Vier Jahre ist das Kind. Der Vater soll wissen, dass wir ihn nicht allein lassen“. Und die Frau nahm das Stückchen Weißbrot und aß mit den beiden. *(Alle drei essen; Musik)*

BÄCKEREI
Brot + Gebäck
BÄCKEREI
Brot + Gebäck

BÄCKEREI
Brot
+
Gebäck

BÄCKEREI
Brot
+
Gebäck

(Nur der alte Bäcker ist im Laden.)
So war es oft in dem Brotladen, in dem der alte Bäcker die Kunden bediente. Aber es passierte noch anderes, über das sich die Leute noch mehr wunderten. Da gab es zum Beispiel einmal die Geschichte mit Gaston:
An einem Morgen wurde die Ladentür aufgerissen und ein großer Kerl stürzte herein. *(junger Mann)*
Er lief vor jemandem fort. Das sah man sofort. Und da kam ihm der offene Bäckerladen gerade recht. Er stürzte also herein, schlug die Tür hastig hinter sich zu und schob von innen den Riegel vor.
„Was tun Sie denn da?", fragte der alte Bäcker. „Die Kunden wollen doch zu mir herein um Brot zu kaufen. Machen Sie die Tür sofort wieder auf." Der junge Mann war ganz außer Atem. Und da erschien vor dem Laden auch schon ein Mann, der sah aus wie ein Schwergewichtsboxer *(Mann)*, in der Hand eine Eisenstange. Als er im Laden den jungen Kerl sah, wollte er auch hinein. Aber die Tür war verriegelt.
„Er will mich erschlagen!", keuchte der junge Mann. „Wer? Der?", fragte der alte Bäcker.
„Ja, mein Vater!", sagte der junge Mann und zitterte am ganzen Körper." „Er will mich erschlagen. Er ist jähzornig. Er ist bald neunzig."
„Na, das lass mich nur machen", sagte dar alte Bäcker. Und er ging zur Tür, schob den Riegel zurück und rief dem schweren Mann zu: „Guten Morgen, Gaston. Am frühen Morgen regst du dich schon so auf? Das ist ungesund. So kannst du nicht lange leben. Komm herein, Gaston. Aber benimm dich. Lass den Jungen in Ruh! In meinem Laden wird kein Mensch umgebracht."
Der Mann mit der Eisenstange trat ein. Seinen Sohn schaute er gar nicht an. Er war viel zu erregt, um dem Bäcker antworten zu können. Er wischte sich mit der Hand über die feuchte Stirn und schloss die Augen.
Da hörte er den Bäcker sagen: „Komm, Gaston, iss ein Stück Brot; das beruhigt. Und iss es zusammen mit deinem Sohn. Das versöhnt. Ich will auch ein Stück essen, um euch bei der Versöhnung zu helfen." Da gab er jedem ein Stück Weißbrot.
Und Gaston nahm das Brot, auch sein Sohn nahm das Brot. *(Alle drei essen.)*
Und als sie alle drei aßen, sahen sie einander an. Und der alte Bäcker lächelte den beiden zu.
Als sie aber das Brot gegessen hatten, sagte Gaston: „Komm Junge, wir müssen an die Arbeit."

Predigtteil 1:

Brot kann man nicht nur zum Sattessen brauchen, meint der alte Bäcker.
Das Essen des Brotes im Bäckerladen schenkt den Menschen Gemeinschaft.
Der Busfahrer ist mit seiner Trauer und Sorge nicht mehr allein.
Das Essen des Brotes im Bäckerladen schenkt den Menschen Verzeihung und Frieden. Vater und Sohn essen in Ruhe ein Brot miteinander und versöhnen sich.
Brot ist ein Zeichen der Gemeinschaft und ein Zeichen der Versöhnung.
Brot essen heißt: Wir sind gut zueinander

Evangelium: (Joh 6,41-51)

Aus dem heiligen Evangelium nach Johannes.

Jesus sagte: Amen, Amen, ich sage euch:
Wer glaubt, hat das ewige Leben.
Ich bin das Brot des Lebens.
Eure Väter haben in der Wüste das Manna gegessen
und sind gestorben.
So aber ist es mit dem Brot,
das vom Himmel herabgekommen ist.
Wer von diesem Brot isst,
wird in Ewigkeit leben.
Das Brot, das ich geben werde,
ist mein Fleisch,
ich gebe es hin für das Leben der Welt.

Predigtteil 2:

Brot ist ein Zeichen der Gemeinschaft und ein Zeichen der Versöhnung.
Auch wir brechen im Gottesdienst Brot und essen es miteinander.
Wenn wir das tun, dann tun wir eigentlich das Gleiche, was der Bäcker macht.
Wir feiern, dass wir gut zueinander sind.
Wir feiern, dass wir in Gemeinschaft leben.
Wir feiern, dass wir uns vertragen.

Und Jesus sagt, er ist selbst das Brot.
Wir haben es soeben im Evangelium gehört: „Ich bin das Brot des Lebens."
Er ist das Brot, das unsere Gemeinschaft verbindet.

Er ist das Brot, das uns Leben schenkt.
Dieses Brot schenkt uns Gemeinschaft und Versöhnung.
Dieses Brot verbindet uns mit Jesus.

Fürbitten:

Pr.: Guter Gott, durch das Brotbrechen willst du unsere Gemeinschaft stärken. Wir bitten dich:

1) Wir denken an die Menschen, die Hunger haben: Sie sollen satt werden.

2) Wir denken an die Menschen, die Kummer und Sorgen haben: Sie sollen nicht allein sein.

3) Wir denken an die Menschen, die sich gestritten haben: Sie sollen den Mut zur Versöhnung finden.

4) Wir denken an die Menschen, die nie in die Kirche gehen: Sie sollen Gottes Güte immer wieder erfahren.

5) Wir denken an die Menschen, die anderen Mut machen: Sie sollen Kraft finden im Gebet.

Pr.: Denn du bist gut, unser Gott. Du schenkst uns das Brot des Lebens durch Jesus Christus, unseren Herrn. Amen.

Gabengebet:

Lieber Gott, wir haben uns um diesen Altar versammelt und feiern die Gemeinschaft untereinander und mit dir. Wir bringen Brot. Es ist für uns das Brot des Lebens. Es verbindet uns untereinander und verbindet uns mit dir. Wir danken dir durch Jesus Christus, unseren Herrn. Amen.

Schlussgebet:

Gott, das Brot des Lebens kann unsere Sehnsucht nach deiner Nähe stillen und unsere Gemeinschaft stark machen. Du hilfst uns durch dieses Brot, sodass wir froh und gut leben können. Dafür danken wir durch Jesus Christus, unseren Herrn. Amen.

20. Sonntag im Jahreskreis:
Brot des Lebens

Vorbereitungen:

- *Korb mit vielen verschiedenen Broten und Brotsorten, darunter auch Hostien*
- *Karten: „Kraft", „Leben", „Gemeinschaft"*

Einführung:

Liebe Kinder, liebe Christen, immer, wenn wir uns treffen, will uns Jesus zeigen, wie sehr Gott uns liebt. Er zeigt es uns durch sein Wort und das Brot, das er mit uns teilt.
Heute haben wir allerlei Brot mitgebracht. Denn Brot gibt es in unterschiedlichsten Formen. Hier haben wir Weißbrot, Bauernbrot, Semmeln, Brezen, Fladenbrot, Vollkornbrot, Knäckebrot ... und auch Hostien können wir erkennen. Hostien sind genauso ein Brot wie alles andere Brot.
Wir wollen das Brot vor den Ambo stellen und werden hören, welche Bedeutung das Brot für unseren Glauben hat.

Im Kyrie rufen wir Jesus zu:

Kyrie:

1) Herr Jesus Christus, du zeigst uns die Liebe des Vaters.
Kyrie eleison.

2) Herr Jesus Christus, du schenkst uns die Frohe Botschaft.
Christe eleison.

3) Herr Jesus Christus, du gibst uns das Brot des Lebens.
Kyrie eleison.

Tagesgebet:

Allmächtiger Gott, du Schöpfer der Welt, du hast die Erde so wunderbar erschaffen. Du schenkst uns das Brot und alle Nahrung, die wir zum Leben brauchen. Du schenkst sogar im Überfluss. Darum danken wir durch Jesus Christus, unseren Herrn. Amen.

Lesung (Apg 2,43-47)

Predigtteil 1:

Wir essen jeden Tag Brot, ob als Semmel oder als Vollkornbrot, ob als Knäckebrot, oder gewürztes Bauernbrot. Es ist Brot, das wir zum Leben brauchen. Auch im Vaterunser bitten wir um dieses tägliche Brot, denn
Brot ist wichtig. Es gibt uns Kraft und schenkt uns Leben.

Evangelium: (Joh 6,51.58, gekürzt)

Aus dem heiligen Evangelium nach Johannes.

In jener Zeit sprach Jesus zu der Menge:
Ich bin das lebendige Brot,
das vom Himmel herabgekommen ist.
Wer von diesem Brot isst,
wird in Ewigkeit leben.
Das Brot, das ich geben werde, ist mein Fleisch,
ich gebe es hin für das Leben der Welt.

Dies ist das Brot, das vom Himmel herabgekommen ist.
Mit ihm ist es nicht wie mit dem Brot,
das die Väter gegessen haben;
sie sind gestorben.
Wer aber dieses Brot isst,
wird leben in Ewigkeit.

Predigtteil 2:

Liebe Kinder, liebe Christen, Brot ist wichtig. Es gibt uns Kraft und schenkt uns Leben. Deshalb sagt Jesus: Ich bin für euch wie Brot. Ich bin für euch das Brot des Lebens. Und er meint, er gibt Kraft (Karte „Kraft“) und Leben (Karte „Leben“). Das ist für uns eine frohe Botschaft. Jesus schenkt uns sein Brot und gibt uns Kraft für Leib und Seele. Er ist auch der, der uns miteinander verbindet und uns Gemeinschaft (Karte „Gemeinschaft“)
schenkt. In der Lesung haben wir eindrücklich davon gehört.
Die Wortkarten werden nun in den Korb zu den Broten gesteckt.

Fürbitten:

Pr.: Gott, du gibst jedem Menschen Kraft zum Leben. Wir bitten dich:

1) Wir bitten dich für alle Menschen, die schwere Lasten tragen und Kraft brauchen.
Stärke sie mit deinem Brot.
Alle: Stärke sie mit deinem Brot.

2) Wir bitten dich für alle kranken Menschen, die sich schwach fühlen.
Stärke sie mit deinem Brot.

3) Wir bitten dich für alle Behinderten, die sich schwer tun, im Leben mitzuhalten.
Stärke sie mit deinem Brot.

4) Wir bitten dich für alle, die alte und kranke Menschen pflegen.
Stärke sie mit deinem Brot.

5) Wir bitten dich für alle traurigen Menschen, die keine Hoffnung mehr haben.
Stärke sie mit deinem Brot.

Pr.: Hilf uns, o Gott, und mach uns stark durch Jesus Christus, unseren Herrn. Amen.

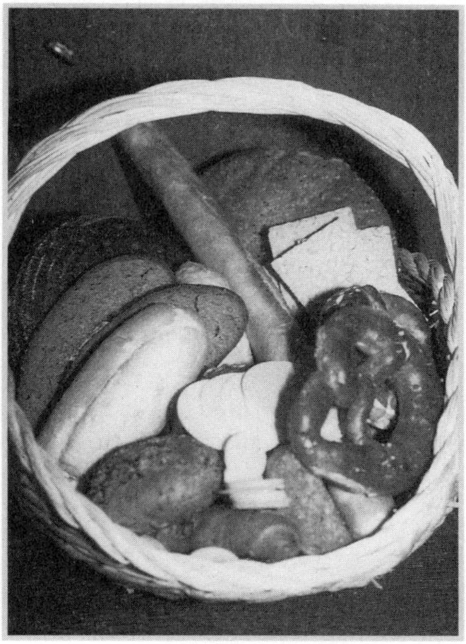

Gabengebet:

Gütiger Gott, du schenkst uns das Brot des Lebens. Das ist für uns wertvoll und wichtig. So feiern wir gemeinsam, dass du bei uns bist durch Jesus Christus, unseren Herrn. Amen.

Schlussgebet:

Lieber Gott, durch das Brot des Lebens gibst du uns Nahrung und Stärke. Du bist bei uns. Darüber freuen wir uns jeden Tag und danken dir durch Jesus Christus, unseren Herrn. Amen.

21. Sonntag im Jahreskreis:
Entscheiden für Jesus

Vorbereitungen:

– *zwei Wegweiser im Altarraum*
– *Spielszene: „Jünger“*

Einführung:

Liebe Kinder, liebe Christen, wir haben uns versammelt, um den sonntäglichen Gottesdienst zu feiern. Viele von uns hätten auch zu Hause bleiben oder etwas anderes tun können. Wir haben uns für den Gottesdienst entschieden. Solche Entscheidungen gibt es oft.

Einer kommt, stellt sich vor die Wegweiser und spricht:
Was steht denn da? Endlich ein Wegweiser auf meinem langen Weg. Wenn ich nach A will, geht es links weiter, wenn ich nach B will, geht es rechts weiter. Ich muss mich entscheiden! Entweder – oder!

Kyrie:

1) Herr Jesus Christus, du bist für uns den Weg der Liebe gegangen.
   Kyrie eleison.

2) Herr Jesus Christus, du rufst uns zur Nachfolge.
   Christe eleison.

3) Herr Jesus Christus, du bist für uns der Weg, die Wahrheit und das Leben.
   Kyrie eleison.

Tagesgebet:

Allmächtiger Gott, du hast uns das Leben geschenkt. Das Leben führt uns immer wieder vor Entscheidungen. Mit deinem Wort hilfst du uns, dass wir uns für das Gute entscheiden. Dafür danken wir durch Jesus Christus, unseren Herrn. Amen.

Lesung (Jos 24,1-2a.15-17.18b)

Vor dem Evangelium: *Zwei Jünger unterhalten sich.*

Sprecher: Bevor wir das Evangelium hören, wollen wir sehen, wie es den Jüngern ergangen ist.

A: Hast du es wieder gehört, was Jesus erzählt?
Was er sagt, ist unerträglich! Wer kann es anhören?
Da ist endlich einer, auf den die Leute hören! Einer, der den Römern das Handwerk legen kann! Und dann spricht er dauernd von Liebe und Hingabe!

B: Manches kann ich auch nicht verstehen. Aber vielleicht hat er doch Recht? Wir müssen immer wieder neu hinhören, dann verstehen wir es besser.

Evangelium: (Joh 6,60-61.63.65-69)

Aus dem heiligen Evangelium nach Johannes.

In jener Zeit sagten viele der Jünger Jesu, die ihm zuhörten:
Was er sagt, ist unerträglich.
Wer kann das anhören?
Jesus erkannte, dass seine Jünger darüber murrten,
und fragte sie: Daran nehmt ihr Anstoß?

Der Geist ist es, der lebendig macht.
Das Fleisch allein nützt nichts.
Die Worte, die ich zu euch gesprochen habe,
sind Geist und sind Leben.
Und er sagte: Deshalb habe ich zu euch gesagt:
Niemand kann zu mir kommen,
wenn es ihm nicht vom Vater gegeben ist.
Daraufhin zogen sich viele Jünger zurück
und wanderten nicht mehr mit ihm umher.
Da fragte Jesus die Zwölf: Wollt auch ihr weggehen?
Simon Petrus antwortete ihm:
Herr, zu wem sollten wir gehen?
Du hast Worte des ewigen Lebens.

Wir sind zum Glauben gekommen
und habe erkannt: Du bist der Heilige Gottes.

Predigtteil:

Jünger kommen wieder:

A: Diesem Jesus will ich nicht nachfolgen. Ich gehe andere Wege.
Geht weg.

B: Ich glaube Jesus.
Ich gehe mit ihm.
So gut wie er war keiner zu mir.
Ich habe von ihm so viel Gutes erfahren und mit ihm so viel Gutes erlebt,
dass ich mich für ihn entscheide,
auch wenn ich manches noch nicht verstehe.
Er zeigt uns, wie gut Gott ist.

Sprecher:
Es gibt Menschen, die entscheiden sich für Jesus und es gibt Menschen, die gehen andere Wege. Jesus lässt jedem seine freie Entscheidung.
Einige Kinder wollen uns von ihren Entscheidungen erzählen:

Kinder sprechen:

1) Ich habe mich mit meinem Freund gestritten. Ich will mich wieder mit ihm vertragen. Ich gehe den Weg der Versöhnung, den Weg Jesu.

2) Ich habe meine Mutter angelogen. Ich gehe und sage ihr, wie es wirklich war. Ich gehe den Weg der Wahrheit/Ehrlichkeit, den Weg Jesu.

3) Ich bin froh, dass ich getauft bin und Jesus kenne. Im Gebet kann ich ihm/Gott alles erzählen. Gerne besuche ich den Gottesdienst.

Fürbitten:

Pr.: Guter Gott, Jesus ist den Weg vorangegangen und zeigt uns den Weg zu dir. Wir bitten dich:

1) Wir bitten dich für alle Menschen, die sich entscheiden müssen zwischen Streit und Versöhnung.
Zeig ihnen den Weg.

2) Wir bitten dich für alle Menschen, die sich entscheiden müssen zwischen Lüge und Wahrheit/Ehrlichkeit.
Zeig ihnen den Weg.

3) Wir bitten dich für alle Menschen, die sich entscheiden müssen zwischen Behalten und Teilen.
Zeig ihnen den Weg.

4) Wir bitten dich für alle Menschen, die sich entscheiden müssen, ob sie einem andern helfen.
Zeig ihnen den Weg.

5) Wir bitten dich für alle Menschen, die sich entscheiden müssen, ob sie Jesus nachfolgen.
Zeig ihnen den Weg.

Pr.: Denn du bist bei uns auf allen Wegen durch Jesus Christus, unseren Herrn. Amen.

Gabengebet:

Guter Gott, wir wollen uns immer wieder für deinen Weg entscheiden. Auf diesem Weg dürfen wir deine Nähe erfahren. So bringen wir Brot und Wein, um deine Liebe zu feiern. Dafür danken wir durch Jesus Christus, unseren Herrn. Amen.

Schlussgebet:

Allmächtiger Gott, der Weg mit deinem Sohn Jesus führt zum ewigen Leben. So werden wir durch deine Liebe gestärkt und ermutigt. Immer wieder wollen wir uns für dich entscheiden und dir danken durch Jesus Christus, unseren Herrn. Amen.

22. Sonntag im Jahreskreis:
Von Reinheit und Unreinheit

Vorbereitung:

- *schmutziges T-Shirt*
- *Spielszene: Mutter, Hans, Schulfreund, schmutziges T-Shirt und Hose, Klingel*

Einleitung:

Sprecher zeigt schmutziges T-Shirt:
So ein T-Shirt kennen wir alle – es ist schmutzig.
Mit diesem T-Shirt muss jetzt etwas passieren – es muss gewaschen werden, damit es wieder sauber, rein wird.
Das kennen wir alle aus dem Werbefernsehen. Wenn das T-Shirt sauber und rein ist, ist alles wieder gut – alle strahlen glücklich. Wir wissen aber, dass wir im wirklichen Leben durch saubere Wäsche nicht glücklich werden.
Im Evangelium sagt uns Jesus heute etwas Wichtiges über Reinheit und Unreinheit.

Schuldbekenntnis:

Kinder sprechen:

1) Oft sind unsere Hände nicht rein, weil wir einander schlagen.
Wir bitten um Verzeihung.
Alle: Wir bitten um Verzeihung.

2) Oft ist unser Mund nicht rein, weil wir einander böse Worte sagen.
Wir bitten um Verzeihung.

3) Oft ist unser Gewissen nicht rein, weil wir auf andere nicht Rücksicht nehmen.
Wir bitten um Verzeihung.

Pr.: Wir bitten dich und einander um Verzeihung, guter Vater. Wir wissen, dass du das Böse, das Unreine aus unserem Herzen fortnimmst. Dafür danken wir dir.

Kyrie: (beten)

Kyrie eleison – Christe eleison – Kyrie eleison.

Tagesgebet:

Lieber Vater, alles Gute kommt von dir. Du bist ganz und gar gut. Darüber sind wir froh. Gib in unser Herz die Liebe zu dir und zueinander. Lass in uns das Gute wachsen, das du uns immer wieder schenkst. Darum bitten wir durch Christus, unseren Herrn. Amen.

Lesung (Jak 1,17-18.21b-22.27)

Evangelium: (Mk 7,1-4.14-15.21-23)

Aus dem heiligen Evangelium nach Markus.

In jener Zeit hielten sich die Pharisäer und einige Schriftgelehrte,
die aus Jerusalem gekommen waren, bei Jesus auf.
Sie sahen, dass einige seiner Jünger ihr Brot
mit unreinen, das heißt mit ungewaschenen Händen aßen.
Die Pharisäer essen nämlich wie alle Juden nur,
wenn sie vorher mit einer Hand voll Wasser
die Hände gewaschen haben,
wie es die Überlieferung der Alten vorschreibt.
Auch wenn sie vom Markt kommen,
essen sie nicht, ohne sich vorher zu waschen.
Noch viele andere überlieferte Vorschriften halten sie ein,
wie das Abspülen von Bechern, Krügen und Kesseln.

Da rief Jesus die Leute zu sich und sagte:
Hört mir alles zu und begreift, was ich sage.
Nichts, was von außen in den Menschen hineinkommt,
kann ihn unrein machen,
sondern was aus dem Menschen herauskommt,
das macht ihn unrein.
Denn von innen, aus dem Herzen der Menschen,
kommen die bösen Gedanken,
Unzucht, Diebstahl, Mord,

Ehebruch, Habgier, Bosheit,
Hinterlist, Ausschweifung,
Neid, Verleumdung, Hochmut und Unvernunft.
All dieses Böse kommt von innen
und macht den Menschen unrein.

Predigtteil – Spielszene:

Sprecher:
Einige Kinder möchten uns jetzt etwas vorspielen.

Es klingelt. Mutter geht zur Türe. Hans steht schmutzig vor ihr.

Mutter:
Um Gottes Willen! Wie schaust du denn aus!? Immer muss ich dasselbe sagen. Schau dich doch einmal an! Von Kopf bis Fuß bist du dreckig und dabei habe ich gestern erst alles gewaschen.

Kind will dazwischen unterbrechen, kommt aber nicht zu Wort!

Mutter (zum Kind):
Ich kann dich gar nicht anschauen. Ab in dein Zimmer! Ich will nichts mehr hören!

Mutter (zu den Leuten):
Bestimmt hat er wieder im Schmutz gespielt. Er macht lauter Unfug. Man braucht ihn ja nur anzuschauen, schon weiß man Bescheid.

Es klingelt; Schulfreund kommt.

Kind:
Grüß Gott, ich bin Emil! Ich wollte noch mal zu Hans! Der war eben echt Spitze. Eine Stunde war ich gefangen im Kellerschacht der Baugrube von nebenan. Dann hat er mir geholfen, da endlich rauszukommen, obwohl er sich dabei ziemlich dreckig gemacht hat. Und dann hat er Angst gehabt, nach Hause zu gehen. Ich möchte mich noch mal bedanken. Hans ist wirklich sehr nett! Ist er da?

Mutter (zu allen gewandt):
Das habe ich nicht gewusst. Hans hat gar nicht gespielt, er hat geholfen. Ach, wie dumm war ich, dass ich nur den Schmutz gesehen habe. Unter dem Schmutz steckt ein gutes Herz.
Jetzt sieht man erst richtig, was im Leben wichtig ist. Nicht das Äußere und Oberflächliche ist wichtig, sondern der gute Wille und die gute Tat. Und die kommt vom Herzen.

Mutter (zum Jungen):
Entschuldige! Das hast du gut gemacht. Der Schmutz ist nicht wichtig.

Sprecher:
Uns geht es doch auch oft so:
Wir sehen die Menschen an und meinen, wir kennen sie:
- Manche denken, wenn sie Ausländer sehen: Die sind dumm und schmutzig! Sie erkennen nicht, dass sie gute Freunde sein können.
- Manche Kinder meinen, alte Menschen können nur schimpfen und böse sein. Aber viele alte Leute freuen sich, wenn sie mit Kindern zu tun haben.
- Manche sehen Jugendliche mit wilden Haaren und zerfetzten Hosen und denken, sie sind wild und ungezogen. Sie wollen nicht sehen, wie hilfsbereit und freundlich sie sein können.

Jesus will uns heute sagen: Schau nicht nur auf das Äußere, sondern schau hinein in ihr gutes Herz.
Jesus sagt: Nicht das Äußere des Menschen macht ihn wertvoll und gut, sondern das, was aus ihm herauskommt: sein gutes Herz, sein gutes Reden und seine guten Taten. Das ist entscheidend für Gott und für die Menschen. Und das kann man auf den ersten Blick oft nicht sehen.

Es gibt so viel Wichtiges, was wir nicht mit den Augen sehen können. Auch Gott gehört dazu.

Fürbitten:

Pr.: Lieber Gott, für dich ist wichtig, was aus unserem Inneren kommt. Wir haben viele Wünsche und Bitten:

1) Wir bitten dich für alle ausländischen Kinder in unserem Land. Wir wünschen ihnen Freunde, die ihr gutes Herz sehen.
Alle: Wir bitten dich, erhöre uns.

2) Wir bitten für die alten Leute. Wir wünschen ihnen Menschen, mit denen sie sich freuen können.

3) Wir bitten für alle Jugendlichen. Wir wünschen ihnen Menschen, die ihnen Vertrauen schenken.

4) Wir bitten für alle Eltern. Wir wünschen ihnen, dass sie ihren Kindern zeigen können, was im Leben wichtig ist.

5) Wir bitten für alle Menschen, die schon gestorben sind. Wir wünschen ihnen die große Freude bei dir.

Pr.: Du hörst auf unsere Bitten, guter Vater, durch Jesus Christus, unseren Herrn. Amen.

Gabengebet:

Allmächtiger Gott, das Wesentliche ist unsichtbar. Wir können dich nicht sehen und nicht hören. In Brot und Wein bist du für uns da. Durch Jesus Christus, unsern Herrn. Amen.

Schlussgebet:

Gütiger Gott, du zeigst uns immer wieder, was im Leben wichtig ist. Wir haben deine Freundschaft gefeiert und dein Brot gegessen. So sagen wir Dank durch Jesus Christus, unseren Herrn. Amen.

23. Sonntag im Jahreskreis:
Heilung des Taubstummen
(Jesus öffnet Augen, Ohren und Mund)

Vorbereitungen:

– *Kind mit Sonnenbrille, Walkman oder Ohrhörern kaut (deutlich sichtbar) Kaugummi*

Einführung:

Liebe Kinder, liebe Christen, heute werden wir eine Wundergeschichte von Jesus hören. Um dieses Wort Jesu besser zu verstehen, will ich euch jemanden vorstellen. Es ist ein Junge/Mädchen, bei dem uns vieles auffällt. Wenn ihr genau hinschaut, könnt ihr entdecken, was mit ihm los ist.
Sprecher zum Kind:
Komm einmal her!

Kind reagiert nicht. Deshalb geht der Sprecher hin und tupft es an:
Komm einmal her!

Kind reagiert wieder nicht. Deshalb nimmt es der Sprecher bei der Hand und führt es vor den Altar:
Warum hört es nichts ? *(Es hat die Ohren zu.)*
Und sehen kann es auch nicht gut. Warum? *(Es hat die dunkle Brille vor den Augen.)*
Warum spricht es nicht mit uns? *(Es hat den Mund voll, etwas im Mund.)*
Wer nicht hören kann und nichts sieht, der kann auch nicht antworten.
Kind geht an seinen Platz.

Vielleicht kennt ihr das auch, wenn man nicht gut hören, sehen oder sprechen kann. Manchmal geht es uns ähnlich.

Schuldbekenntnis und Kyrie:

Guter Gott! Sehen, hören und sprechen sind wichtig.

1) Wir haben Augen, aber sehen nicht das Schöne.
Herr erbarme dich.

2) Wir haben Ohren, aber hören nicht auf unsere Mitmenschen.
Christus erbarme dich.

3) Wir haben einen Mund, aber sprechen wenig gute Worte.
Herr erbarme dich.

Tagesgebet:

Gott Vater im Himmel, du hast uns Augen, Ohren und Mund gegeben. So erkennen wir deine schöne Welt und können mit anderen Menschen zusammenleben. Dafür wollen wir dich loben und preisen. Hilf uns, dass wir immer mehr auf dein Wort hören. Darum bitten wir durch Jesus Christus, unseren Herrn. Amen.

Lesung (Jes 35,4a.5-7a, gekürzt)

Vor dem Evangelium:

Im Evangelium hören wir eine Geschichte, in der ein taubstummer Mann zu Jesus gebracht wurde. Weil der Mann so krank war, hoffte er darauf, dass Jesus ihm hilft.

Evangelium (Mk 7,31-37)

Predigtteil:

Liebe Kinder, liebe Christen, wir haben gerade von einem großen Wunder gehört. Ein Mann, der nichts hören und sprechen konnte, bat Jesus, ihn zu heilen. Im Evangelium steht sogar, wie Jesus das gemacht hat. Jesus war dem Kranken nahe. Er berührte ihn und sprach das aramäische Wort: „Effata!“ Das heißt. Öffne dich! Jesus kann dem Mann die verschlossenen Ohren und den verschlossenen Mund öffnen.
Auch bei uns will Jesus Wunder wirken. Denn obwohl wir nicht taubstumm sind, sind unsere Ohren und unser Mund oft verschlossen, ähnlich wie bei (unserer/m) ...

Kind kommt wieder.
Aber Jesus will uns frei machen von dem, was uns hindert zu sehen, zu hören und zu sprechen. Er will, dass wir das Schöne sehen, dass wir auf unsere Mitmenschen hören und gute Worte sprechen. Denn so können wir als Menschen glücklich leben.

Priester spricht zum Kind:
– Effata! Öffne deine Augen! *(Nimmt Sonnenbrille weg.)*
– Effata! Öffne deine Ohren! *(Nimmt Kopfhörer weg.)*
– Effata! Öffne deinen Mund! *(Kind nimmt Kaugummi weg.)*

Fürbitten:

Pr.: Gott, damit wir als Menschen glücklich leben können, müssen wir uns öffnen für die Welt um uns. Wir bitten dich:

1) Wir bitten dich für alle Menschen, die sich nicht über die schöne Welt freuen können. Öffne ihre Augen.
Alle: Wir bitten dich, erhöre uns.

2) Wir bitten dich für alle Menschen, die nicht auf die Worte ihrer Mitmenschen hören. Öffne ihre Ohren.

3) Wir bitten dich für alle Menschen, die andere Menschen nicht loben oder ihnen etwas Gutes sagen können. Öffne ihren Mund.

4) Wir bitten dich für alle Menschen, die dich und deine Liebe nicht erkennen.
Öffne ihre Augen, ihre Ohren und ihren Mund.

Pr.: Denn deine Nähe und Liebe kann Wunder wirken durch Jesus Christus, unseren Herrn. Amen.

Gabengebet:

Guter Gott, wir wollen uns öffnen für dich. So feiern wir hier am Altar. Dazu bringen wir Brot und Wein. Nimm sie an und lass sie für uns zum Zeichen deiner Liebe werden durch Jesus Christus, unseren Herrn. Amen.

Beim Einzelsegen wird der Effata-Ritus vollzogen.

Schlussgebet:

Gott, du hast die Welt so wunderbar geschaffen und willst, dass wir darin frei und glücklich leben. Durch die Feier hast du uns offen gemacht für deine Wunder. Bleib du bei uns durch Jesus Christus, unseren Herrn. Amen.

24. Sonntag im Jahreskreis:
Jesus zeigt den Weg der Liebe

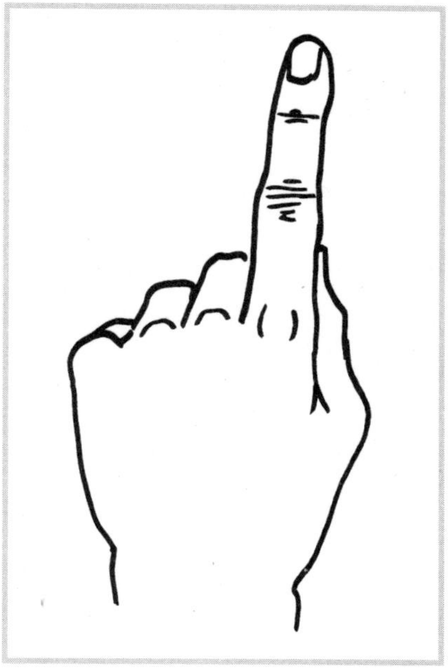

Vorbereitung:

- *Spielszene: drei Menschen aus der Zeit Jesu*
- *Schwert*
- *großes Bild einer Hand mit erhobenem Zeigefinger*
- *Krone*
- *großes Kreuz*
- *An der Kirchentüre bekommen die Kinder Blumen (bzw. gemalte oder gebastelte Papierblumen) zum Schmücken des Kreuzes.*

Einführung:

Liebe Kinder, liebe Christen, die Leute zur Zeit Jesu waren unzufrieden. Wir wollen hören, worüber sie klagten und jammerten.

Drei Spieler kommen.

1) Einer hat ein Geldsäckchen in der Hand:
Das wäre mein Verdienst. Damit könnte ich endlich genug zu essen kaufen für meine Familie. Aber nun muss ich schon wieder so viel Geld hergeben und Steuern an die Römer bezahlen. Ich sage euch, das Schlimmste bei uns sind die Römer. Sie verlangen so viel Geld. Das muss sich ändern! Ich kann es nicht mehr erwarten, bis der Messias kommt.

2) Ja, wir brauchen einen eigenen König. Israel braucht einen starken Messias. Vielleicht wird der Prophet Elija wieder kommen. Der hat schon einmal die Bösewichter und falschen Propheten umbringen lassen. Ich kann es nicht mehr erwarten, bis der Messias kommt.

3) So einer wie Johannes der Täufer müsste wieder kommen und die Leute zur Vernunft bringen. Der hat die Leute ermahnt und geschimpft und ihnen das Fürchten gelehrt. So wird auch der künftige Messias uns mit Donnerstimme vom Bösen befreien. Ich kann es nicht mehr erwarten, bis der Messias kommt.

Sprecher:

So wie diese Menschen haben viele Leute zur Zeit Jesu gedacht und geredet. Sie haben alle auf einen Messias, einen König gewartet. Der sollte sie von den Römern befreien und wieder reich und stark machen.

Kyrie *beten oder singen*

Tagesgebet:

Gott, du Schöpfer aller Dinge, du gibst uns, was wir brauchen. Du schaust in Liebe auf uns und sorgst für unser Wohlergehen. Wir loben und preisen dich heute und in alle Ewigkeit. Amen.

Lesung (Jak 2,14-18,Tageslesung)
oder (Jer 33,14-16, Lesung von der Messiaserwartung, 1. Adventssonntag, Lj. C)

Evangelium (Mk 8,27-35)

Predigtteil:

Jesus hat seine Jünger gefragt: Für wen halten mich die Menschen?
Die Jünger antworteten: Sie meinen, du seist wie Elija.
Elija kam mit einem Schwert *(Schwert zeigen)* wie ein Krieger und zerstörte alles Fremde und Böse.
Oder sie meinen, du seist wie Johannes. Er kam mit dem erhobenen Zeigefinger *(Bild der Hand zeigen)* und ermahnte die Menschen. Er drohte: Gott wird euch bestrafen!

Die Jünger selbst meinen, Jesus wolle wie ein König, wie ein Messias, mit Macht und Herrlichkeit auftreten. *(Krone zeigen)*

Da werden die Jünger enttäuscht:

- Denn Jesus kommt nicht mit dem Schwert. *(Schwert weglegen)*
  Er braucht keine Gewalt.
- Jesus droht auch nicht mit erhobenem Zeigefinger. *(Bild weglegen)*
  Er will nicht Angst und Strafe.
- Jesus kommt nicht mit Macht und Herrlichkeit. *(Krone weglegen)*
  Er verzichtet auf eine Krone.

Jesus sagt: Ich muss leiden und werde getötet werden *(Kreuz als Symbol bringen)*.
Ich zeige euch, wie sehr euch Gott lieb hat.
Im Kreuz zeigt uns Jesus den Weg der Liebe; er geht mit uns durch Leid und Tod. So wird das Kreuz für die Jünger und für uns zum Zeichen der Liebe Gottes. Wir wollen es schmücken.
Kinder kommen und schmücken das Kreuz mit Blumen und Blättern.

Fürbitten:

Pr.: Gott, unser Vater, du bist ein Gott der Liebe, der uns gibt, was wir brauchen.
Voll Vertrauen bitten wir dich:

1) Wir bitten dich für alle Menschen, die dich suchen und Jesus kennenlernen wollen. Zeige ihnen deine Liebe.
Alle: Zeige ihnen deine Liebe.

2) Wir bitten dich für alle Menschen, für die vor allem Gewalt zählt.

3) Wir bitten dich für alle Menschen, die Angst haben und unsicher sind.

4) Wir bitten dich für alle Menschen, die Macht und Herrlichkeit suchen.

5) Wir bitten dich für alle Menschen, die Jesus nachfolgen wollen und den Weg der

Pr.: Denn du schaust auf uns voll Liebe durch Jesus Christus, unseren Herrn. Amen.

Gabengebet:

Herr, mit deiner Liebe hast du die Welt verwandelt. Nimm die Gebete und Gaben deiner Kirche an. Was jeder Einzelne zu deiner Ehre bringt, werde allen zum Segen und Heil. Darum bitten wir durch Jesus Christus, deinen Sohn. Amen.

Schlussgebet:

Allmächtiger Gott, dein Sohn ist für uns den Weg der Liebe gegangen. Und wir dürfen ihm folgen. Durch dein Wort ermutigst du uns, durch dein Brot stärkst du uns auf diesem Weg. Dafür danken wir durch Jesus Christus, unseren Herrn. Amen.

25. Sonntag im Jahreskreis:
Wer ist der Größte?

Vorbereitungen:

- *Blumen für die Spielszene: Rose, Gladiole, Gerbera, Eisenhut (evtl. Herbstzeitlose), Sonnenblume, Gänseblümchen*
- *Blumenvase*

Einführung:

Liebe Kinder, liebe Christen, wir haben uns versammelt, um Gott für alles Gute zu danken. In dieser Jahreszeit ist die Natur noch voller Blütenpracht. Heute haben wir verschiedene Blumen mitgebracht. Vielleicht kennt ihr welche mit Namen. Sie werden sich gleich vorstellen.

Spielszene, 1. Teil:

(Nach einer Idee in Behnke u.a.: Kinder feiern mit, Bernward Verlag Hildesheim, S. 115)
Kinder mit Blumen in der Hand kommen und stellen sich vor:

Rose:

Ich bin die Rose.
Ich bin die edelste aller Blumen – und die geheimnisvollste.
Wenn es um Liebe geht, reden alle von mir.

Gladiole:

Ich bin die Gladiole.
Ich bin die vornehmste Blume.
Ich bin voller Blüten, rank und schlank.

Gerbera:

Ich bin die Gerbera.
Ich bin die wertvollste Blume.
Ich bin selten und wunderschön.
Jeder will mich haben.

Eisenhut:

Das stimmt nicht!
Ich bin die schönste Blume!
Ich habe die meisten Blüten, und die sind außergewöhnlich, einfach etwas Besonderes!
Ich bin der Eisenhut.

Sonnenblume:

Seid ruhig, ihr dummen kleinen Dinger!
Ich bin die schönste Blume, weil ich die größte Blüte habe.
Jeder Mensch kennt meinen Namen, weil mich jeder sehen kann.
Ich heiße Sonnenblume.

Von hinten schiebt sich das Kind mit den Gänseblümchen in der Hand zwischen den anderen Blumen durch.

Gänseblümchen:

Wir sind so klein und unscheinbar.
Niemand beachtet uns.
Schade, dass so viele über uns hinwegsehen.

Schuldbekenntnis und Kyrie:

So viele schöne Blumen hat Gott erschaffen. Und jeder Blume geht es gut. Aber sie streiten sich und fragen: Wer ist die Erste?
Bevor wir das Wort Gottes hören, wollen wir ihn bitten, dass er uns vergibt, wenn wir streiten und immer die Ersten sein wollen.

Herr, erbarme dich – Christus, erbarme dich – Herr, erbarme dich.

Pr.: Der Herr erbarme sich unser, erlasse uns die Sünden und führe uns zum ewigen Leben. Amen.

Tagesgebet:

Guter Gott, du hast uns das Leben geschenkt. Du sorgst dich um jeden einzelnen Menschen. Jeder ist einmalig und unendlich wertvoll. Dafür danken wir durch Jesus Christus, unseren Herrn. Amen.

Lesung: (Jak 3,16-18, gekürzt)

Lesung aus dem Jakobusbrief.

Wo Eifersucht und Ehrgeiz herrschen,
da gibt es Unordnung und böse Taten jeder Art.
Doch die Weisheit von oben
ist erstens heilig,
sodann friedlich, freundlich, gehorsam,
voll Erbarmen und reich an guten Früchten.
Sie ist unparteiisch, sie heuchelt nicht.
Wo Frieden herrscht,
wird von Gott für die Menschen, die Frieden stiften,
die Saat der Gerechtigkeit ausgestreut.

Wort des lebendigen Gottes.

Evangelium: (Mk 9,30.33-37, gekürzt)

Aus dem heiligen Evangelium nach Markus.

In jener Zeit zogen Jesus und seine Jünger durch Galiläa.
Sie kamen nach Kafarnaum.
Als er dann im Haus war, fragte er sie:
Worüber habt ihr unterwegs gesprochen?
Sie schwiegen, denn sie hatten unterwegs miteinander darüber gesprochen,
wer von ihnen der Größte sei.
Da setzte er sich, rief die Zwölf und sagte zu ihnen:
Wer der Erste sein will, soll der Letzte von allen und der Diener aller sein.
Und er stellte ein Kind in ihre Mitte,
nahm es in seine Arme und sagte zu ihnen:
Wer ein solches Kind um meinetwillen aufnimmt,
der nimmt mich auf.
Wer aber mich aufnimmt,
der nimmt nicht nur mich auf,
sondern den, der mich gesandt hat.

Predigtteil:

Liebe Kinder, liebe Christen, die Jünger haben sich gestritten, wer der Größte und Erste unter ihnen ist. Auch unsere Blumen streiten sich, wer wichtiger ist.

Spielszene, 2. Teil:

Kinder mit Blumen kommen wieder.

Rose:
Ich bin die edelste aller Blumen.

Gladiole:
Ich bin die vornehmste.

Gerbera:
Ich bin die wertvollste Blume.

Eisenhut:
Ich bin die schönste Blume!

Sonnenblume:
Ich bin die schönste Blume.

Von hinten schiebt sich das Kind mit den Gänseblümchen in der Hand zwischen den anderen Blumen durch.

Gänseblümchen:
Wir sind so klein und unscheinbar.

Ein Kind kommt und spricht:
Meine Mutter ist krank.
Ich will ihr eine Freude machen,
dann wird sie sicher schneller wieder gesund.
Ich will ihr Blumen pflücken.

Rose:
Was fällt dir ein!
Ich will nicht in einem Krankenhaus verwelken.
Ich bin die Königin der Blumen.
Wenn du mich pflücken willst,
dann steche ich dich mit meinen spitzen Dornen!

Gladiole:
Ich will auch nicht gepflückt werden.
Ich mache meinen Stengel ganz steif.

Gerbera:

Ich bin auch nicht zum Pflücken da!
Wenn ich gepflückt werde, lasse ich meinen Kopf hängen.
Das macht mich hässlich.

Eisenhut:

Fass mich nicht an!
Ich bin giftig. Mich darf niemand pflücken!

Sonnenblume:

Ich wachse riesengroß,
sodass du mich nicht pflücken kannst.
Ich habe keine Lust, in ein Krankenhaus zu kommen.

Kind (zu den Gänseblümchen):
Darf ich euch pflücken?

Gänseblümchen *(verneigen sich):*

Wir kommen gerne ins Krankenhaus.
Wir wollen deiner Mutter eine große Freude machen.

Sprecher:
Woran erkennt man nun, wer der erste unter den Menschen ist? (Ist es wohl Größe oder Schönheit, Klugheit oder Leistung?) So wie die Blumen um den ersten Platz gestritten haben, fragten sich auch die Jünger, wer unter ihnen der Erste sei.
Jesus stellt die Ordnung der Menschen auf den Kopf. Er sagt: Wer der Erste sein will, soll der Letzte von allen und der Diener aller sein. Bei Jesus sind nicht Größe und Schönheit wichtig, sondern ein Herz voll Liebe. Der Erste ist der Mensch, der liebt. So wie die unscheinbaren Gänseblümchen, die sich hingeben und verschenken lassen.

Fürbitten:

Pr.: Guter Gott, bei dir sind alle Menschen einmalig und wichtig. Du kümmerst dich um alle. Deshalb bitten wir:

1) Wir beten für alle Menschen, die klein sind und nicht beachtet werden, dass sie erkennen, wie wichtig sie sind.
Alle: Wir bitten dich, erhöre uns.

2) Wir beten für alle Menschen, die mit Besitz und Macht angeben müssen, dass sie mit deinen Gaben zufrieden werden.

3) Wir beten für die mächtigen Politiker, dass sie den Menschen in Liebe dienen.

4) Wir beten für alle Eltern, dass sie ihren Kindern von der Liebe Gottes erzählen.

5) Wir beten für alle Lehrer, dass sie uns zeigen, was im Leben wichtig ist.

Pr.: Darum bitten wir durch Jesus Christus, unseren Herrn. Amen.

Gabengebet:

Guter Gott, dein Sohn Jesus war der Diener aller Menschen. So zeigte er uns deine Liebe. Die Gaben Brot und Wein sind die Zeichen deiner Liebe. Wir danken dir durch Jesus Christus, unseren Herrn. Amen.

Vor dem Schlussgebet:

Liebe Kinder, vor Gott hat jeder seinen Platz. So können wir alle Blumen zusammen in eine Vase geben und niemand braucht streiten, wer der Erste ist. Wir gehören zusammen und jeder kann die Liebe Gottes weitergeben zur Freude aller Menschen. Wir können zusammen ein bunter Strauß der Liebe sein. *(Evtl. bekommen alle Kinder ein Gänseblümchen.)*

Schlussgebet:

Lieber Gott, wir danken dir, dass du uns zeigst, was wichtig ist. Nur die Liebe zählt. Wir wollen deine Liebe weiterschenken und dem Nächsten Diener sein. Du gibst uns dazu die Kraft durch Jesus Christus, unseren Herrn. Amen.

26. Sonntag im Jahreskreis
Gott traut jedem zu, Gutes zu tun

Vorbereitungen:

- *Taufschein*
- *Folienbild von einem „ausgeflipptem" Jugendlichen*

Einführung:

Sprecher hat Taufschein in der Hand.
Ich habe hier einen wichtigen Schein. Es ist ein Taufschein. Alle getauften Christen können so einen Taufschein haben. Er bestätigt, dass wir getauft sind. Seit unserer Taufe gehören wir zur großen Gemeinschaft der Christen. Wir nennen uns Christen, weil wir Freunde von Jesus Christus sind und zu ihm gehören.
Wenn wir uns alle versammeln, spüren wir etwas von der Gemeinschaft, die uns zusammenhält.

Kyrie:

1) Herr Jesus Christus, du bist unser Freund.
   Kyrie eleison.

2) Herr Jesus Christus, du hältst unsere Gemeinschaft zusammen.
   Christe eleison.

3) Herr Jesus Christus, mit dir dürfen wir Gottes Liebe feiern.
   Kyrie eleison.

Tagesgebet:

Guter Gott, du hast uns zu deinen Freunden gemacht. Du willst uns froh machen, schenkst uns Mut und Zuversicht. Mit Jesus wissen wir, dass du immer zu uns hältst. Dafür danken wir durch Jesus Christus, deinen Sohn, unseren Herrn, der in der Einheit des heiligen Geistes mit dir lebt und herrscht in Ewigkeit. Amen.

Lesung: (Gal 3,26-29)

Lesung aus dem Brief an die Galater.

Ihr seid alle durch den Glauben
Gottes Kinder in Christus Jesus.
Ihr seid auf Christus Jesus getauft
und habt ihn gleichsam wie ein Gewand angezogen.
Es gibt jetzt nicht mehr den Unterschied
zwischen Juden und Griechen,
zwischen Sklaven und Freien,
zwischen Mann und Frau.
Durch Jesus Christus seid ihr alle eins geworden.

Wort des lebendigen Gottes.

Evangelium: (Mk 9,38-41, gekürzt)

Aus dem heiligen Evangelium nach Markus.

In jener Zeit sagte Johannes, einer der Zwölf, zu Jesus:
Meister, wir haben gesehen,
wie jemand in deinem Namen Dämonen austrieb.
Wir versuchten, ihn daran zu hindern,
weil er uns nicht nachfolgt.
Jesus erwiderte: Hindert ihn nicht!
Keiner, der in meinem Namen Wunder tut,
kann so leicht schlecht von mir reden.
Denn wer nicht gegen uns ist,
der ist für uns.
Wenn euch nur einer einen Becher Wasser zu trinken gibt,
weil ihr zu Christus gehört
– amen, ich sage euch: Er wird nicht um seinen Lohn kommen.

Predigtteil:

Sprecher: Ich habe euch ein Bild mitgebracht. Wir wollen es miteinander anschauen.

Tageslichtprojektor mit Folienbild von „ausgeflipptem“ Jugendlichen wird eingeschaltet.

1. *Kind:* Was soll denn das sein?
Wie der ausschaut!
Diese Haare! Der gehört nicht zu uns!

2. *Kind:* Und was der anhat! So ungepflegt!
Der geht sicher nicht in die Kirche!

3. *Kind:* Und diese vielen Ohrringe!
Und eine Tätowierung hat er auch!
Der ist bestimmt kriminell
Und sowas in unserer Schule! Der gehört nicht zu uns!

Sprecher: Was die Kinder alles wissen! Dabei haben sie nur sein Bild gesehen.
Und sie kennen nicht einmal seinen Namen.

4. *Kind (zweites Folienbild einschalten):*
Aber ich kenne ihn. Er heißt Josef. Hier ist er mit seiner Oma.
Er geht zwar nicht in unsere Kirche, aber er geht in eine andere. Jeden Tag fährt er seinen behinderten Freund im Rollstuhl. Die Kinder mögen ihn gerne, weil er immer nett und freundlich ist und mit ihnen spielt.
Er gehört zwar nicht zu uns, aber er ist ein netter Kerl und tut viel Gutes.

Sprecher: Da haben sich die Kinder aber ganz schön geirrt. Sie haben sich vom Aussehen des Josef täuschen lassen. Sie haben gedacht, wenn einer so aussieht, dann gehört er nicht zu uns. Und wenn er nicht zu uns gehört, dann kann er nicht gut sein. Und sie trauen ihm nichts Gutes zu.
So ähnlich ist es auch den Jüngern ergangen. Sie dachten, wer nicht zu uns gehört, kann nicht gut sein. Er kann nicht Gutes tun.
Aber Jesus sagt darauf: Hindert keinen, Gutes zu tun!
Vor Gott zählt die Liebe, die ein Mensch verschenkt. Er traut jedem zu, Gutes zu tun. Auch dir – und mir – und uns allen.

Fürbitten:

Pr.: Allmächtiger Gott, du siehst in die Herzen der Menschen und freust dich über jede gute Tat.

1) Wir beten für alle Menschen, die Gutes tun, obwohl es keiner sieht.
Alle: Herr, erbarme dich.

2) Wir beten für alle Menschen, die darunter leiden, dass andere schlecht über sie denken.

3) Wir beten für alle Menschen, die nicht verstanden werden, nur weil sie anders sind als die anderen.

4) Wir beten für alle Menschen, die nur auf das Äußere sehen und über alle Fremden schlecht reden.

5) Wir beten für alle Menschen, die nicht getauft sind und von Jesus wenig wissen.

Pr.: Denn du willst alle Menschen froh machen. Schenke allen Kraft und Mut durch Jesus Christus, unseren Herrn. Amen.

Gabengebet:

Guter Gott, in deinen Augen ist jeder Mensch unendlich wertvoll. Du traust jedem von uns zu, gut zu sein und Gutes zu tun. Zum Dank bringen wir Brot und Wein. Du heiligst sie durch Jesus Christus, unseren Herrn. Amen.

Schlussgebet:

Lieber Gott, dein Sohn hat uns gezeigt, dass nur die Liebe zählt. So durften wir in dieser Feier deine Nähe spüren. Gib uns Kraft und Mut, gut zu sein und Gutes zu tun durch Jesus Christus, unseren Herrn. Amen.

27. Sonntag im Jahreskreis:
Jesus segnet die Kinder

Vorbereitung:

- *Spielszene: drei Personen*
- *Schilder mit den Aufschriften: „Spielen für Kinder verboten“, „Wohnung für kinderloses Paar“, „Parkplatz“*
- *Flanelltafel (oder anderer Hintergrund), auf die eine Jesusfigur geheftet ist.*
- *Alle Kinder bekommen eine Figur aus Tonpapier. An der Kirchentüre malen sie ihr Gesicht hinein und schreiben ihren Namen auf diese Figur. Sie nehmen die Figur mit an ihren Platz.*
- *Filzstifte zum Malen und Schreiben*

Einführung:

Liebe Kinder, liebe Christen, wir sind wieder hier in der Kirche zusammen gekommen. Wir wollen Gottes Nähe spüren. Das tut uns wohl. Hier sind wir alle willkommen, Große und Kleine. Es gibt aber auch Orte, wo Kinder nicht gerne gesehen werden. Manchmal kann man das hören und erleben.

Drei Spieler treten auf:
1) (mit Schild: „Spielen für Kinder verboten")
Stellt euch vor. Vor unserem Haus steht jetzt dieses Schild: „Spielen für Kinder verboten." Unsere Nachbarn sagen: Kinder stören. Sie machen so viel Lärm.

2) *(mit Schild: „Wohnung für kinderloses Paar")*
Wir haben eine neue Wohnung gesucht. Aber viele Vermieter wollen keine Kinder im Haus haben. Sie sagen: Wenn Kinder da sind, geht dauernd etwas kaputt.

3) *(mit Schild: „Parkplatz")*
In unserem Viertel wollte die Stadt einen Kinderspielplatz bauen. Aber weil sich so viele Leute beschwert haben, entstand an dieser Stelle ein Parkplatz.

Sprecher:
Manche Menschen weisen Kinder ab. Sie wollen nichts mit ihnen zu tun haben. Jesus ist anders. Davon hören wir heute. Zu ihm wollen wir beten:

Kyrie *beten*

Tagesgebet:

Herr, unser Gott, du hast uns eingeladen, weil du uns liebst. Du gibst uns alles, was wir brauchen. Dafür danken wir durch Jesus Christus, unseren Herrn.
Amen.

Lesung: (Psalm 8)

Lesung aus dem Buch der Psalmen.

Herr, unser Herrscher,
wie gewaltig ist dein Name auf der ganzen Erde;
Über den Himmel breitest du seine Hoheit aus.
Aus dem Mund der Kinder und Säuglinge schaffst du dir Lob,
deinen Gegnern zum Trotz;
deine Feinde und Widersacher müssen verstummen.
Seh ich den Himmel, das Werk deiner Finger,
Mond und Sterne, die du befestigst:

Was ist der Mensch, dass du an ihn denkst,
des Menschen Kind, dass du dich seiner annimmst?
Du hast ihn nur wenig geringer geachtet als Gott,
hast ihn mit Herrlichkeit und Ehre gekrönt.
Du hast ihn als Herrscher eingesetzt über das Werk deiner Hände,
hast ihm alles zu Füßen gelegt:
All die Schafe, Ziegen und Rinder
und auch die wilden Tiere,
die Vögel des Himmels und die Fische im Meer,
alles, was auf den Pfaden der Meere dahinzieht.
Herr, unser Herrscher,
wie gewaltig ist dein Name auf der ganzen Erde!

Wort des lebendigen Gottes.

Evangelium (Mk 10,13-16)

Predigtteil:

Die Kinder zur Zeit Jesu mussten oft erfahren, wie es ist, wenn man abgewiesen wird. Selbst die Freunde von Jesus dachten, die Kinder sind unwichtig und wollten sie von Jesus fernhalten. Da spricht Jesus sein gutes Wort: „Lasst die Kinder zu mir kommen!“ Jesus mag Kinder gerne. Er mag sie so, wie sie sind. Er legt ihnen die Hände auf und zeigt ihnen so, wie wichtig sie sind. Auch wir können das immer wieder erfahren. Und wir können es jedem zeigen. So darfst du nun das Bild von dir nach vorne bringen und neben Jesus anheften. Damit zeigst du, dass du ein Freund oder eine Freundin von Jesus bist.

Kinder kommen nach vorne. Ihre Bilder werden zum Jesusbild geheftet.

Wir können die Geschichte von Jesus auch singen:

Lied: „Die Kinder wollen Jesus sehn" (Kindersegnung)

Text: A. Dinzinger/W. Pangerl; Melodie: J. D. Wagner

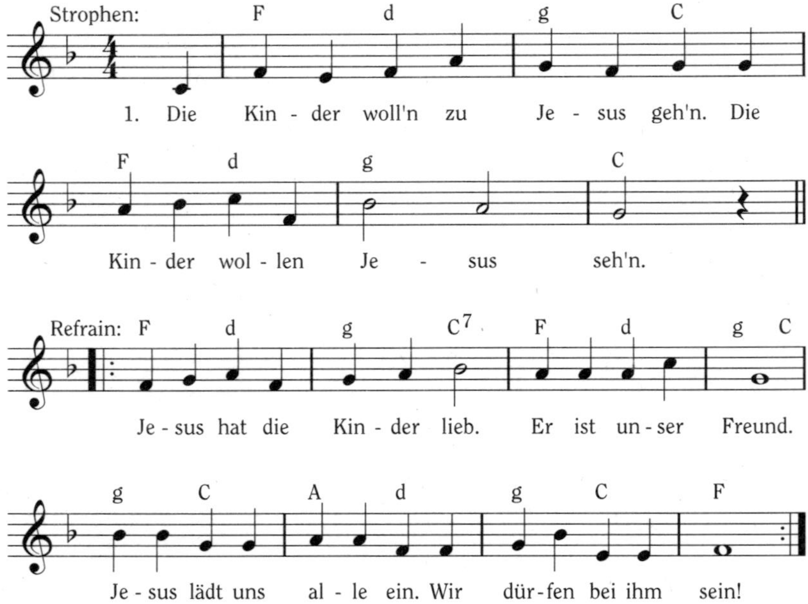

2. Da heißt es: Kinder, geht jetzt fort! Ihr dürft nicht her an diesen Ort!
3. Doch Jesus, der steht auf und winkt: Zu mir darf kommen jedes Kind!
4. Dann segnet Jeseus jedes Kind und freut sich, daß sie bei ihm sind.

Spielmöglichkeiten zu den einzelnen Strophen:

1. Str.: Kinder gehen hintereinander im Kreis;
Handfläche an die Augen halten („sehen").
beim Refr.: An den Händen fassen und im Kreis gehen.

2. Str.: Kinder gehen hintereinander im Kreis;
abwehrende Handbewegung.

3. Str.: Kinder gehen hintereinander im Kreis;
aufstehen und winken.

4. Str.: Kinder gehen hintereinander im Kreis;
Segensgeste.

Fürbitten:

Pr.: Guter Gott, in deinen Augen ist jeder Mensch unendlich wertvoll. Du weist keinen ab. Wir beten für alle Menschen, die abgewiesen werden und nicht gerne gesehen sind.

1) Wir denken an alle Kinder dieser Welt, die keinen Platz finden und kein Zuhause haben. Herr, erbarme dich.
Alle: Herr, erbarme dich.

2) Wir denken an alle Menschen, die abgeschoben werden und sich nutzlos vorkommen.

3) Wir denken an alle kranken Menschen, die keiner haben will, weil sie zur Last fallen.

4) Wir denken an alle behinderten Menschen, auf die keiner Rücksicht nimmt.

5) Wir denken an alle Ausländer, die fremd sind und keine Freunde haben.

Pr.: Erbarme dich unser durch Jesus Christus, unseren Herrn. Amen.

Gabengebet:

Guter Vater, du segnest Brot und Wein, die Früchte der Erde und der menschlichen Arbeit. Wir dürfen deine Kinder sein. Du sorgst für uns, jetzt und in alle Ewigkeit. Amen.

Schlussgebet:

Gott und Vater, du reichst uns das Brot des Lebens und den Kelch der Freude. Du wirst uns auch in der kommenden Woche begleiten. Wir danken dir durch Jesus Christus, unseren Herrn. Amen.

28. Sonntag im Jahreskreis:
Die Reichen und das Himmelreich

Vorbereitungen:

- *drei Rucksäcke mit der Aufschrift: „Lärm", „Ärger", „Kummer" und „Sorgen"*
- *Tageslichtprojektor*
- *Figuren für Schattenspiel*

Einführung:

Liebe Kinder, liebe Gemeinde,
heute sind wir wieder alle zusammengekommen um zu feiern. Wie jeden Sonntag wollen wir alles ablegen, was uns belastet.

Schuldbekenntnis:

Kinder mit Rucksäcken kommen, sie sprechen ihren Satz und stellen den Rucksack ab.
1. Rucksack „Lärm“:
Ich lege den Lärm von den Straßen und in der Schule ab.
2. Rucksack „Ärger“:
Ich habe mich mit meiner Freundin gestritten. Diesen Ärger kann ich ablegen.
3. Rucksack „Kummer und Sorgen“:
Und auch meine Sorgen kann ich vor Gott hinlegen.
Jesus will uns von all dem entlasten, sodass wir auch gut zuhören können, was er uns heute sagen will.

Pr.: Der allmächtige Gott erbarme sich unser, er nehme von uns alle schweren Lasten, er lasse uns unsere Sünden nach und führe uns zum ewigen Leben. Amen.

Kyrie:

Wir grüßen Jesus als unseren König:

1) Jesus, du nimmst unsere Last.
Kyrie eleison.

2) Jesus, du willst als König unser Freund sein.
Christe eleison.

3) Jesus, du feierst mit uns das Fest der Liebe.
Kyrie eleison.

Tagesgebet:

Gott, du hast uns reichlich beschenkt. Wir dürfen dir nachfolgen und wir dürfen mit dir feiern. Wir hören auf dein Wort und sagen dir Dank. Sei uns dabei nahe durch Jesus Christus, unseren Herrn. Amen.

Statt Lesung: „Geschichte von den zwei Eseln"

(aus: Behnke M. A. u.a.: Kinder feiern mit, Bernward Verlag GmbH, Hildesheim)

In einem fernen Lande, weit weg von hier, hörten einst zwei Esel, dass die alte, weise Eule vom Land des Überflusses erzählte. „Ich weiß es von meiner Großmutter, und die wieder hat es von ihrer Großmutter gehört", sagte die Eule, „es soll dort unsagbar herrlich sein. Man braucht nicht zu arbeiten und sich nicht zu schinden, und man leidet an nichts Mangel. Man hat Fressen in Hülle und Fülle, es gibt grüne Wiesen und schattige Wälder und klares Wasser zum Trinken." „Dorthin wollen wir uns aufmachen", sagten die beiden Esel zueinander, den Weg werden wir schon finden.

Der eine Esel aber dachte bei sich: „Wer weiß, ob alles so stimmt, wie es die Eule erzählte. Sicher ist sicher. Ich werde lieber vorsorgen." Er packte zwei Säcke voll Heu und einen Sack voll Hafer auf seinen Rücken, lud sich dazu einen prall gefüllten Wasserschlauch auf und band noch eine Decke obendrüber.

Der andere Esel aber dachte: „Was soll ich mich mit alle den Dingen beladen, die ich doch nicht mehr brauchen werde!" Er verschenkte sein Heu und seinen Hafer, seinen Wasserschlauch und seine warme Decke. Dann machten sich beide auf den Weg. Der zweite kam viel schneller voran. Er erreichte wirklich die Tür zum Land des Überflusses.

Die aber war eng und schmal. Der Esel bückte sich ein wenig und schlüpfte hindurch. –

Als viele Tage später auch sein Gefährte vor der Tür stand, wusste er nicht recht, wie er sich mit all seiner Habe durch die enge Tür zwängen sollte. Er machte sich so dünn wie möglich, aber er blieb mit all seinem Reichtum auf dem Rücken in dem schmalen Durchlass stecken.

Sprecher:
Habt ihr's gesehen? Der Esel konnte nicht durch das Tor. Er war so schwer bepackt, dass er nicht durch das Tor passte.
Der Esel wollte ins Paradies und hatte zu viel dabei. Er war beladen.

Evangelium: (Mk 10,23-27, gekürzt)

Aus dem heiligen Evangelium nach Markus.

Da sah Jesus seine Jünger an und sagte zu ihnen:
Wie schwer ist es für Menschen,
die viel besitzen,
in das Reich Gottes zu kommen!
Eher geht ein Kamel durch ein Nadelöhr,
als dass ein Reicher in das Reich Gottes gelangt.
Da erschraken die Jünger sehr und sagten:
Wer kann dann noch gerettet werden?
Jesus sah sie an und sagte:
Für Menschen ist das unmöglich,
aber nicht für Gott; denn für Gott ist alles möglich.

Predigtteil:

Jesus sagt im Evangelium:
Wie schwer ist es für Menschen, die viel besitzen, in das Reich Gottes zu kommen. Jesus kennt die Menschen. Er kennt auch uns. Deshalb sagt er heute zu uns: Sammelt nicht so viel Reichtum! Ihr müsst doch nicht alles haben. Teilt doch untereinander!
Werft die Lasten, den Unsinn weg! All der Reichtum macht nur Sorgen und hindert uns, durch das zu gelangen. Das Wichtigste ist, dass ihr gut zueinander seid!
Wenn wir zu Gott kommen wollen, brauchen wir nur die Liebe!

Fürbitten:

Pr.: Lieber Gott, Du rufst alle Menschen in die Nachfolge deines Sohnes. Wir wollen für sie beten:

1) Für alle Reichen dieser Welt, die sich ständig um ihren Besitz sorgen müssen,
dass sie erkennen, was im Leben wirklich wichtig ist.
Alle: Wir bitten dich, erhöre uns.

2) Für alle Armen dieser Welt, dass sie von den Menschen nicht übersehen werden.

3) Für alle Menschen, die sich nur mit Schätzen und Vorräten beladen, dass sie loslassen lernen.

4) Für alle Menschen, die alles für sich selber haben wollen, dass sie das Teilen lernen.

5) Für alle Menschen, die sich durch Habgier und Geiz Feinde machen, dass sie durch Jesus erfahren, wie wichtig Freundschaft und Liebe ist.

Pr.: Guter Vater, du zeigst uns den Weg zum ewigen Glück. Wir dürfen nahe bei dir sein durch Christus unseren Herrn. Amen.

Gabengebet:

Allmächtiger Gott, du machst uns reich mit deinen Gaben. Wir haben Brot und Wein auf dem Altar. So feierst du mit uns durch Jesus Christus, unseren Herrn. Amen.

Schlussgebet:

Großer Gott, wir haben in großer Freude gefeiert. Schenk uns Tag für Tag, was wir zum Leben brauchen. Dafür danken wir durch Christus, unsern Herrn. Amen.

29. Sonntag im Jahreskreis:
Der beste Platz

Vorbereitungen:

- *Osterkerze*
- *Spielszene mit 5 Kindern*
- *Schultasche, Geldschein und „feine“ Kleidung, Schwesternhaube und -schürze, Gebetbuch und Rosenkranz*

Einführung:

Liebe Kinder, liebe Christen, viele Menschen haben sich bei Jesus sehr wohl gefühlt. Auch wir sind hier zusammengekommen, weil wir ihm nahe sein wollen. Er liebt uns und wir sind für ihn wichtig. Wir grüßen ihn im Kyrie.

Kyrie:

1) Herr Jesus Christus, du bist unser Freund.
   Kyrie eleison.

2) Herr Jesus Christus, bei dir ist es schön.
   Christe eleison.

3) Herr Jesus Christus, du zeigst uns, wie wir glücklich leben können.
   Kyrie eleison.

Tagesgebet:

Guter Gott, du schenkst uns alles Gute und rufst uns hier in der Gemeinschaft zusammen. Wir kommen gerne in deine Nähe um zu feiern und dir Dank zu sagen. Wir loben und preisen dich durch Jesus Christus, deinen Sohn, unseren Herrn. Amen.

Lesung: (Gal 5,13-14 oder Hebr 4,14-16, Tageslesung)

Lesung aus dem Brief an die Galater.

Ihr seid zur Freiheit berufen, Brüder und Schwestern.
Aber missbraucht sie nicht als Vorwand
für Selbstsucht und Lieblosigkeit,
sondern dient einander in Liebe.
Denn das ganze Gesetz ist in dem einen Wort zusammengefasst:
Du sollst deinen Nächsten lieben wie dich selbst!

Wort des lebendigen Gottes.

Spielszene, 1. Teil: (Idee nach M. Schnegg: Damit es Freude macht, S. 118)

Sprecher:
Liebe Kinder, liebe Christen, heute stellen wir euch Leute vor, die sich darum streiten, wer der Erste neben Jesus sein darf.

Die Osterkerze steht vor dem Altar. Ein Stuhl ist daneben. Fünf Kinder kommen und streiten sich um den Platz auf dem Stuhl, dem Platz neben Jesus.

1) Kind mit Schultasche:
Ich bin die beste Schülerin. Deshalb gehört mir der erste Platz neben Jesus.

2) Kind mit „feiner" Kleidung und Geldschein
Ich bin ein reicher Unternehmer. Ich gebe vielen Leuten Arbeit. Da steht mir doch ein Ehrenplatz zu.

3) Kind mit schönem Kleid:
Ich bin die Schönste in unserem Ort. Jesus wird mir den ersten Platz geben.

4) Kind mit Haube und Schürze einer Krankenschwester:
Ich bin eine Krankenschwester und helfe vielen kranken Menschen. Das bringt mich auf den ersten Platz neben Jesus.

5) Kind mit Gebetbuch und Rosenkranz:
Ich bete jeden Tag zwei Stunden lang, um einmal einen Platz neben Jesus zu bekommen. Ich habe mir diesen Platz verdient.

Sprecher:
Liebe Kinder, den Jüngern erging es ähnlich. Erst freuten sie sich, bei Jesus zu sein. Dann stritten sie sich, wer wohl der Erste sein darf.
Wir wollen hören, was Jesus dazu sagt.

Evangelium: (Mk 10,35-37.40-44)

Aus dem heiligen Evangelium nach Markus.

In jener Zeit traten Jakobus und Johannes,
die Söhne des Zebedäus,
zu Jesus und sagten:
Meister, wir möchten, dass du uns eine Bitte erfüllst.
Er antwortete: Was soll ich für euch tun?
Sie sagten zu ihm:
Lass in deinem Reich einen von uns rechts
und den anderen links neben dir sitzen.

Da sagte Jesus zu ihnen:
Den Platz zu meiner Rechten und zu meiner Linken
habe nicht ich zu vergeben.
Dort werden die sitzen, für die diese Plätze bestimmt sind.
Als die zehn anderen Jünger das hörten,
wurden sie sehr ärgerlich über Jakobus und Johannes.
Da rief Jesus sie zu sich und sagte:
Ihr wisst, dass die, die als Herrscher gelten,
ihre Völker unterdrücken
und die Mächtigen ihre Macht über die Menschen missbrauchen.
Bei euch aber soll es nicht so sein,
sondern wer bei euch groß sein will,
der soll euer Diener sein,
und wer bei euch der Erste sein will,
soll der Sklave aller sein.

Predigtteil:

Spielszene, 2. Teil:

Die Kinder kommen wieder.

1) Wer ist denn jetzt am Platz neben Jesus?

2) Jetzt wollen wir es wissen!

3) Hört auf zu streiten! Jesus hat doch gesagt, dass wir uns nicht um den besten Platz streiten sollen.

4) Ja, bei uns Christen soll es anders sein. Wer groß sein will, der soll der Diener aller sein. Und wer der Erste sein will, der soll der Sklave aller sein.

5) Wir wollen einander Diener sein. Wir wollen uns helfen und zusammenhalten.

Kinder bilden einen Kreis um die Osterkerze.

Sprecher:
Ohne Streit und Eifersucht ist das Leben schöner. Wir gehören zusammen und halten zusammen.

Kinder reichen sich die Hände.

Wenn Jesus in unserer Mitte ist, dann sind wir ihm alle nahe. Er hält uns zusammen.

Fürbitten: *(werden von den Kindern aus der Spielszene gesprochen)*

1) *Kind mit Schultasche:*
Viele Menschen denken: Das wichtigste im Leben sind gute Noten und Erfolg in der Arbeit. Aber bei dir, Herr, zählt die Liebe. Herr, erbarme dich.
Alle: Herr, erbarme dich.

2) *Kind mit feiner Kleidung und Geldschein:*
Viele Menschen denken: Das wichtigste im Leben ist Geld und Reichtum. Aber bei dir, Herr, zählt die Liebe. Herr, erbarme dich.

3) *Kind mit schönem Kleid:*
Viele Menschen denken: Das wichtigste im Leben sind Schönheit und Aussehen. Aber bei dir, Herr, zählt die Liebe.

4) *Kind mit Haube und Schürze einer Krankenschwester:*
Viele Menschen bilden sich viel ein und meinen, sie sind besser als andere. Aber bei dir, Herr, zählt die Liebe.

5) Kind mit Gebetbuch und Rosenkranz:
Viele Menschen meinen: Gebet allein genügt. Aber bei dir, Herr, zählt die Liebe.

Pr.: Erbarme dich, Herr, unser Gott. Wir finden deine Liebe durch Jesus Christus, unseren Herrn. Amen.

Gabengebet:

Hilf, Herr, dass wir vor deinem Altar eine liebende Gemeinschaft werden. Dein Wille ist, dass wir einander dienen. In Brot und Wein erfahren wir deine Nähe durch Jesus Christus, unseren Herrn. Amen.

Schlussgebet:

Allmächtiger Gott, diese Feier soll in uns Frucht bringen, dass wir uns vertragen und gut zueinander sind. Schenk uns Tag für Tag, was wir zum Leben brauchen. Wir loben und preisen dich durch Jesus Christus, unseren Herrn. Amen.

30. Sonntag im Jahreskreis:
Die Heilung des blinden Bartimäus

Vorbereitung:

- *Eine große Brille, aus Karton oder Holz gesägt, steht vor dem Altar, ist aber noch mit einem Tuch zugedeckt. Die „Gläser“ dieser Brille sind mit dunklem Papier von hinten verdeckt.*
- *Ein großer bunter Blumenstrauß steht hinter einem der „Gläser“; eine brennende Kerze hinter dem anderen.*
- *Spielszene mit zwei Kindern*
- *drei dunkle Sonnenbrillen*
- *Diaserie „Die Heilung des blinden Bartimäus“ aus der Reihe „Biblische Palette“*
- *Diaprojektor*

Einführung:

Liebe Kinder, liebe Christen, wir haben uns versammelt, um Gott zu danken. Wir danken Gott für das Leben. Er hat die Welt so wunderbar gemacht. Immer wieder können wir Neues entdecken. Wir können aber auch unsere Augen verschließen.

Erstes Kind mit drei dunklen Sonnenbrillen tritt auf:
Leute, ich muss euch sagen: Die Welt ist so schlecht. In den Nachrichten ist nur die Rede von Hunger, Krieg, Not und Tod. Es gibt nur Schlechtes auf der Welt.
Die ganze Welt ist böse. Es gibt nichts Gutes.

Zweites Kind:
Halt!
Der sieht ja nur noch schwarz. Das stimmt doch etwas nicht. Der sieht nicht mehr richtig. Das ist ja auch kein Wunder bei drei so dunklen Brillen. Das sind freilich trübe Aussichten. Wo bleibt denn da der Durchblick.
Aber wir kennen das, oft geht es uns auch so. Dann jammern wir nur noch und sehen nur noch schwarz.

Schuldbekenntnis:

1) Oft sehen wir nur noch schwarz und mögen uns selbst nicht mehr.
Herr, befreie uns *(nimmt dem Kind dabei die erste Brille ab).*
Alle: Herr, befreie uns.

2) Oft sehen wir nur noch schwarz und meinen, die anderen sind nur böse.
Herr, befreie uns *(nimmt die zweite Brille ab).*
Alle: Herr, befreie uns.

3) Oft sehen wir nur noch schwarz und vergessen deine Liebe.
Herr, befreie uns *(nimmt die dritte Brille ab).*
Alle: Herr, befreie uns.

Priester: Der allmächtige Gott erbarme sich unser, er nehme von uns Sünde und Schuld und befreie uns von allen dunklen Brillen, die uns nur das Schlechte sehen lassen. Amen.

Kyrie *beten oder singen*

Tagesgebet:

Guter Gott, wir freuen uns, dass du da bist. Immer wieder lässt du uns deine Nähe spüren. Wir wollen gut sehen, was recht ist und hören, was du uns sagst. Darum bitten wir durch Jesus Christus, unseren Herrn. Amen.

Lesung (Jer 31,7-9)

Evangelium: (Mk 10,46-52)

(Es bietet sich an, das Evangelium mit den Dias vom Blinden Bartimäus aus der Reihe „Biblische Palette“ zu veranschaulichen. Die Zahlen beziehen sich auf diese Dias.)

Aus dem Heiligen Evangelium nach Markus

1) In jener Zeit, als Jesus mit seinen Jüngern

2) und einer großen Menschenmenge Jericho verließ,

3) saß an der Straße ein blinder Bettler, Bartimäus,
der Sohn des Timäus.

4) Sobald er hörte, dass es Jesus von Nazareth war,
rief er laut: Sohn Davids, Jesus, hab Erbarmen mit mir!

5) Viele wurden ärgerlich
und befahlen ihm zu schweigen.

6) Er aber schrie noch viel lauter: Sohn Davids,
hab Erbarmen mit mir!

7) Jesus blieb stehen und sagte: Ruft ihn her!
Sie riefen den Blinden und sagten zu ihm:
Hab nur Mut, steh auf, er ruft dich.

8) Da warf er seinen Mantel weg,
sprang auf und lief auf Jesus zu.
Und Jesus fragte ihn: Was soll ich dir tun?

9) Der Blinde antwortete: Großer Meister, ich möchte wieder sehen können.
Da sagte Jesus zu ihm: Geh!
Dein Glaube hat dir geholfen.

10) Im gleichen Augenblick
konnte er wieder sehen,
und er folgte Jesus auf seinem Weg.

Predigtteil:

Wir haben gehört: Jesus macht den blinden Menschen sehend. Er öffnet ihm die Augen. Jesus hört das Schreien des Bartimäus. Er geht zu ihm hin und spricht mit ihm.
Er will auch uns sehend machen, wenn wir blind vor Wut sind und nur schwarz sehen. Denn es ist oft so, als ob wir eine schwarze Brille aufhätten.
So eine Brille sehen wir hier. Eine schwarze Brille, ganz groß.

Tuch wird von der großen Brille genommen.

Jesus will, dass wir die Augen öffnen und sehen, was im Leben wichtig ist. Deshalb hört er auch unsere Anliegen und wendet sich uns zu. Sein Wort hilft uns, das Gute in der Welt zu sehen.

Jesus will, dass wir das Schöne sehen.
Schwarzes Tonpapier wird entfernt, sodass der Blumenstrauß hinter einer Brillenscheibe zu sehen ist.

Jesus will, dass wir das Licht sehen.
Schwarzes Tonpapier wird entfernt, sodass die Kerze hinter der anderen Brillenscheibe zu sehen ist.

Jetzt haben wir klare Sicht – jetzt können wir auch das Gute sehen. Wir sehen, was blinkt und was leuchtet. Wir sehen, wie schön Gott die Welt gemacht hat und wie er uns Licht und Wärme schenkt.

Fürbitten:

Guter Gott, du liebst alle Menschen und willst, dass es hell wird in ihrem Leben. Deshalb bitten wir dich:

1) Viele Menschen sind blind vor Wut. Sie sehen nicht, dass die Welt auch gut und schön sein kann.
Herr, öffne ihre Augen.
Alle: Herr, öffne ihre Augen.

2) Viele Menschen sind blind vor Neid. Sie sehen nicht das, was sie haben, sondern nur, dass andere mehr haben als sie.

3) Viele Menschen sind blind vor Stolz. Sie sehen nicht ihre Mitmenschen, sondern nur sich selbst und sagen dauernd „ich“, „ich“.

4) Viele Menschen sind blind vor Angst. Sie sehen nur noch Gefahren und verschließen sich.

5) Viele Menschen sind blind für Gott. Sie sehen nicht, dass er uns das Leben schenkt und immer liebt.

Pr.: Denn Gott will allen Menschen die Augen öffnen durch Jesus Christus, unsern Herrn. Amen.

Gabengebet:

Guter Gott, wir bringen dir unsere Gaben, Brot und Wein. Wir bringen dir auch unsere Lasten und Sorgen, unsere Freude und unseren Dank. Nimm die Gaben an und heilige sie durch Jesus Christus, unseren Herrn. Amen.

Schlussgebet:

Guter Gott, wir sagen dir Dank für alles, was du uns zum Leben gibst. Wir bitten dich: Bleibe uns nahe, so dass wir das Gute und Schöne sehen und uns darüber freuen können. Darum bitten wir durch Jesus Christus, unseren Herrn. Amen.

31. Sonntag im Jahreskreis:
Das Hauptgebot der Liebe entfalten

Vorbereitungen:

- *Viele Plakate mit Ge- und Verboten der Kinder werden aufgehängt (am besten aus der Umgebung der Kinder).*
  Beispiele:
  - *Rasen betreten verboten!*
  - *Ausfahrt freihalten!*
  - *Parken verboten!*
  - *Hunde müssen draußen bleiben!*
  - *Kein Trinkwasser!*
  - *Achtung! Stufe!*
  - *Vorsicht! Frisch gestrichen!*
  - *Für Kinder über 14 Jahren ist der Zugang verboten!*
  - *Das Betreten des Bauplatzes ist verboten*
- *Eine große Blüte aus Tonpapier mit der Aufschrift im gefalteten Zustand: „Gott und den Nächsten von Herzen lieben"; Aufschrift auf der Innenseite der Blütenblätter: „miteinander Gottesdienst feiern", „beten", „gut sein zueinander", „helfen", „teilen", „verzeihen". (nach einer Idee von Behnke u. a., Kinder feiern mit, Bernward Verlag, Hildesheim, S. 123)*
- *Bastelanleitung der Blütenblätter für jedes Kind auf Tonpapier*
- *einige ausgeschnittene und gefaltete kleine Blütenblätter*
- *Glasschüssel mit Wasser*

Einführung:

Liebe Kinder, liebe Christen, wir haben verschiedene Plakate und Schilder aus unserem Ort gesucht und hier aufgehängt. Es gibt ja so viele Gebote und vor allem Verbote.
Einige Gebote sind für uns wichtig, weil sie uns helfen, acht zu geben. Wie z. B. „Achtung! Stufe!" und „Vorsicht! Frisch gestrichen!".
Andere sind uns eher lästig, weil sie uns verbieten, was wir gerne tun, z. B. „Das Betreten des Bauplatzes ist verboten!".
Wir hören heute, was Jesus zu den Geboten sagt.

Kyrie *beten*

Tagesgebet:

Guter Gott, du schenkst allen Menschen das Leben. Du begleitest jeden auf seinem Weg und sorgst für alles, was wir brauchen. Du weißt, was uns gut tut und stehst uns zur Seite. Du zeigst uns, was im Leben wichtig ist durch Jesus Christus, unseren Herrn. Amen.

Lesung: (Ex 20,1-3.7-8.12-17)

Lesung aus dem Buch Exodus.

Gott gab dem Volk seine Gebote.
Er sprach:
Ich bin Jahwe, dein Gott!
Ich habe dich aus Ägypten geführt,
aus dem Sklavenhaus.
Du sollst neben mir keine anderen Götter haben.
Du sollst den Namen des Herrn, deines Gottes, nicht missbrauchen, ...
Gedenke des Sabbats: Halte ihn heilig!
Ehre deinen Vater und deine Mutter, ...
Du sollst nicht morden.
Du sollst nicht die Ehe brechen.
Du sollst nicht stehlen.
Du sollst nicht falsch gegen deinen Nächsten aussagen.
Du sollst nicht nach dem Haus deines Nächsten verlangen.
Du sollst nicht nach der Frau deines Nächsten verlangen,
nach seinen Sklaven oder seiner Sklavin,
seinem Rind oder seinem Esel
oder nach irgend etwas, das deinem Nächsten gehört.

Wort des lebendigen Gottes.

Vor dem Evangelium:

Kind tritt auf und spricht:
So viele Gebote gibt es im Leben! Da kennt man sich ja nicht mehr aus. Welches Gebot ist denn das wichtigste?

Sprecher:
Jesus gibt uns die Antwort im Evangelium

Evangelium (Mk 12,28b-34)

Predigtteil:

Liebe Kinder, liebe Christen, Jesus sagt uns, worauf es ankommt. Er sagt uns in einem Satz, was das wichtigste Gebot ist.

(Das anschließende Evangeliums-Zitat wird – evtl. vom Priester oder Diakon – vom Ambo aus gelesen.)

Du sollst den Herrn, deinen Gott, lieben mit ganzem Herzen und ganzer Seele, mit all deinen Gedanken und all deiner Kraft und du sollst deinen Nächsten lieben wie dich selbst.

Wir haben diesen wichtigen Satz aufgeschrieben. Gott und den Nächsten von Herzen lieben.
Gefaltete Papierblume wird hergezeigt.

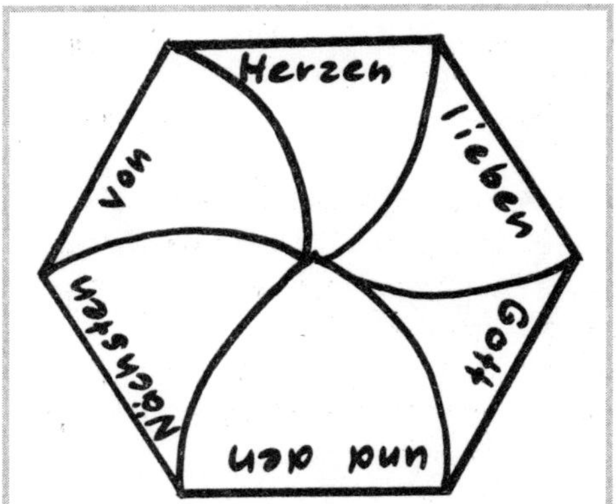

Es genügt aber nicht, diesen Satz nur zu kennen. Wir müssen es auch tun. Wir können dieses Hauptgebot entfalten, damit wir verstehen, was gemeint ist.

Die Blütenblätter der Blume werden entfaltet, dazu sprechen die Kinder:

1. Kind:	Gott und den Nächsten lieben kann ich, wenn ich den Gottesdienst mitfeiere.
2. Kind:	Gott und den Nächsten lieben kann ich, wenn ich bete.
3. Kind:	Gott und den Nächsten lieben kann ich, wenn ich gut bin zu den anderen.
4. Kind:	Gott und den Nächsten lieben kann ich, wenn ich helfe.
5. Kind:	Gott und den Nächsten lieben kann ich, wenn ich teile.
6. Kind:	Gott und den Nächsten lieben kann ich, wenn ich verzeihe.
Sprecher:	Jesus gibt uns dieses wichtige Gebot, das Hauptgebot, weil er will, dass es uns gut geht.

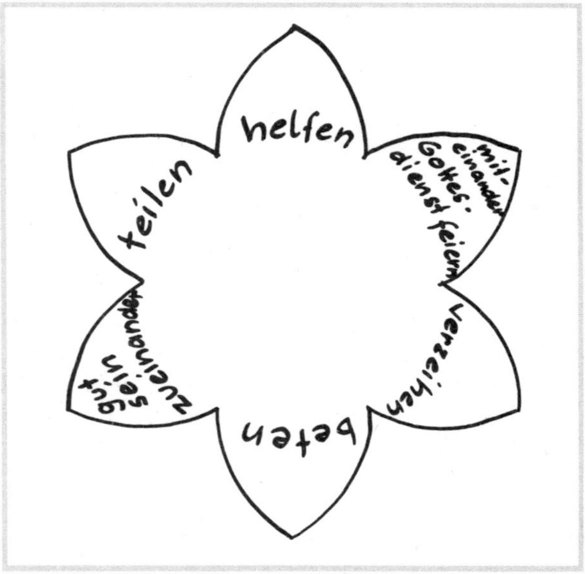

Fürbitten:

Pr.: Guter Gott, dein Sohn Jesus hat uns gezeigt, welches Gebot für unser Leben am wichtigsten ist. Wir bitten dich:

1) Wir beten für alle Menschen, dass sie immer mehr Freude daran finden, miteinander Gottesdienst zu feiern.

2) Wir beten für alle Menschen, dass sie spüren, wie gut es tut, mit dir zu sprechen

3) Wir beten für alle Menschen, dass sie es schaffen, zueinander gut zu sein.

4) Wir beten für alle Menschen, dass sie immer wieder erfahren, wie schön es ist, anderen zu helfen.

5) Wir beten für alle Menschen, dass sie lernen zu teilen.

6) Wir beten für alle Menschen, dass sie sich nach einem Streit die Hände reichen und verzeihen.

Pr.: Darum bitten wir durch Jesus Christus, unseren Herrn. Amen.

Gabengebet:

Guter Gott, du schenkst uns deine Liebe. Du sorgst für uns und lässt uns nie im Stich. Das wollen wir feiern durch Jesus Christus, unseren Herrn. Amen.

Nach der Kommunionausteilung:

Ich habe hier kleine bunte Blüten aus Papier. Die werde ich jetzt ins Wasser legen und schauen, was passiert.
Schön schauen die Blüten aus im Wasser. Sie entfalten sich und zeigen uns, dass Gottes Gebot unser Leben bunt und schön machen kann.
Wir haben für alle Kinder solche Blüten aus Papier mitgebracht. Du kannst sie ausschneiden, falten und dann selbst in Wasser legen. Nach dem Gottesdienst darfst du dir ein Bastelblatt abholen.

Schlussgebet:

Gott, unser Vater, deine Gebote helfen uns, dass wir gut und glücklich leben können. Wenn wir dein Gebot erfüllen und entfalten, dann wird unser Leben bunt und schön. Es blüht auf wie eine Blüte. Wir wollen dich und unsere Nächsten aus ganzem Herzen lieben. Hilf uns dabei durch Jesus Christus, unseren Herrn. Amen.

32. Sonntag im Jahreskreis:
Schenke mit ganzem Herzen (Das Opfer der Witwe)

Vorbereitungen:

- *Eine Blume vom letzten Sonntag ist noch zu sehen.*
- *großes Fünfmarkstück*
- *großer Hundertmarkschein*
- *Flanelltafel*
- *Karte: „Schenke mit ganzem Herzen!"*

Einführung:

Liebe Kinder, liebe Christen, wir freuen uns, dass wir miteinander Gottesdienst feiern. Da denken wir an die Liebesblume, die wir letzten Sonntag entfaltet haben. Heute geht es um das, was auf einem Blütenblatt steht: teilen. Wenn wir die Blüte entfalten, wird es in unserem Leben bunt und schön.

Tagesgebet:

Guter Gott, wir sind zusammengekommen, um dich zu preisen und dir zu danken. Wir freuen uns über all das Gute, das wir von dir bekommen und wollen es auch mit anderen teilen. So feiern wir durch Jesus Christus, unseren Herrn. Amen

Lesung: (Ps 146, der Antwortpsalm des Tages)

Lesung aus dem Buch der Psalmen.

Der Herr hat Himmel und Erde gemacht,
das Meer und alle Geschöpfe.
Er hält ewig die Treue.
Recht verschafft er den Unterdrückten, den Hungernden gibt er Brot.
Der Herr befreit die Gefangenen.
Der Herr öffnet den Blinden die Augen,
er richtet die Gebeugten auf.
Der Herr beschützt die Fremden

und verhilft den Witwen und Waisen zu ihrem Recht.
Der Herr liebt die Gerechten,
doch die Schritte der Frevler leitet er in die Irre.
Der Herr ist König auf ewig,
dein Gott, Zion, herrscht von Geschlecht zu Geschlecht.

Wort des lebendigen Gottes.

Evangelium (Mk 12,41-44)

Predigtteil:

Spielszene: „Unterhaltung im Kollektenkorb"

(Behnke u.a., Kinder feiern mit, Bernward Verlag, Hildesheim, S. 124)

Vor mir steht ein Kollektenkörbchen mit vielen verschiedenen Scheinen und Münzen, großen und kleinen. Das ist Geld von der Sammlung im letzten Gottesdienst. In dem Korb findet gerade ein Gespräch statt. Wir wollen einmal zuhören, was da gerade geredet wird.

1. Kind mit großem Hundertmarkschein:
Ich bin ein Hundertmarkschein. Ich bin der Größte hier im Korb. Schaut mich nur an! Ich habe lange Zeit in einem Tresor gelegen, ehe ich hierher gekommen bin. Ich gehörte nämlich einem reichen Mann. Der hat eine Fabrik und ein großes Auto. Und er hat sehr, sehr viel Geld!

2. Kind mit einem großen Fünfmarkstück:
Ich bin nur ein Fünfmarkstück. Ich komme aus der Spardose eines kleinen Jungen. Das heißt: Ich selbst habe gar nicht in der Dose gelegen, sondern statt meiner viele kleine Münzen: Pfennige, Fünfer, Zehner und drei Fünfziger, zusammen 4,91 DM. Das war das ganze Taschengeld, das der Junge gespart hatte. Neulich hat er die Dose aufgeschlossen und leergemacht. „Das Geld sollen die Menschen in Afrika haben", hat er zu seiner Mutter gesagt, „die brauchen es viel nötiger als ich. Ich will es mitnehmen, wenn für sie gesammelt wird." Da hat die Mutter mich aus ihrem Portemonnaie geholt und mich gegen das viele Kleingeld eingewechselt. Und der Junge hat sich gefreut, dass er ein so schönes silbernes Geldstück bekam.

1. Kind:
Naja, silbern bist du ja. Aber fünf Mark – was ist das schon! Viel taugst du nicht. Überleg mal, was man für mich alles kaufen kann! Ich bin zwanzig mal mehr wert als du!

Sprecher:
Halt! Jetzt muss ich aber mal unterbrechen. Es stimmt ja gar nicht. Kaufen kann man sicher mehr mit dem Hundertmarkschein. – Aber mehr wert ist der Fünfer, weil er gern, von Herzen gegeben wurde und alles war, was der Junge hatte. Der Hunderter ist zwar mehr Geld, aber mehr wert ist er für Gott nicht. Der Junge schenkt mit ganzem Herzen.
Genauso ist es auch im Evangelium. So hat Jesus auch an der Witwe gesehen, dass sie mehr gibt als alle anderen. Sie hat mit ganzem Herzen gegeben und alles, was sie hatte. Für Gott ist es wichtiger, was und wie man gibt und nicht, wie viel man gibt.
Schenke mit ganzem Herzen.

Nun werden der Hundertmarkschein, das Fünfmarkstück und die Karte („Schenke mit ganzem Herzen!") an die Flanelltafel geheftet.

Fürbitten:

Guter Gott, wenn wir teilen und schenken, dann handeln wir nach deinem Gebot. Wir bitten dich:

1) Wir beten für die Christen überall auf der Welt:
Dass sie lernen zu teilen und mit ganzem Herzen zu schenken.

2) Wir beten für die reichen Menschen mit viel, viel Geld:
Dass sie Freude am Teilen finden.

3) Wir beten für die armen Menschen, die sich um Essen und Arbeit sorgen müssen:
Dass sie Christen mit Herz begegnen, die mit ihnen teilen.

4) Wir beten für die Menschen, die meinen: Geld allein macht glücklich:
Dass sie den Wert der Liebe entdecken.

5) Wir beten für alle Toten:
Dass sie deine Liebe ganz und für immer erfahren dürfen.

Pr.: Wir vertrauen dir, guter Gott. Wir loben und preisen dich, jetzt und in Ewigkeit. Amen.

Gabengebet:

Gütiger Gott, wir bringen unsere Gaben Brot und Wein zum Altar. Mit diesen Gaben bringen wir dir unser ganzes Leben. Nimm die Gaben an und lass uns miteinander das Fest der Liebe feiern. Darum bitten wir durch Jesus Christus, unseren Herrn. Amen.

Schlussgebet:

Gott, unser Vater, durch diese Feier gibst du uns Freude und Kraft. Wir dürfen deine Gemeinschaft und Nähe erfahren. Wir wollen deinen Willen tun. Mit deiner Hilfe können wir mit ganzem Herzen geben. Wir danken dir durch Jesus Christus, unseren Herrn. Amen.

33. Sonntag im Jahreskreis:
Jesus macht alles gut (Uhren)

Vorbereitungen:

- *Überall in der Kirche und besonders im Altarraum sind Uhren verteilt.*
- *Darunter ist auch eine große Sanduhr (evtl. aus zwei Weinflaschen selber zu basteln – vgl. Foto).*
- *Lied und Tanz: „Himmel und Erde“*

Einführung:

Liebe Kinder, liebe Christen, wie ihr seht, haben wir heute alle Uhren gesammelt, die wir finden konnten. Wir haben hier eine Küchenuhr, eine Wohnzimmeruhr, eine Standuhr, einen Wecker, ... und eine große Sanduhr.
Nimmt Sanduhr in die Hand.

Diese Uhren zeigen uns, wie die Zeit vergeht. So wie der Sand herunterrinnt, so verrinnt auch die Zeit. Es ist auch schon viel Zeit vergangen, seit du auf der Welt bist.
Wie alt bist du? Wie viel Zeit ist seit deiner Geburt vergangen?
Kinder sagen ihr Alter ins Mikrofon.

Wir wollen uns heute Gedanken über die Zeit machen.

Kyrie:

1) Herr Jesus Christus, du warst in der Vergangenheit immer bei uns.
   Kyrie eleison.

2) Herr Jesus Christus, auch heute bist du mitten unter uns.
   Christe eleison.

3) Herr Jesus Christus, du wirst auch in Zukunft bei uns sein.
   Kyrie eleison.

Tagesgebet:

Gütiger Gott, du schenkst uns jeden Tag neues Leben. Du gibst uns Zeit, Gutes zu tun. Wir wollen diese Stunde nutzen, um dir für alles zu danken. Dein Wort hilft, dass unser Leben gelingt. Wir loben und preisen dich durch Jesus Christus, unseren Herrn, der in der Einheit des Heiligen Geistes mit dir lebt und wirkt in Ewigkeit. Amen.

Lesung: (Koh 3,1-8)

Lesung aus dem Buch Kohelet.

Alles hat seine Stunde. Für jedes Geschehen unter dem Himmel gibt es eine bestimmte Zeit:
eine Zeit zum Gebären
und eine Zeit zum Sterben;
eine Zeit zum Pflanzen
und eine Zeit zum Abernten der Pflanzen;
eine Zeit zum Töten
und eine Zeit zum Heilen;
eine Zeit zum Niederreißen
und eine Zeit zum Bauen;
eine Zeit zum Weinen, eine Zeit für die Klage
und eine Zeit für den Tanz;
eine Zeit zum Umarmen
und eine Zeit, die Umarmung zu lösen;
eine Zeit zum Schweigen
und eine Zeit zum Reden.

Wort des lebendigen Gottes.

Predigtteil 1:

Manchmal vergeht die Zeit schnell. Das ist dann, wenn es eine schöne Zeit ist, in der wir glücklich sind und wir gerade etwas Schönes erleben.
Manchmal vergeht uns aber die Zeit zu langsam. Das ist dann, wenn es uns schlecht geht. In schlechten Zeiten haben wir das Gefühl, die ganze Welt geht unter. Auch im Evangelium hören wir heute von schlechten Zeiten.

Evangelium: (Mk 13,24-32)

Aus dem heiligen Evangelium nach Markus.

In jener Zeit sprach Jesus zu seinen Jüngern:
In jenen Tagen, nach der großen Not,
wird sich die Sonne verfinstern,
und der Mond wird nicht mehr scheinen.
Die Sterne werden vom Himmel fallen,
und die Kräfte des Himmels werden erschüttert werden.
Dann wird man den Menschensohn
mit großer Macht und Herrlichkeit
auf den Wolken kommen sehen.
Und er wird die Engel aussenden
und die von ihm Auserwählten
aus allen vier Windrichtungen zusammenführen,
vom Ende der Erde bis zum Ende des Himmels.

Himmel und Erde werden vergehen,
aber meine Worte werden nicht vergehen.
Doch jenen Tag und jene Stunde kennt niemand,
auch nicht die Engel im Himmel,
nicht einmal der Sohn,
sondern nur der Vater.

Predigtteil 2:

Jesus spricht im Evangelium auch von schlechten Zeiten. Er sagt, dann ist es so, als ob sich Sonne, Mond und Sterne verfinstern würden.
Aber Jesus hat eine frohe Botschaft für uns. Wir brauchen keine Angst haben. Er ist bei uns. Er wird kommen und alles gut machen.
Er will zu jeder Zeit bei uns bleiben. Wir können sogar die schlechten Zeiten mit Jesus überstehen, denn am Ende wird alles gut ausgehen. Das gibt uns Kraft und macht uns Mut.
Dafür wollen wir Gott danken. Himmel und Erde müssen vergehen, aber sein Wort und seine Liebe bleiben bestehen.

Lied und Tanz: „Himmel und Erde müssen vergehn"

Himmel und Erde müssen vergehn, aber dein Wort, o Herr, aber dein Wort, o Herr bleibet bestehn.

Möglichkeiten zur Darstellung:

	Tänzer stehen im Kreis,
Himmel und Erde müssen vergehn	*gehen in die Hocke,*
aber dein Wort, o Herr, aber dein Wort,	
o Herr, aber dein Wort o Herr, bleibet bestehn.	*stehn auf und gehen im Kreis.*
Tänzer stehen im Kreis,	
Himmel und Erde müssen vergehn	*gehen in die Hocke,*
aber die Liebe, Herr, aber die Liebe, Herr,	
aber die Liebe, Herr, bleibet bestehn.	*stehn auf und gehen im Kreis.*

Fürbitten: (Kinder sprechen mit Uhren in der Hand)

Pr.: Guter Gott, wir wollen an all die Menschen denken, die schwere Zeiten erleben.

1) Wir denken an alle Menschen, die einsam sind und darunter leiden, dass das Leben langweilig wird. Schenke ihnen eine glückliche Zeit.
Alle: Schenke ihnen eine glückliche Zeit.

2) Wir denken an alle Menschen, die viel arbeiten und sich keine Zeit für Erholung gönnen.

3) Wir denken an alle Menschen, die lange Zeit im Bett sein müssen, weil sie krank sind und Schmerzen haben.

4) Wir denken an alle Menschen, die unzufrieden sind und immer Angst haben, etwas zu versäumen.

5) Wir denken an alle Menschen, die verurteilt sind, lange Zeit im Gefängnis zu sein.

Pr.: Denn du willst allen Menschen Glück und Frieden schenken. Du bist Gott, der Herr, von nun an bis in Ewigkeit. Amen.

Gabengebet:

Lieber Gott, es ist Zeit für uns zu danken. Brot und Wein stehen für alle guten Gaben, die wir von dir empfangen. So sorgst du dich, dass es uns gut geht. Wir danken dir durch Jesus Christus, unseren Herrn. Amen.

Schlussgebet:

Allmächtiger Gott, du bist der Herr der Zeit und Ewigkeit. Du bist bei uns und begleitest uns jeden Tag. Jesus macht uns Mut, immer wieder weiterzugehen auf dem Weg unseres Lebens. Hilf uns, die Zeit zu nutzen und das Gute zu tun. Darum bitten wir durch Jesus Christus, unseren Herrn. Amen.

Vorbereitungen:

– *Königsmantel, Krone, Zepter, Thron für den König, roter Stofffetzen, Dornenkrone, Schilfzweig für Jesus*

Einführung:

Liebe Kinder, liebe Christen, wir feiern heute das Christkönigsfest. Wir feiern, dass Jesus der König aller Menschen ist:

Kyrie:

So grüßen wir ihn jetzt wie jeden Sonntag.

1) Herr Jesus Christus, was du uns sagst, ist wichtig.
Kyrie eleison.

2) Herr Jesus Christus, du feierst mit uns.
Christe eleison.

3) Herr Jesus Christus, du sorgst dich um uns.
Kyrie eleison.

Tagesgebet:

Allmächtiger Gott, du hast deinen geliebten Sohn zum König der Welt gemacht. Wir wollen auf sein Wort hören, denn sein Wort zeigt uns deine große Liebe zu den Menschen. Dafür danken wir durch ihn, Jesus Christus, unseren König und Herrn, der in der Einheit des Heiligen Geistes mit dir lebt und herrscht in Ewigkeit. Amen.

Lesung (Dan 7,2a.13b-14)

Evangelium (Joh 18,33b-37)

Predigtteil:

Viele Könige hat es auf Erden gegeben. Wir haben auch alle schon viele Geschichten über Könige gehört.
Ihr wisst, wie ein König aussieht und was zu einem König gehört. Wir wollen jemanden von euch als König verkleiden. Ihr könnt dabei helfen. In dieser Kiste habe ich alles, was zu einem König gehört.

Ein Kind wird nach vorne geholt und bekleidet. Kinder dürfen beim Benennen und Verkleiden helfen. Dazu werden folgende Erklärungen gegeben.

- Ein wertvoller Mantel zeigt, dass ein König reich ist und sein Volk beschützen muss.

- Die goldene Krone zeigt, dass er der Höchste ist im Land.

- Das Zepter zeigt, dass er regiert und herrscht.

- Er sitzt auf einem Thron, wenn er regiert und sagt, was zu tun ist.

Jetzt sehen wir, was zu einem richtigen König gehört. Aber so hat Jesus wohl nie ausgeschaut.
Als Jesus vor Pilatus gestanden hat, hatte er
- keine Goldkrone *(Dornenkrone wird gezeigt und einem anderen – vorher ausgewählten Kind – aufgesetzt)*. Jesus war mit Dornen gekrönt.
- Jesus hatte kein Zepter. *(Schilfrohr übergeben)* Manche sagen, man hat ihm zum Spott ein Schilfrohr in die Hand gedrückt.
- Jesus hatte auch keinen kostbaren Königsmantel. Zum Spott hat man ihm einen roten Stofffetzen umgehängt *(roten Stoff umlegen)*.
- Einen Thron hat er nie gehabt.

Jesus sagte zu Pilatus: Ich bin ein König. Und da stand er so (wie dieses Kind hier) da. Was ist das für ein König?

Lied: *„Was ist das für ein König?" (s. Palmsonntag S. 72)*

Sprecher:
Wir haben es im Lied schon gehört. Jesus ist ein anderer König. Er verzichtet auf Macht und Reichtum. Er ist ein König der Liebe und des Friedens. Er ist ein König, bei dem man sich wohl fühlen kann. Deshalb wollen wir ihn gerne als unseren König. Und das wollen wir feiern.

Fürbitten:

Pr.: Allmächtiger Gott, in deinem Reich gibt es nur Glück und Frieden. Viele Menschen leiden Not. Wir bitten dich:

1) Viele Menschen werden verspottet und ausgelacht. Dein Reich komme.
Alle: Dein Reich komme.

2) Viele Menschen haben Schmerzen.

3) Viele Menschen streiten.

4) Viele Menschen haben nicht genug zu essen.

5) Viele Menschen haben kein Zuhause.

Pr.: Darum bitten wir durch Jesus Christus, unseren König und Herrn. Amen.

Gabengebet:

Gott, dein Sohn Jesus Christus feiert mit uns. Mit seiner Königsherrschaft kommen Frieden, Versöhnung und Liebe in diese Welt. Wir bringen Brot und Wein und feiern das Fest der Liebe mit Jesus Christus, unserem König und Herrn. Amen.

Kommunionmeditation:

Herr Jesus!
Du bist ein König,
ein König ganz anders als die Könige dieser Erde.
Du bist König in den Herzen der Menschen.
Wo Menschen das Brot teilen, ist dein Königreich.
Wo Menschen verzeihen ist dein Königreich.
Wo Menschen den Frieden bringen, ist dein Königreich.
Wo Menschen Mut machen, trösten, ist dein Königreich.
Jesus, sei König in unseren Herzen.
Sei König auf der ganzen Erde. Amen.

Schlussgebet:

Großer Gott, du sorgst dich darum, dass es uns gut geht. Deshalb wollen wir gerne Jesus als unseren König haben. Wir wissen, wie schön es in seinem Königreich ist und können auch anderen davon erzählen. Darum bitten wir durch Jesus Christus, unseren Herrn, der in der Einheit des Heiligen Geistes mit dir lebt und herrscht in Ewigkeit. Amen.

Stichwortverzeichnis und Symbole:

Ablehnung	14. Sonntag i. Jkr.
Arm	28. Sonntag i. Jkr.
Auferstehung	Ostersonntag
Augen	23. Sonntag i. Jkr.
Ausgießen	Pfingsten
Aussatz	6. Sonntag i. Jkr.
Baum	1. Fastensonntag
Berg	2. Fastensonntag
Bergsteiger	2. Fastensonntag
Berufung	15. Sonntag i. Jkr.
Bibel	2. So. nach Weihnachten
Blindheit	30. Sonntag i. Jkr.
Blumen	25. Sonntag i. Jkr.
Brille	30. Sonntag i. Jkr.
Brot	17. Sonntag i. Jkr.
Brot	18. Sonntag i. Jkr.
Brot	19. Sonntag i. Jkr.
Brot	20. Sonntag i. Jkr.
Christus	Taufe des Herrn
Dämon	5. Sonntag i. Jkr.
Dampf	Dreifaltigkeitssonntag
Dreifaltigkeit	Dreifaltigkeitssonntag
Effata	23. Sonntag i. Jkr.
Eis	Dreifaltigkeitssonntag
Elija	24. Sonntag i. Jkr.
Entscheidung	21. Sonntag i. Jkr.
Esel	28. Sonntag i. Jkr.
Esel	Palmsonntag
Familie	Fest d. Hl. Familie
Fasten	1. Fastensonntag
Fenster	3. Adventssonntag
Fleisch	2. So. nach Weihnachten
Freunde	6. Ostersonntag
Freundschaft	3. Sonntag i. Jkr.
Freundschaftsband	3. Sonntag i. Jkr.
Gebet	7. Ostersonntag
Gebote	8. Sonntag i. Jkr.
Gebote	9. Sonntag i. Jkr.
Gebote	31. Sonntag i. Jkr.
Geist	Pfingsten
Gelähmter	7. Sonntag i. Jkr.
Gemeinschaft	10. Sonntag i. Jkr.
Gemeinschaft	19. Sonntag i. Jkr.
Gemeinschaft	29. Sonntag i. Jkr.
Gemeinschaft	3. Ostersonntag
Gemeinschaft	3. Sonntag i. Jkr.
Gemeinschaft	2. Fastensonntag
Glaube	13. Sonntag i. Jkr.
Gottesbild	8. Sonntag i. Jkr.
Hände	6. Sonntag i. Jkr.
Hanna	Fest d. Hl. Familie
Heilige	1. Adventssonntag
Hilfe	4. Ostersonntag
Hindernis	2. Adventssonntag
Hirte	4. Ostersonntag
Hirtenstab	4. Ostersonntag
Hoffnung	13. Sonntag i. Jkr.
Hoffnung	4. Adventssonntag
Hören	2. Sonntag i. Jkr.
Jünger	12. Sonntag i. Jkr.
Jünger	15. Sonntag i. Jkr.
Kindersegnung	27. Sonntag i. Jkr.
König	Christkönig
Krone	24. Sonntag i. Jkr.
Lasten	28. Sonntag i. Jkr.
Leiter	Fastensonntage
Licht	4. Adventssonntag
Licht	4. Fastensonntag
Liebe	13. Sonntag i. Jkr.
Liebe	Christkönig

Manna	18. Sonntag i. Jkr.
Maria	4. Adventssonntag
Marionette	5. Sonntag i. Jkr.
Menschenkette	10. Sonntag i. Jkr.
Messias	24. Sonntag i. Jkr.
Messias	Taufe des Herrn
Mitte	3. Ostersonntag
Mund	23. Sonntag i. Jkr.
Nachfolge	21. Sonntag i. Jkr.
Ohren	23. Sonntag i. Jkr.
Opfer	8. Sonntag i. Jkr.
Raupe	Ostersonntag
Rebe	5. Ostersonntag
Knechte	6. Ostersonntag
Reich	28. Sonntag i. Jkr.
Reinheit	22. Sonntag i. Jkr.
Rollstuhl	7. Sonntag i. Jkr.
Sabbat	9. Sonntag i. Jkr.
Salbung	Taufe des Herrn
Samen	5. Fastensonntag
Samuel	2. Sonntag i. Jkr.
Schaf	4. Ostersonntag
Schenken	32. Sonntag i. Jkr.
Schiff	12. Sonntag i. Jkr.
Schmetterling	Ostersonntag
Thomas	2. Ostersonntag
Schwamm	Pfingsten
Schwert	24. Sonntag i. Jkr.
Segen	27. Sonntag i. Jkr.
Senfkorn	11. Sonntag i. Jkr.
Simeon	Fest d. Hl. Familie
Sonntag	9. Sonntag i. Jkr.
Spenden	32. Sonntag i. Jkr.
Steckbrief	4. Sonntag i. Jkr.
Streit	25. Sonntag i. Jkr.
Streit	29. Sonntag i. Jkr.
Sturm	12. Sonntag i. Jkr.
Stütze	4. Ostersonntag
Taubstumm	23. Sonntag i. Jkr.
Taufe	26. Sonntag i. Jkr.
Taufe	Taufe des Herrn
Teilen	17. Sonntag i. Jkr.
Tempel	3. Fastensonntag
Tod	13. Sonntag i. Jkr.
Tod	5. Fastensonntag
Transparent	Palmsonntag
trotzdem	14. Sonntag i. Jkr.
Uhren	33. Sonntag i. Jkr.
Verklärung	2. Fastensonntag
Versöhnung	19. Sonntag i. Jkr.
Verzichten	1. Fastensonntag
Vorurteil	26. Sonntag i. Jkr.
Wachsamkeit	1. Adventssonntag
Wachstum	11. Sonntag i. Jkr.
Wagenrad	3. Ostersonntag
Wasser	Dreifaltigkeitssonntag
Weg	2. Adventssonntag
Weg	Adventssonntage
Wegweiser	1. Adventssonntag
Wegweiser	21. Sonntag i. Jkr.
Weinstock	5. Ostersonntag
Weizenkorn	5. Fastensonntag
Wort	2. So. nach Weihnachten
Zeit	33. Sonntag i. Jkr.
Ziel	3. Adventssonntag
Zweifel	2. Ostersonntag
Zweige	11. Sonntag i. Jkr.

Schriftstellenverzeichnis

1 Joh 3,21-24	5. Ostersonntag
1 Kor 15,35-38.42-44.51	Ostersonntag
1 Sam 3b-10	2. Sonntag i. Jkr.
2 Kor 3,1b-6	8. Sonntag i. Jkr.
Apg 10,34a. 37-38	Taufe des Herrn
Apg 4,32-35	2. Ostersonntag
Dan 7,2a.13b-14	Christkönig
Eph 1,3-6	15. Sonntag i. Jkr.
Eph 4,1-6	17. Sonntag i. Jkr.
Eph 5,8-9.13-14	4. Fastensonntag
Ex 16,2-4.12-15	18. Sonntag i. Jkr.
Ex 20,1-3.7-8.12-17	31. Sonntag i. Jkr.
Gal 3,26-29	10. Sonntag i. Jkr.
Gal 3,26-29	26. Sonntag i. Jkr.
Gal 5,1.13-14	5. Sonntag i. Jkr.
Gal 5,13-14	29. Sonntag i. Jkr.
Gen 1,1.11-13	11. Sonntag i. Jkr.
Jak 1,17-18.21b-22.27	22. Sonntag i. Jkr.
Jak 2,14-18	24. Sonntag i. Jkr.
Jak 3,16-18	25. Sonntag i. Jkr.
Jer 31,7-9	30. Sonntag i. Jkr.
Jer 33,14-16	24. Sonntag i. Jkr.
Jes 35,4a.5-7a	23. Sonntag i. Jkr.
Jes 43,18-19.21-22.24b-25	7. Sonntag i. Jkr.
Jes 44,2-4	Pfingsten
Jes 50, 3-5	2. Adventssonntag
Jes 61,1-2a.10	3. Adventssonntag
Jes 9, 1-6	4. Adventssonntag
Joh 1,1-18	2. Sonntag nach Weihnachten
Joh 1,35-42	2. Sonntag i. Jkr.
Joh 1,6-8.23-28	3. Adventssonntag
Joh 10,11-18	4. Ostersonntag
Joh 12,20-25	5. Fastensonntag
Joh 15,1-8	5. Ostersonntag
Joh 15,9-17	6. Ostersonntag
Joh 17,6a.11b.12.15.17-18	7. Ostersonntag
Joh 18,33b-37	Christkönig
Joh 2, 13-17	3. Fastensonntag
Joh 20,19-20.24-29	2. Ostersonntag
Joh 3, 19-21	4. Fastensonntag
Joh 6,1-15	17. Sonntag i. Jkr.
Joh 6,24.28.31-35	18. Sonntag i. Jkr.
Joh 6,41-51	19. Sonntag i. Jkr.
Joh 6,51.58	20. Sonntag i. Jkr.
Joh 6,60-61.63.65-69	21. Sonntag i. Jkr.
Joh 7,37-39	Pfingsten
Jos 24,1-2a.15-17.18b	21. Sonntag i. Jkr.
Koh 3,1-8	33. Sonntag i. Jkr.
Lev 13,1-2.43ac.44ab.45-46	6. Sonntag i. Jkr.
Lk 1, 26-38	4. Adventssonntag
Lk 2, 1-14	Christmette
Lk 2,22-40	Fest d. Hl. Familie
Lk 24,35-45	3. Ostersonntag
Mk 1, 1-4	2. Adventssonntag
Mk 1, 2-10	Taufe des Herrn
Mk 1,12-15	1. Fastensonntag
Mk 1,14-20	3. Sonntag i. Jkr.
Mk 1,21-28	4. Sonntag i. Jkr.
Mk 1,29-39	5. Sonntag i. Jkr.
Mk 1,40-45	6. Sonntag i. Jkr.
Mk 10,13-16	27. Sonntag i. Jkr.
Mk 10,23.25-27	28. Sonntag i. Jkr.
Mk 10,35-37.40-44	29. Sonntag i. Jkr.

Mk 10,46-52	30. Sonntag i. Jkr.
Mk 12,28b-34	31. Sonntag i. Jkr.
Mk 12,41-44	32. Sonntag i. Jkr.
Mk 13, 33-37	1. Adventssonntag
Mk 13,24-32	33. Sonntag i. Jkr.
Mk 15,1-6.9.13-15	Palmsonntag
Mk 16,1-7	Ostersonntag
Mk 2,1-12	7. Sonntag i. Jkr.
Mk 2,18-22	8. Sonntag i. Jkr.
Mk 2,23-28	9. Sonntag i. Jkr.
Mk 3,20.23-25.31-35	10. Sonntag i. Jkr.
Mk 4,26-34	11. Sonntag i. Jkr.
Mk 4,35-41	12. Sonntag i. Jkr.
Mk 5,21-24.35b-43	13. Sonntag i. Jkr.
Mk 6,1b-6	14. Sonntag i. Jkr.
Mk 6,7-13	15. Sonntag i. Jkr.
Mk 7,1-4.14-15.21-23	22. Sonntag i. Jkr.
Mk 7,31-37	23. Sonntag i. Jkr.
Mk 8,27-35	24. Sonntag i. Jkr.
Mk 9,2-10	2. Fastensonntag
Mk 9,30.33-37	25. Sonntag i. Jkr.
Mk 9,38-41	26. Sonntag i. Jkr.
Mt 21,1-11	Palmsonntag
Mt 28,16-20	Dreifaltigkeitssonntag
	Ostersonntag
Psalm 103	3. Fastensonntag
Psalm 107	12. Sonntag i. Jkr.
Psalm 112	14. Sonntag i. Jkr.
Psalm 136	20. Sonntag i. Jkr.
Psalm 139	2. Fastensonntag
Psalm 146	23. Sonntag i. Jkr.
Psalm 146	32. Sonntag i. Jkr.
Psalm 147	2. So. nach Weihnachten
Psalm 23	4. Ostersonntag
Psalm 25	1. Adventssonntag
Psalm 25	1. Fastensonntag
Psalm 8	27. Sonntag i. Jkr.
Psalm 95	4. Sonntag i. Jkr.
Röm 8,14-17	Dreifaltigkeitssonntag
Sir 6,14-17	3. Sonntag i. Jkr.
Weish 1,13-15	13. Sonntag i. Jkr.
Zef 3,14-17	3. Ostersonntag
Sir 3,2-6.12-14	Fest d. Hl. Familie

Stichworte und Symbole – Zusammenstellung Lesejahr A, Lesejahr B, Lesejahr C

Ablehnung	14. Sonntag i. Jkr.	B
Adventskalender	1. Advent	C
Angst	33. Sonntag i. Jkr.	C
Angst,	12. Sonntag i. Jkr.	A
Apostel	11. Sonntag i. Jkr.	A
Arbeit	16. Sonntag i. Jkr.	C
Arm	28. Sonntag i. Jkr.	B
Armut	6. Sonntag i. Jkr.	C
Armut	3. Fastensonntag	A
Auferstehung	32. Sonntag i. Jkr.	C
Auferstehung	5. Fastensonntag	A
Auferstehung	Ostersonntag	B

Augen	23. Sonntag i. Jkr.	B
Ausgießen	Pfingsten	B
Ausländer	20. Sonntag i. Jkr.	A
Aussatz	6. Sonntag i. Jkr.	B
Aussendung	14. Sonntag i. Jkr.	C
Aussendung	11. Sonntag i. Jkr.	A
Außenseiter	10. Sonntag i. Jkr.	A
Balken	7. Sonntag i. Jkr.	C
Barbarazweig	2. Advent	C
Baruch	1. Adventssonntag	A
Baum	1. Fastensonntag	B
Baum	32. Sonntag i. Jkr.	C
Beharrlichkeit	29. Sonntag i. Jkr.	C
Berg	2. Fastensonntag	B
Berg	2. Fastensonntag	A
Bergsteiger	2. Fastensonntag	C
Bergsteiger	2. Fastensonntag	B
Berufung	15. Sonntag i. Jkr.	B
Berufung	10. Sonntag i. Jkr.	A
Berufung	11. Sonntag i. Jkr.	A
Besitz	18. Sonntag i. Jkr.	C
Bewegung	Pfingsten	A
Bibel	2. Sonntag nach Weihnachten	B
Bitte	29. Sonntag i. Jkr.	C
Blind	30. Sonntag i. Jkr.	B
Blindheit	4. Fastensonntag	A
Blumen	25. Sonntag i. Jkr.	B
Blüte	32. Sonntag i. Jkr.	C
Brief	6. Ostersonntag	A
Brille	30. Sonntag i. Jkr.	B
Brot	17. Sonntag i. Jkr.	B
Brot	18. Sonntag i. Jkr.	B
Brot	19. Sonntag i. Jkr.	B
Brot	20. Sonntag i. Jkr.	B
Brotvermehrung	18. Sonntag i. Jkr.	A
Christus	Taufe des Herrn	B
Clown	7. Sonntag i. Jkr.	C
Dämon	5. Sonntag i. Jkr.	B
Dampf	Dreifaltigkeitssonntag	B
Dank	28. Sonntag i. Jkr.	C
Dank	29. Sonntag i. Jkr.	A
Dank	27. Sonntag i. Jkr.	A
Dornenkrone	Palmsonntag	A
Dreifaltigkeit	Dreifaltigkeitssonntag	C
Dreifaltigkeit	Dreifaltigkeitssonntag	A
Dreifaltigkeit	Dreifaltigkeitssonntag	B
Dunkelheit	1. Advent	C
Effata	23. Sonntag i. Jkr.	B
Einheit	7. So. d. Osterzeit	C
Einheit	3. Sonntag i. Jkr.	C
Einladung	28. Sonntag i. Jkr.	A
Eis	Dreifaltigkeitssonntag	B
Elija	24. Sonntag i. Jkr.	B
Elisabeth	4. Advent	C
Emmaus	3. Ostersonntag	A
Entscheidung	13. Sonntag i. Jkr.	C
Entscheidung	21. Sonntag i. Jkr.	B
Esel	Palmsonntag	C
Esel	28. Sonntag i. Jkr.	B
Esel	Palmsonntag	B
Esel	Palmsonntag	A
Familie	Fest d. Hl. Familie	B
Familie	Fest d. Hl. Familie	A
Fasching	7. Sonntag i. Jkr.	C
Fasching	7. Sonntag i. Jkr.	A
Fasten	1. Fastensonntag	B
Fehler	7. Sonntag i. Jkr.	C
Feigenbaum	3. Fastensonntag	C
Feindesliebe	7. Sonntag i. Jkr.	C
Fellchen	7. Sonntag i. Jkr.	C
Fels	8. Sonntag i. Jkr.	A
Fenster	3. Adventssonntag	B

Fessel	20. Sonntag i. Jkr. C	Geld	25. Sonntag i. Jkr. C
Fest	28. Sonntag i. Jkr. A	Geld	31. Sonntag i. Jkr. C
Feuer	20. Sonntag i. Jkr. C	Geld	29. Sonntag i. Jkr. A
Fisch	3. So. d. Osterzeit C	Gemeinschaft	2. Fastensonntag B
Fisch	5. Sonntag i. Jkr. C	Gemeinschaft	10. Sonntag i. Jkr. B
Fisch	2. Ostersonntag A	Gemeinschaft	19. Sonntag i. Jkr. B
Fischer	3. So. d. Osterzeit C	Gemeinschaft	29. Sonntag i. Jkr. B
Fischer	3. Sonntag i. Jkr. A	Gemeinschaft	3. Ostersonntag B
Fischernetz	3. So. d. Osterzeit C	Gemeinschaft	3. Sonntag i. Jkr. B
Fischernetz	5. Sonntag i. Jkr. C	Gerechtigkeit	25. Sonntag i. Jkr. A
Fleisch	2. Sonntag nach	Glaube	13. Sonntag i. Jkr. B
	Weihnachten B	Glaube	27. Sonntag i. Jkr. C
Freunde	6. Ostersonntag B	Glaube	9. Sonntag i. Jkr. A
Freundschaft	3. Sonntag i. Jkr. B	Glocken	Ostersonntag A
Freundschaftsband	3. Sonntag i. Jkr. B	Goldenes Kalb	1. Fastensonntag C
Friede	3. Sonntag i. Jkr. C	Gottesbild	7. Ostersonntag A
Friede	7. So. d. Osterzeit C	Gottesbild	8. Sonntag i. Jkr. B
Friede	14. Sonntag i. Jkr. C	Halt	Fest der Hl. Familie A
Friede	2. Adventssonntag A	Hand	1. Sonntag i. Jkr. A
Friede	4. Sonntag i. Jkr. A	Hände	6. Sonntag i. Jkr. B
Frieden	7. Sonntag i. Jkr. A	Hanna	Fest d. Hl. Familie B
Gärtner	7. Ostersonntag A	Hauptgebot	30. Sonntag i. Jkr. A
Gast	22. Sonntag i. Jkr. C	Haus	14. Sonntag i. Jkr. C
Gastfreundschaft	13. Sonntag i. Jkr. A	Haus	8. Sonntag i. Jkr. A
Gebet	7. Ostersonntag B	Heilige	3. Advent C
Geborgenheit	4. So. d. Osterzeit C	Heilige	1. Adventssonntag B
Geborgenheit	12. Sonntag i. Jkr. A	Heilung	28. Sonntag i. Jkr. C
Geborgenheit	1. Sonntag i. Jkr. A	Heilung	4. Fastensonntag A
Gebote	31. Sonntag i. Jkr. B	Heimat	5. Ostersonntag A
Gebote	8. Sonntag i. Jkr. B	Herz	Pfingsten A
Gebote	9. Sonntag i. Jkr. B	Hilfe	15. Sonntag i. Jkr. C
Gebote	23. Sonntag i. Jkr. A	Hilfe	4. Ostersonntag B
Geduld	3. Fastensonntag C	Himmel	6. So. d. Osterzeit C
Geduld	29. Sonntag i. Jkr. C	Himmel	5. Ostersonntag A
Geist	7. So. d. Osterzeit C	Hindernis	2. Adventssonntag B
Geist	Pfingsten C	Hirte	4. So. d. Osterzeit C
Geist	Pfingsten B	Hirte	24. Sonntag i. Jkr. C
Geist	Pfingsten A	Hirte	4. Ostersonntag B
Gelähmter	7. Sonntag i. Jkr. B	Hirte	4. Ostersonntag A

Hirte	7. Ostersonntag	A
Hirtenstab	4. Ostersonntag	B
Hoffnung	2. Advent	C
Hoffnung	13. Sonntag i. Jkr.	B
Hoffnung	4. Adventssonntag	B
Hoffnung	6. Ostersonntag	A
Hören	2. Sonntag i. Jkr.	B
Jerusalem	6. So. d. Osterzeit	C
Jesaja	2. Adventssonntag	A
Johannes d.T.	3. Adventssonntag	A
Josef (Hl.)	Fest der Hl. Familie	A
Jünger	12. Sonntag i. Jkr.	B
Jünger	15. Sonntag i. Jkr.	B
Jungfrauen	32. Sonntag i. Jkr.	A
Kerze	1. Advent	C
Kerze	4. Sonntag i. Jkr.	C
Kerzen	Dreifaltigkeitssonntag	A
Kindersegnung	27. Sonntag i. Jkr.	B
Kirchturm	Ostersonntag	A
Kleeblatt	Dreifaltigkeitssonntag	C
König	Palmsonntag	C
König	Christkönig	C
König	Christkönig	B
König	Christkönig	A
Kreuz	12. Sonntag i. Jkr.	C
Kreuz	22. Sonntag i. Jkr.	A
Krone	Christkönig	C
Krone	24. Sonntag i. Jkr.	B
Krug	2. Sonntag i. Jkr.	C
Lamm Gottes	2. Sonntag i. Jkr.	A
Lasten	2. Fastensonntag	C
Lasten	28. Sonntag i. Jkr.	B
Lasten	6. Sonntag i. Jkr.	C
Lasten	14. Sonntag i. Jkr.	A
Lazarus	26. Sonntag i. Jkr.	C
Lazarus	5. Fastensonntag	A
Leiter	Fastensonntage	B
Leuchter (siebenarmig)	17. Sonntag i. Jkr.	C
Licht	1. Advent	C
Licht	Ostersonntag	C
Licht	4. Fastensonntag	B
Licht	4. Sonntag i. Jkr.	C
Licht	4. Adventssonntag	B
Licht	20. Sonntag i. Jkr.	A
Licht	Kinderchristmette	A
Licht	5. Sonntag i. Jkr.	A
Liebe	13. Sonntag i. Jkr.	B
Liebe	Christkönig	B
Liebe	25. Sonntag i. Jkr.	A
Liebe	30. Sonntag i. Jkr.	A
Luftballon	26. Sonntag i. Jkr.	C
Mammon	25. Sonntag i. Jkr.	C
Manna	18. Sonntag i. Jkr.	B
Maria	4. Adventssonntag	B
Marionette	5. Sonntag i. Jkr.	B
Marta	16. Sonntag i. Jkr.	C
Mauer	1. Fastensonntag	C
Maus	13. Sonntag i. Jkr.	C
Medaille	30. Sonntag i. Jkr.	C
Mensch	3. Sonntag i. Jkr.	C
Menschenfischer	3. So. d. Osterzeit	C
Menschenfischer	5. Sonntag i. Jkr.	C
Menschenfischer	3. Sonntag i. Jkr.	A
Menschenkette	10. Sonntag i. Jkr.	B
Messias	24. Sonntag i. Jkr.	B
Messias	Taufe des Herrn	B
Micha	4. Adventssonntag	A
Mitte	3. Ostersonntag	B
Mobile	Pfingsten	A
Mund	23. Sonntag i. Jkr.	B
Nachfolge	21. Sonntag i. Jkr.	B
Nachfolge	12. Sonntag i. Jkr.	C
Nachfolge	22. Sonntag i. Jkr.	A
Nachfolge	7. Sonntag i. Jkr.	A
Nächstenliebe	13. Sonntag i. Jkr.	A

Nächstenliebe	23. Sonntag i. Jkr.	A
Nächstenliebe	26. Sonntag i. Jkr.	A
Nächstenliebe	7. Sonntag i. Jkr.	C
Nächstenliebe	Christkönig	A
Name	4. Ostersonntag	A
Narren	7. Sonntag i. Jkr.	A
Netz	27. Sonntag i. Jkr.	C
Netz	3. Sonntag i. Jkr.	A
Noten	6. Sonntag i. Jkr.	A
Offenheit	4. Advent	C
Offenheit	21. Sonntag i. Jkr.	C
Ohren	23. Sonntag i. Jkr.	B
Opfer	8. Sonntag i. Jkr.	B
Osterspuren	2. So. d. Osterzeit	C
Palmzweig	Palmsonntag	C
Petrus	21. Sonntag i. Jkr.	A
Pharisäer	30. Sonntag i. Jkr.	C
Prophet	1. Adventssonntag	A
Prophet	2. Adventssonntag	A
Prophet	3. Adventssonntag	A
Prophet	4. Adventssonntag	A
Puzzle	3. Sonntag i. Jkr.	C
Puzzle	7. So. d. Osterzeit	C
Raupe	Ostersonntag	B
Rebe	5. Ostersonntag	B
Knechte	6. Ostersonntag	B
Reich Gottes	16. Sonntag i. Jkr.	A
Reich Gottes	17. Sonntag i. Jkr.	A
Reich	28. Sonntag i. Jkr.	B
Reichtum	26. Sonntag i. Jkr.	C
Reichtum	31. Sonntag i. Jkr.	C
Reichtum	6. Sonntag i. Jkr.	C
Reichtum	3. Fastensonntag	A
Reinheit	22. Sonntag i. Jkr.	B
Rollstuhl	7. Sonntag i. Jkr.	B
Sabbat	9. Sonntag i. Jkr.	B
Salbung	Taufe des Herrn	B
Salz	5. Sonntag i. Jkr.	A
Sämann	15. Sonntag i. Jkr.	A
Samariter	15. Sonntag i. Jkr.	C
Samariter	28. Sonntag i. Jkr.	C
Samen	5. Fastensonntag	B
Samuel	2. Sonntag i. Jkr.	B
Schaf	4. So. d. Osterzeit	C
Schaf	4. Ostersonntag	B
Schaf	4. Ostersonntag	A
Schatz	18. Sonntag i. Jkr.	C
Schatz	19. Sonntag i. Jkr.	C
Schatz	17. Sonntag i. Jkr.	A
Schatztruhe	19. Sonntag i. Jkr.	C
Schenken	32. Sonntag i. Jkr.	B
Schiff	12. Sonntag i. Jkr.	B
Schlüssel	21. Sonntag i. Jkr.	A
Schmetterling	Ostersonntag	B
Thomas	2. Ostersonntag	B
Schnecke	29. Sonntag i. Jkr.	C
Schuld	4. Fastensonntag	C
Schuld	24. Sonntag i. Jkr.	A
Schwamm	Pfingsten	B
Schwert	24. Sonntag i. Jkr.	B
Segen	1. Sonntag i. Jkr.	C
Segen	27. Sonntag i. Jkr.	B
Seifenblasen	Pfingsten	C
Seligpreisung	4. Sonntag i. Jkr.	A
Seligpreisungen	6. Sonntag i. Jkr.	C
Senfkorn	11. Sonntag i. Jkr.	B
Senfkorn	16. Sonntag i. Jkr.	A
Sieger	30. Sonntag i. Jkr.	C
Siegerpodest	30. Sonntag i. Jkr.	C
Simeon	4. Sonntag i. Jkr.	C
Simeon	Fest d. Hl. Familie	B
Sonne	Ostersonntag	C
Sonnenblume	26. Sonntag i. Jkr.	A
Sonntag	9. Sonntag i. Jkr.	B
Spenden	32. Sonntag i. Jkr.	B
Splitter	7. Sonntag i. Jkr.	C
Spuren	2. So. d. Osterzeit	C
Stab	Fest d. Hl. Familie	A

Stadt	6. So. d. Osterzeit	C
Steckbrief	4. Sonntag i. Jkr.	B
Stein	5. Fastensonntag	C
Stern	3. Advent	C
Steuer	29. Sonntag i. Jkr.	A
Stimme	4. So. d. Osterzeit	C
Streit	25. Sonntag i. Jkr.	B
Streit	29. Sonntag i. Jkr.	B
Streit	6. Sonntag i. Jkr.	A
Stroh	Christmette	C
Strohstern	Christmette	C
Sturm	12. Sonntag i. Jkr.	B
Sturm	8. Sonntag i. Jkr.	A
Stütze	4. Ostersonntag	B
Sünde	5. Fastensonntag	C
Sünde	11. Sonntag i. Jkr.	C
Sünder	24. Sonntag i. Jkr.	C
Schaf	24. Sonntag i. Jkr.	C
Talente	33. Sonntag i. Jkr.	A
Tat	31. Sonntag i. Jkr.	A
Taube	7. So. d. Osterzeit	C
Taubstumm	23. Sonntag i. Jkr.	B
Taufe	1. Sonntag i. Jkr.	C
Taufe	26. Sonntag i. Jkr.	B
Taufe	Taufe des Herrn	B
Taufe	1. Sonntag i. Jkr.	A
Teilen	31. Sonntag i. Jkr.	C
Teilen	17. Sonntag i. Jkr.	B
Teilen	18. Sonntag i. Jkr.	A
Tempel	3. Fastensonntag	B
Tempel	33. Sonntag i. Jkr.	C
Thomas (Hl.)	2. Ostersonntag	A
Tod	13. Sonntag i. Jkr.	B
Tod	5. Fastensonntag	B
Tod	5. Fastensonntag	A
Transparent	Palmsonntag	B
trotzdem	14. Sonntag i. Jkr.	B
Tür	21. Sonntag i. Jkr.	C
Uhren	33. Sonntag i. Jkr.	B
Vater	4. Fastensonntag	C
Vater	7. Ostersonntag	A
Vaterunser	17. Sonntag i. Jkr.	C
Vergebung	11. Sonntag i. Jkr.	C
Vergebung	31. Sonntag i. Jkr.	C
Vergebung	4. Fastensonntag	C
Vergebung	24. Sonntag i. Jkr.	A
Verklärung	2. Fastensonntag	B
Verklärung	2. Fastensonntag	A
Versöhnung	19. Sonntag i. Jkr.	B
Versöhnung	4. Sonntag i. Jkr.	A
Versöhnung	6. Sonntag i. Jkr.	A
Versuchung	1. Fastensonntag	C
Versuchung	1. Fastensonntag	A
Vertrauen	19. Sonntag i. Jkr.	A
Verurteilung	5. Fastensonntag	C
Verwandlung	2. Sonntag i. Jkr.	C
Verzicht	23. Sonntag i. Jkr.	C
Verzichten	1. Fastensonntag	B
Vorurteil	26. Sonntag i. Jkr.	B
Wachsamkeit	1. Adventssonntag	B
Wachstum	3. Fastensonntag	C
Wachstum	11. Sonntag i. Jkr.	B
Wagenrad	3. Ostersonntag	B
Wahrheit	31. Sonntag i. Jkr.	A
Wasser	1. Sonntag i. Jkr.	C
Wasser	Dreifaltigkeitssonntag	B
Wasser	19. Sonntag i. Jkr.	A
Wasser	3. Fastensonntag	A
Weg	Adventssonntage	B
Weg	2. Adventssonntag	B
Wegweiser	3. Advent	C
Wegweiser	21. Sonntag i. Jkr.	B
Wegweiser	1. Adventssonntag	B
Weihwasser	1. Sonntag i. Jkr.	C
Weinstock	5. Ostersonntag	B
Weizenkorn	5. Fastensonntag	B
Weizenkorn	5. Fastensonntag	A

Witwe	29. Sonntag i. Jkr. C
Wort Gottes	15. Sonntag i. Jkr. A
Wort	2. So. nach Weihnachten B
Wort	31. Sonntag i. Jkr. A
Worte	2. So nach Weihnachten A
Wunder	3. Adventssonntag A
Wünsche	23. Sonntag i. Jkr. C
Zachäus	31. Sonntag i. Jkr. C
Zeit	33. Sonntag i. Jkr. B
Zelt	2. Fastensonntag A
Zepter	Christkönig C
Ziel	3. Adventssonntag B
Zöllner	30. Sonntag i. Jkr. C
Zöllner	10. Sonntag i. Jkr. A
Zufriedenheit	27. Sonntag i. Jkr. A
Zweifel	2. Ostersonntag B
Zweifel	2. Ostersonntag A
Zweige	11. Sonntag i. Jkr. B

Schriftstellenverzeichnis – Zusammenstellung Lesejahr A, Lesejahr B, Lesejahr C

1 Joh 3,21-24	5. Ostersonntag	B
1 Kor 11, 23-26	3. Ostersonntag	A
1 Kor 12, 12-31	3. Sonntag i. Jkr.	C
1 Kor 12, 4-11	2. Sonntag i. Jkr.	C
1 Kor 13, 4-8	7. Sonntag i. Jkr.	C
1 Kor 15, 3-8. 11	5. Sonntag i. Jkr.	C
1 Kor 15,35-38.42-44.51		B
1 Kor 9, 24-27	23. Sonntag i. Jkr.	C
1 Petr 3, 15-17	6. Ostersonntag	A
1 Sam 3b-10	2.Sonntag i. Jkr.	B
1 Tess 4, 13-14	32. Sonntag i. Jkr.	C
1 Tim 6, 17-19	26. Sonntag i. Jkr.	C
2 Kor 13, 4	12. Sonntag i. Jkr.	C
2 Kor 3,1b-6	8. Sonntag i. Jkr.	B
2 Mose 3, 13-14	Dreifaltigkeits-sonntag	C
2 Mose 32, 2-5	1. Fastensonntag	C
Apg 10,34a. 37-38	Taufe des Herrn	B
Apg 2, 1-4	Pfingsten	A
Apg 4,32-35	2. Ostersonntag	B
Apg 7, 55-56	7. So. d. Osterzeit	C
Bar 5,1-5	1. Adventssonntag	A
Dan 7,2a.13b-14	Christkönig	B
Eph 1, 3-6	2. Sonntag nach Weihnachten	A
Eph 1,3-6	15. Sonntag i. Jkr.	B
Eph 4, 25. 29. 32. 5, 1-2	22. Sonntag i. Jkr.	A
Eph 4,1-6	17. Sonntag i. Jkr.	B
Eph 5, 8-14	4. Fastensonntag	A
Eph 5,8-9.13-14	4. Fastensonntag	B
Ex 16,2-4.12-15	18. Sonntag i. Jkr.	B
Ex 20,1-3.7-8.12-17	31. Sonntag i. Jkr.	B
Ez 37, 12b-14	5. Fastensonntag	A
Ez 47, 9 ff.	3. So. d. Osterzeit.	C
Gal 3,26-29	26. Sonntag i. Jkr.	B
Gal 3,26-29	10. Sonntag i. Jkr.	B
Gal 5, 1. 13-14	6. Sonntag i. Jkr.	C
Gal 5,1.13-14	5. Sonntag i. Jkr.	B

Gal 5,13-14 29. Sonntag i. Jkr. B
Gen 1, 1. 11-13 16. Sonntag i. Jkr. A
Gen 1,1.11-13 11. Sonntag i. Jkr. B
Jak 1, 12-14 1. Fastensonntag A
Jak 1,17-18.21b-22.27 22. Sonntag i. Jkr. B
Jak 2, 14-18 31. Sonntag i. Jkr. A
Jak 2,14-18 24. Sonntag i. Jkr. B
Jak 3, 2-5 25. Sonntag i. Jkr. C
Jak 3,16-18 25. Sonntag i. Jkr. B
Jer 31,7-9 30. Sonntag i. Jkr. B
Jer 33,14-16 24. Sonntag i. Jkr. B
Jes 11,6-9 2. Adventssonntag A
Jes 25, 6-10a 28. Sonntag i. Jkr. A
Jes 35, 4a. 5-10 3. Adventssonntag A
Jes 35,4a.5-7a 23. Sonntag i. Jkr. B
Jes 41, 9-13 33. Sonntag i. Jkr. C
Jes 42, 5a. 1-4. 6-7 1. Sonntag i. Jkr. A
Jes 43,18-19.21-22.24b-25 7. Sonntag i. Jkr. B
Jes 44,2-4 Pfingsten B
Jes 45, 1-3 19. Sonntag i. Jkr. C
Jes 50, 3-5 2. Adventssonntag B
Jes 55, 10-11 15. Sonntag i. Jkr. A
Jes 55, 1a. 2b-3 18. Sonntag i. Jkr. A
Jes 58, 7a. 8a. 9b. 10 5. Sonntag i. Jkr. A
Jes 60, 1-4 1. Advent C
Jes 60, 1-4a 20. Sonntag i. Jkr. A
Jes 61,1-2a.10 3. Adventssonntag B
Jes 66, 10-14 14. Sonntag i. Jkr. C
Jes 9, 1. 5-6 4. Sonntag i. Jkr. C
Jes 9, 1-2a. 5-6a Kinderchristmette A
Jes 9, 1-6 4. Adventssonntag B
Jes 9, 1-6 Christmette C
Joh 1, 1-5. 9-14 2. Sonntag nach Weihnachten A
Joh 1, 29-31 2. Sonntag i. Jkr. A
Joh 1,1-18 2. Sonntag nach Weihnachten B
Joh 1,35-42 2. Sonntag i. Jkr. B
Joh 1,6-8.23-28 3. Adventssonntag B
Joh 10, 1-5. 10 4. Ostersonntag A
Joh 10, 27-30 4. So. d. Osterzeit. C
Joh 10,11-18 4. Ostersonntag B
Joh 11, 1-45 5. Fastensonntag A
Joh 12,20-25 5. Fastensonntag B
Joh 14, 15-18 6. Ostersonntag A
Joh 14, 1-7 5. Ostersonntag A
Joh 14, 23 ff. 6. So. d. Osterzeit. C
Joh 15,1-8 5. Ostersonntag B
Joh 15,9-17 6. Ostersonntag B
Joh 16, 12-15 Dreifaltigkeitssonntag C
Joh 17, 1. 6-8 7. Ostersonntag A
Joh 17, 20-22 7. So. d. Osterzeit C
Joh 17,6a.11b.12.15.17-18 B
Joh 18,33b-37 Christkönig B
Joh 2, 1-11 2. Sonntag i. Jkr. C
Joh 2, 13-17 3. Fastensonntag B
Joh 20, 19-20. 24-29 2. Ostersonntag A
Joh 20, 19-22 Pfingsten A
Joh 20, 19-23 2. So. d. Osterzeit C
Joh 20, 19-23 Pfingsten C
Joh 20,19-20.24-29 B
Joh 21, 1-7 3. So. d. Osterzeit C
Joh 3, 16-18 Dreifaltigkeitssonntag A
Joh 3, 19-21 4. Fastensonntag B
Joh 4, 5-15 3. Fastensonntag A
Joh 6,1-15 17. Sonntag i. Jkr. B
Joh 6,24.28.31-35 18. Sonntag i. Jkr. B
Joh 6,41-51 19. Sonntag i. Jkr. B
Joh 6,51.58 20. Sonntag i. Jkr. B
Joh 6,60-61.63.65-69 21. Sonntag i. Jkr. B

Joh 7,37-39	Pfingsten	B
Joh 8, 1-11	5. Fastensonntag	C
Joh 9, 1. 6-7	4. Fastensonntag	A
Jos 24,1-2a.15-17.18b	21. Sonntag i. Jkr.	B
Koh 2, 21-23	18. Sonntag i. Jkr.	C
Koh 3, 1-8	16. Sonntag i. Jkr.	C
Koh 3,1-8	33. Sonntag i. Jkr.	B
Kol 3, 12-21	6. Sonntag i. Jkr.	A
Lev 13,1-2.43ac.44ab.45-46	6. Sonntag i. Jkr.	B
Lev 19, 1-2.17-18	7. Sonntag i. Jkr.	A
Lk 1, 26-38	4. Adventssonntag	B
Lk 1, 39-45	4. Advent	C
Lk 10, 1-3. 5. 9	14. Sonntag i. Jkr.	C
Lk 10, 25-37	15. Sonntag i. Jkr.	C
Lk 10, 38-42	16. Sonntag i. Jkr.	C
Lk 11, 1-2. 9	17. Sonntag i. Jkr.	C
Lk 12, 13-21	18. Sonntag i. Jkr.	C
Lk 12, 32-34	19. Sonntag i. Jkr.	C
Lk 12, 49-51	20. Sonntag i. Jkr.	C
Lk 13, 22-30	21. Sonntag i. Jkr.	C
Lk 13, 6-9	3. Fastensonntag	C
Lk 14, 12-14	22. Sonntag i. Jkr.	C
Lk 14, 25-30. 33	23. Sonntag i. Jkr.	C
Lk 15, 11-32	4. Fastensonntag	C
Lk 15, 1-32	24. Sonntag i. Jkr.	C
Lk 16, 10-13	25. Sonntag i. Jkr.	C
Lk 16, 19-25	26. Sonntag i. Jkr.	C
Lk 17, 11-19	28. Sonntag i. Jkr.	C
Lk 17, 5-6	27. Sonntag i. Jkr.	C
Lk 18, 1-8	29. Sonntag i. Jkr.	C
Lk 18, 9-14	30. Sonntag i. Jkr.	C
Lk 19, 1-10	31. Sonntag i. Jkr.	C
Lk 19, 28-40	Palmsonntag	C
Lk 2, 1-14	Christmette	B
Lk 2, 1-14	Christmette	C
Lk 2, 1-14	Kinderchristmette	A
Lk 2, 22-40	4. Sonntag i. Jkr.	C

Lk 2,22-40	Fest d. Hl. Familie	B
Lk 20, 27-28	32. Sonntag i. Jkr.	C
Lk 21, 25-28	1. Advent	C
Lk 21, 5-9	33. Sonntag i. Jkr.	C
Lk 23, 35-43	Christkönig	C
Lk 24, 13-35	3. Ostersonntag	A
Lk 24, 1-9	Ostersonntag	C
Lk 24,35-45	3. Ostersonntag	B
Lk 3, 10-18	3. Advent	C
Lk 3, 15 ff.	1. Sonntag i. Jkr.	C
Lk 3, 2-4	2. Advent	C
Lk 4, 16-19	3. Sonntag i. Jkr.	C
Lk 4, 1-8	1. Fastensonntag	C
Lk 5, 1-11	5. Sonntag i. Jkr.	C
Lk 6, 17. 20-26	6. Sonntag i. Jkr.	C
Lk 6, 31-38	7. Sonntag i. Jkr.	C
Lk 6, 39-45	8. Sonntag i. Jkr.	C
Lk 7, 36-50	11. Sonntag i. Jkr.	C
Lk 9, 22-24	12. Sonntag i. Jkr.	C
Lk 9, 28-36	2. Fastensonntag	C
Lk 9, 57-62	13. Sonntag i. Jkr.	C
Mi 5, 1-4a	4. Adventssonntag	A
Mk 1, 1-4	2. Adventssonntag	B
Mk 1, 2-10	Taufe des Herrn	B
Mk 1,12-15	1. Fastensonntag	B
Mk 1,14-20	3. Sonntag i. Jkr.	B
Mk 1,21-28	4. Sonntag i. Jkr.	B
Mk 1,29-39	5. Sonntag i. Jkr.	B
Mk 1,40-45	6. Sonntag i. Jkr.	B
Mk 10,13-16	27. Sonntag i. Jkr.	B
Mk 10,23.25-27	28. Sonntag i. Jkr.	B
Mk 10,35-37.40-44	29. Sonntag i. Jkr.	B
Mk 10,46-52	30. Sonntag i. Jkr.	B
Mk 12,28b-34	31. Sonntag i. Jkr.	B
Mk 12,41-44	32. Sonntag i. Jkr.	B
Mk 13, 33-37	1. Adventssonntag	B
Mk 13,24-32	33. Sonntag i. Jkr.	B
Mk 15,1-6.9.13-15	Palmsonntag	B

Mk 16,1-7	Ostersonntag	B
Mk 2,1-12	7. Sonntag i. Jkr.	B
Mk 2,18-22	8. Sonntag i. Jkr.	B
Mk 2,23-28	9. Sonntag i. Jkr.	B
Mk 3,20.23-25.31-35	10. Sonntag i. Jkr.	B
Mk 4,26-34	11. Sonntag i. Jkr.	B
Mk 4,35-41	12. Sonntag i. Jkr.	B
Mk 5,21-24.35b-43	13. Sonntag i. Jkr.	B
Mk 6,1b-6	14. Sonntag i. Jkr.	B
Mk 6,7-13	15. Sonntag i. Jkr.	B
Mk 7,1-4.14-15.21-23	22. Sonntag i. Jkr.	B
Mk 7,31-37	23. Sonntag i. Jkr.	B
Mk 8,27-35	24. Sonntag i. Jkr.	B
Mk 9,2-10	2. Fastensonntag	B
Mk 9,30.33-37	25. Sonntag i. Jkr.	B
Mk 9,38-41	26. Sonntag i. Jkr.	B
Mt 1, 18-24	4. Adventssonntag	A
Mt 10, 26-31	12. Sonntag i. Jkr.	A
Mt 10, 40-42	13. Sonntag i. Jkr.	A
Mt 11, 2-5. 11a	3. Adventssonntag	A
Mt 11, 25-30	14. Sonntag i. Jkr.	A
Mt 13, 1-8	15. Sonntag i. Jkr.	A
Mt 13, 24. 31-32	16. Sonntag i. Jkr.	A
Mt 13, 44	17. Sonntag i. Jkr.	A
Mt 14, 13-21	18. Sonntag i. Jkr.	A
Mt 14, 22-33	19. Sonntag i. Jkr.	A
Mt 15, 21-28	20. Sonntag i. Jkr.	A
Mt 16, 18-19	21. Sonntag i. Jkr.	A
Mt 16, 24-25	22. Sonntag i. Jkr.	A
Mt 17, 1-5	2. Fastensonntag	A
Mt 18, 18-20	23. Sonntag i. Jkr.	A
Mt 18, 21-33	24. Sonntag i. Jkr.	A
Mt 2, 13-15. 19-23	Fest d. Hl. Familie	A
Mt 20, 1-16a	25. Sonntag i. Jkr.	A
Mt 21, 1-11	Palmsonntag	A
Mt 21, 28-31	26. Sonntag i. Jkr.	A
Mt 21, 33-39	27. Sonntag i. Jkr.	A
Mt 21,1-11	Palmsonntag	B
Mt 22, 1-5. 8-10	28. Sonntag i. Jkr.	A
Mt 22, 15-22	29. Sonntag i. Jkr.	A
Mt 22, 34-40	30. Sonntag i. Jkr.	A
Mt 23, 1-7	31. Sonntag i. Jkr.	A
Mt 24, 43-44	1. Adventssonntag	A
Mt 25, 1-13	32. Sonntag i. Jkr.	A
Mt 25, 14-28	33. Sonntag i. Jkr.	A
Mt 25, 31-36	Christkönig	A
Mt 27, 27-31	Palmsonntag	A
Mt 27, 27-31	Palmsonntag	C
Mt 28, 1-7	Ostersonntag	A
Mt 28,16-20	Dreifaltigkeitssonntag	B
Mt 3, 13-17	1. Sonntag i. Jkr.	A
Mt 3,1-6	2. Adventssonntag	A
Mt 4, 1-11	1. Fastensonntag	A
Mt 4, 18-22	3. Sonntag i. Jkr.	A
Mt 5, 1-12a	4. Sonntag i. Jkr.	A
Mt 5, 13-16	5. Sonntag i. Jkr.	A
Mt 5, 21-25a	6. Sonntag i. Jkr.	A
Mt 5, 38-48	7. Sonntag i. Jkr.	A
Mt 7, 21-27	9. Sonntag i. Jkr.	A
Mt 9, 36-10, 5a	11. Sonntag i. Jkr.	A
Mt 9, 9-13	10. Sonntag i. Jkr.	A
Off 21, 3-5. 10-12	6. So. d. Osterzeit	C
Off 3, 20-22	21. Sonntag i. Jkr.	C
	Ostersonntag	B
Phil 2, 1-5	26. Sonntag i. Jkr.	A
Phil 2, 5-11	Christkönig	C
Phil 4, 4-7	3. Advent	C
Phil 4, 4-7	8. Sonntag i. Jkr.	C
Phil 4, 6-9	27. Sonntag i. Jkr.	A
Ps 100	29. Sonntag i. Jkr.	A
Ps 103	24. Sonntag i. Jkr.	A
Ps 118	28. Sonntag i. Jkr.	C
Ps 121	2. Fastensonntag	A

Ps 121	2. Fastensonntag	C
Ps 139	12. Sonntag i. Jkr.	A
Ps 146 (145), 5. 7-9b	4. Sonntag i. Jkr.	A
Ps 19, 8-11	30. Sonntag i. Jkr.	A
Ps 23	4. Ostersonntag	A
Ps 23	7. Ostersonntag	A
Ps 23	1. Sonntag i. Jkr.	C
Ps 23	4. So. d. Osterzeit	C
Ps 23	Fest d. Hl. Familie	A
Ps 31	9. Sonntag i. Jkr.	A
Ps 36	4. Fastensonntag	C
Ps 55	11. Sonntag i. Jkr.	C
Ps 62, 2-3. 8-9	19. Sonntag i. Jkr.	A
Ps 63	3. Fastensonntag	A
Ps 84	5. Ostersonntag	A
Ps 91	5. Fastensonntag	C
Ps 96	29. Sonntag i. Jkr.	A
Psalm 103	3. Fastensonntag	B
Psalm 107	12. Sonntag i. Jkr.	B
Psalm 112	14. Sonntag i. Jkr.	B
Psalm 136	20 Sonntag i. Jkr.	B
Psalm 139	2. Fastensonntag	B
Psalm 146	23. Sonntag i. Jkr.	B
Psalm 146	32. Sonntag i. Jkr.	B
Psalm 147	2. So. nach Weihnachten	B
Psalm 23	4. Ostersonntag	B
Psalm 25	1. Adventssonntag	B
Psalm 25	1. Fastensonntag	B
Psalm 8	27. Sonntag i. Jkr.	B
Psalm 95	4. Sonntag i. Jkr.	B
Röm 13, 8-10	23. Sonntag i. Jkr.	A
Röm 6, 3. 5. 8. 9	Ostersonntag	A
Röm 6, 5. 8-9	Ostersonntag	C
Röm 8, 14-16	Dreifaltigkeitssonntag	A
Röm 8,14-17	Dreifaltigkeitssonntag	B
Sach 9, 9-10	14. Sonntag i. Jkr.	A
Sir 3, 17-20. 28-29	22. Sonntag i. Jkr.	C
Sir 3,2-6.12-14	Fest d. Hl. Familie	B
Sir 35, 15-22	30. Sonntag i. Jkr.	C
Sir 4, 1-6. 8-10	15. Sonntag i. Jkr.	C
Sir 6,14-17	3.Sonntag i. Jkr.	B
Spr 31,10-13.19-20.30-31	33. Sonntag i. Jkr.	A
Tim 1, 12-15	10. Sonntag i. Jkr.	A
Weish 1,13-15	13. Sonntag i. Jkr.	B
Wsh 11, 22-24	31. Sonntag i. Jkr.	C
Zef 3,14-17	3. Ostersonntag	B

Literaturverzeichnis

Behnke, M.-A./Bruns, M./Lorentz, M./Ludwig, R., Kinder feiern mit Lesejahr A, Bernward Verlag GmbH, Hildesheim, 1983;

Behnke, M.-A./Bruns, M./Lorentz, M./Ludwig, R., Kinder feiern mit Lesejahr C, Bernward Verlag GmbH, Hildesheim, 1982;

Behnke, M.-A./Bruns, M./Lorentz, M./Ludwig, R., Kinder feiern mit Lesejahr A, B, C, Bernward Verlag GmbH, Hildesheim, 1983;

Behnke, M.-A./Bruns, M./Lorentz, M./Ludwig, R., Kinder feiern mit Festzeiten, Verlagsgesellschaft Benno-Bernward-Morus mbH, Hildesheim, 1994;

Beutler-Lotz, Heinz-Günter, Mit Herzen, Mund und Händen, Patmos Verlag, Düsseldorf, 1992;

Bischöfliches Seelsorgeamt (Hrsg.), Kindergottesdienste im Kirchenjahr BAND 5, Verlagsdruckerei Josef Kral, Abensberg, 1987;

Bistum Essen Seelsorgeamt (Hrsg.), Das Leben und den Glauben feiern Heft 2, Essen, 1994;

Boekholt, Peter, Neue Gottesdienste für Kinder, Verlag Friedrich Pustet, Regensburg, 1984;

Cratzius, Barbara, Mit Kindern Heilige feiern, Verlag Herder, Freiburg im Breisgau, 1985;

Deutscher Katecheten-Verein (Hrsg.), Exodus, Kösel-Verlag GmbH & Co., München/Patmos-Verlag GmbH, Düsseldorf, 1977;

Eitel, Walter, Biblische Geschichten spielen, Kösel-Verlag GmbH & Co., Munchen, 1992;

Foitzik, Karl/Johannsen, Friedrich/Jüntschke, Ilse (Hrsg.), Vorlesebuch: Erzähl mir vom Glauben, Verlag Ernst Kaufmann, Lahr/Gütersloher Verlagshaus Gerd Mohn, Gütersloh, 1989;

Graff, Michael, Sag mal, lieber Gott, Verlag Herder, Freiburg im Breisgau, 1989;

Haefeli-Lischer, Beatrice/Kuhn-Schädler, Hans, Kinder feiern das Kirchenjahr, Rex-Verlag, Luzern/Stuttgart, 1990;

Hegele, Robert, Raupe – Puppe – Schmetterling, c kreativ, Teugn/Kelly-Druck GmbH, Abensberg;

Heigl Josef, Fürchte dich nicht – ich bin bei dir!, EOS Verlag Erzabtei St. Ottilien, St. Ottilien, 1987;

Hinderer, Martin/Lang, Iris/Würth, Herbert (Hrsg.), Von Babylon bis Bethlehem, Verlag Junge Gemeinde, Stuttgart, 1994;

Hoffsümmer, Willi (Hrsg.), Bußgeschichten, Matthias-Grünewald-Verlag, Mainz, 1980;

Hoffsümmer, Willi (Hrsg.), Geschichten wie Spiegel des Herzens, Matthias-Grünewald-Verlag, Mainz, 1986;

Hoffsümmer, Willi (Hrsg.), Kommuniongeschichten, Matthias-Grünewald-Verlag, Mainz, 1979;

Hoffsümmer, Willi, 111 Bausteine, Matthias-Grünewald-Verlag, Mainz, 1985;

Hoffsümmer, Willi, 12 Erstkommunionfeiern, Bergmoser+Höller Verlag GmbH, Aachen;

Hoffsümmer, Willi, 122 Symbolpredigten durch das Kirchenjahr, Matthias-Grünewald-Verlag, Mainz, 1992;

Hoffsümmer, Willi, 133 Kinderpredigten, Matthias-Grünewald-Verlag, Mainz, 1977;

Hoffsümmer, Willi, 144 Zeichenpredigten durch das Kirchenjahr, Matthias-Grünewald-Verlag, Mainz, 1982;

Hoffsümmer, Willi, 77 religiöse Spielszenen, Matthias-Grünewald-Verlag, Mainz, 1989;

Hoffsümmer, Willi, 99 Kinderpredigten, Matthias-Grünewald-Verlag, Mainz, 1988;

Hoffsümmer, Willi, Anschauliche Predigten, Matthias-Grünewald-Verlag, Mainz, 1979;

Hoffsümmer, Willi, Bausteine für Familiengottesdienste, Besondere Anlässe, Matthias-Grünewald-Verlag, Mainz, 1996;

Hoffsümmer, Willi, Bausteine für Familiengottesdienste, Lesejahr A, Matthias-Grünewald-Verlag, Mainz, 1992;

Hoffsümmer, Willi, Bausteine für Familiengottesdienste, Lesejahr B, Matthias-Grünewald-Verlag, Mainz, 1993;

Hoffsümmer, Willi, Bausteine für Familiengottesdienste, Lesejahr C, Matthias-Grünewald-Verlag, Mainz, 1994;

Hoffsümmer, Willi, Kindern die Messe erklären, Verlag Herder; Freiburg im Breisgau, 1991;

Hoffsümmer, Willi, Kurzgeschichten 1, Matthias-Grünewald-Verlag, Mainz, 1981;

Hoffsümmer, Willi, Kurzgeschichten 2, Matthias-Grünewald-Verlag, Mainz, 1983;

Hoffsümmer, Willi, Kurzgeschichten 3, Matthias-Grünewald-Verlag, Mainz, 1987;

Hoffsümmer, Willi, Religiöse Spiele 1, Matthias-Grünewald-Verlag, Mainz, 1980;

Hoffsümmer, Willi, Religiöse Spiele 2, Matthias-Grünewald-Verlag, Mainz, 1981;

Hoffsümmer, Willi, Von der Schöpfung, Gott und Jesus erzählen, Matthias-Grünewald-Verlag, Mainz, 1995;

Huber, Max, Mit dem Herzen feiern, Verlag Herder, Freiburg im Breisgau, 1984;

Jeggle-Merz, Birgit/Sauer, Ralph/Schwenzer, Andreas, Gottesdienst feiern mit Kindern, Verlag Herder, Freiburg im Breisgau, 1994;

Katholisches Bibelwerk e.V., Matthäus entdecken, Katholisches Bibelwerk e.V., Stuttgart, 1995;

Kett, Franz, Kinder erleben Gottesdienst, Don Bosco Verlag, München, 1978;

Kett, Franz/Gräske, Klaus, Gott befreit durch Jesus Christus Teil 1, Don Bosco Verlag, München, 1982;

Kett, Franz/Gräske, Klaus, Gott befreit durch Jesus Christus Teil 2, Don Bosco Verlag, München, 1984;

Kett, Franz/Gräske, Klaus, Gott birgt das Heil, Don Bosco Verlag, München, 1981;

Krenzer, Rolf, Von Jesus will ich euch erzählen, Lahn-Verlag, Limburg, 1988;

Kufner, Lore, Zäune müssen nicht sein, Verlag J. Pfeiffer, München, 1993;

Laarmann, Heriburg, Bilder erzählen von Gott, Verlag Herder, Freiburg im Breisgau, 1990;

Laarmann, Heriburg, Freude am Glauben, Matthias-Grünewald-Verlag, Mainz, 1981;

Laarmann, Heriburg, Mit allen Sinnen das Leben feiern, Verlag Herder, Freiburg im Breisgau, 1995;

Laarmann, Heriburg, Mit Zeichen und Symbolen, Verlag Herder, Freiburg im Breisgau, 1985;

Lapide, Pinchas, Die Bergpredigt-Utopie oder Programm?, Matthias-Grünewald-Verlag, Mainz, 1982;

Limbeck, Meinrad, Matthäus-Evangelium, Verlag Katholisches Bibelwerk GmbH, Stuttgart, 1986;

Linsen, Achim, Dem Schuljahr Klang und Farbe geben, Patmos-Verlag, Düsseldorf, 1995;

Lissner, A./Kalteyer, A./Seuffert, J., Kinder feiern Gottesdienst, Don Bosco Verlag, München, 1972;

Lorenz, Angela (Red.), Jesus, komm in unsere Mitte, Missio-Aktuell-Verlag, Aachen, 1991;

Multhaupt, Hermann, Zachäus, komm vom Baum herunter!, Matthias-Grünewald-Verlag, Mainz, 1994;

Richner, Erich, Kinder feiern Gott, Verlag Herder, Freiburg im Breisgau, 1991;

Rupp, Hartmut/Rendle, Ludwig/Kraft, Gerhard/Hehl, Roland, Kunterbunte Pausen, Quell Verlag, Stuttgart/Matthias-Grünewald-Verlag, Mainz, 1996;

Sauer, Ralph (Hrsg.), Handbuch zum Lektionar für Gottesdienste mit Kindern BAND 1, Kösel-Verlag, München/Patmos Verlag, Düsseldorf, 1981;

Sauer, Ralph (Hrsg.), Handbuch zum Lektionar für Gottesdienste mit Kindern BAND 2, Kösel-Verlag, München/Patmos Verlag, Düsseldorf, 1985

Schäfer, Gisela/Ziegler, Rainer, Familiengottesdienste im Fest- und Jahreskreis, Lahn Verlag, Limburg, 1993;

Schildmann, Johannes, Das verwandelte Kreuz, Patmos-Verlag, Düsseldorf, 1996;

Schnegg, Matthias, Damit es Freude macht, Verlag Herder, Freiburg im Breisgau, 1980;

Schnegg, Matthias, Lichtblicke, Verlag Herder, Freiburg im Breisgau, 1981;

Schnegg, Matthias, Spielen im Haus des Herrn, Verlag Herder, Freiburg im Breisgau, 1991;

Schömann, Bernhard, Kindersonntag, Verlag J. Pfeiffer, München, 1991;

Spendel, Stefanie, Der Geist läßt uns leben, Verlag Friedrich Pustet, Regensburg, 1985;

Spendel, Stefanie, Der Vater liebt uns alle, Verlag Friedrich Pustet, Regensburg, 1983;

Spendel, Stefanie, Leben und Freude durch Gottes Wort, Verlag Friedrich Pustet, Regensburg, 1984;

Stroppel, Clemens (Hrsg.), Kommt her, wir feiern heut, Schwabenverlag AG, Ostfildern, 1994;

Uhl, Theresia-Benedicta, Bausteine für Kindergottesdienste, Verlag Butzon & Bercker, Kevelaer, 1995;

Vicktor, Gerhard, 100 Tips, Verlag Ernst Kaufmann, Lahr, 1990;

Voges, Wolfgang/Riedel, Claus G., Lieber Gott, wir bitten dich, Verlagsgesellschaft Benno-Bernward-Morus mbH, 1995;

Weitere Bücher der beiden Autoren im Bergmoser + Höller Verlag:

Kinder- und Familiengottesdienste

29-38

29-53

je DM 29,50*

*zzgl. Versandkosten

JETZT SCHON ANFORERN!

FREUT EUCH ALLE

Kindergottesdienste zu allen Sonn- und Feiertagen im Lesejahr C, 281 Seiten, Format 14,5 x 20,5 cm, Paperback, Bestell-Nr. 29-38

JETZT NACHBESTELLEN!

WIR FEIERN EIN FEST

Modelle für Kindergottesdienste zu den Sonn- und Feiertagen im Lesejahr A, 304 Seiten, Format 14,5 x 20,5 cm, Paperback, Bestell-Nr. 29-53

Weitere Hilfen aus dem Bergmoser + Höller Verlag:

Ideen für den Schulgottesdienst

FAMILIEN + JUGENDGOTTESDIENSTE

- ✓ *praxiserprobt*
- ✓ *kinder- und jugendgerecht*
- ✓ *zeitsparend in der Vorbereitung*

23

DM 12,– *

*zzgl. Versandkosten

FAMILIEN+JUGEND GOTTESDIENSTE – herausgegeben von dem bekannten Autor Willi Hoffsümmer in Zusammenarbeit mit 24 qualifizierten Teams.

Die Lose-Blatt-Printmappe im Jahresabonnement monatlich DM 12,– zzgl. Versandkosten. Printmappe mit Diskette zusammen im Jahresabonnement monatlich DM 18,– zzgl. Versandkosten, Bestell-Nr. 23.

JEDEN MONAT NEU:

- fünf ausformulierte Gottesdienste (im Sommer eine Doppelausgabe)
- Anspiele, Kurzgeschichten und Symbole, Predigtansprachen und Gebete
- ansteckende Lieder, meist mit Noten
- Gestaltungsideen mit Anleitungen und Aktionen
- ein Kleinkinder-Gottesdienst in jedem Heft
- auch auf Diskette (IBM oder Mac)